JN441266

대한민국의 국보
NATIONAL TREASURES OF KOREA
ISBN 9788996685142
PRINTED IN SEOUL / KOREA
2015년 11월 7일 초판 1쇄
2025년 11월 7일 12쇄

『대한민국의 국보』는 365건(2025년 10월 현재, 부속문화재 포함)의 다양한 분야의 국보를 하나의 그래픽 스타일로 정리해 그래픽 사전 형식으로 출판한 책입니다. 한 페이지에 하나의 국보 일러스트가 들어가고 간단한 기본 정보만 제공해 한눈에 국보를 파악하기 쉽습니다.

이 책이 우리 문화재를 향한 관심과 애정을 행동으로 옮길 다리 역할을 하면 좋겠습니다.

제로퍼제로는 김지환과 진솔이 2008년 만든 그래픽 디자인 스튜디오입니다. 『그래픽 딕셔너리』라는 이름으로 가족과 여행, 일상을 주제로 여러 그래픽 컨텐츠를 그리고, 만들고 있습니다.

일러스트 진솔, 김지환, 김한나
발행 제로퍼제로 (김지환, 진솔)
주소 (10542)경기도 고양시 덕양구 청초로 10 A1-1005
전화 02-322-7561
전자우편 INFO@ZEROPERZERO.COM
홈페이지 WWW.ZEROPERZERO.KR

ZERO PER ZERO
A1-1005, CHEONGCHO-RO, DEOGYANG-GU, GOYANG-SI,
GYEONGGI-DO, REPUBLIC OF KOREA,
ILLUSTRATIONS BY JIN SOL, KIM JIHWAN, KIM HANNA
DESIGNED BY KIM JIHWAN, JIN SOL

- 이 책에 사용된 정보는 국가유산청 홈페이지 HTTPS://WWW.KHS.GO.KR 을 기준으로 제작되었습니다.
- 지정번호 해지로 본 책의 숫자는 단순 순서를의미합니다.

| GRAPHIC DICTIONARY |

대한민국의 국보

NATIONAL TREASURES OF KOREA

일러두기

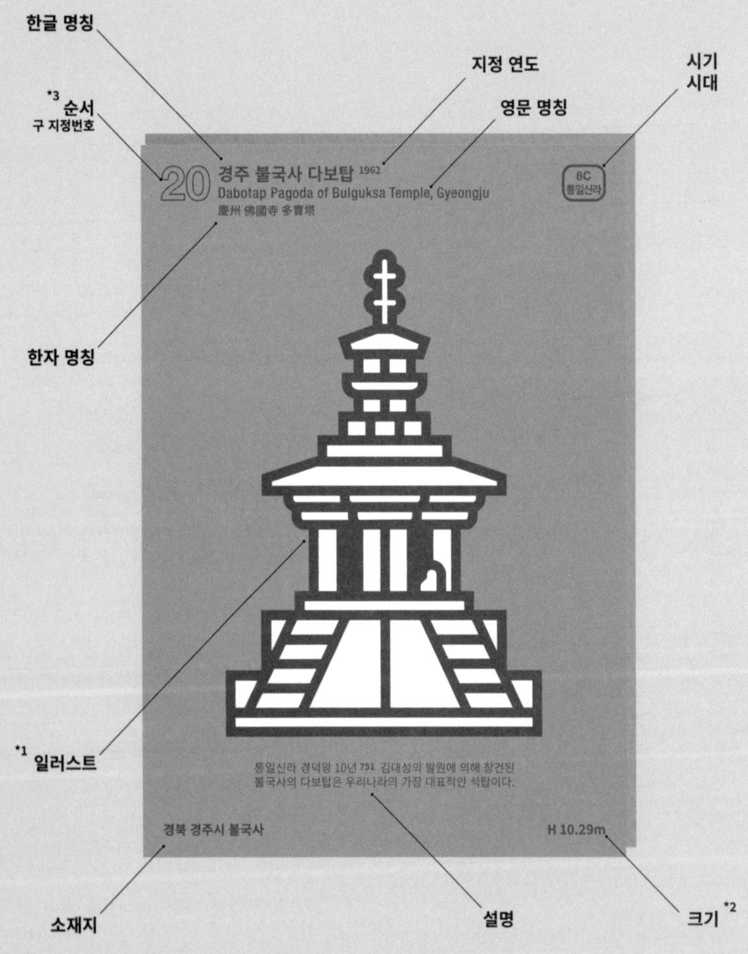

*1 일러스트는 단순화 과정과 표현의 특성상 색과 형태가 실물과 차이가 있을 수 있습니다.

*2 H:높이 W:너비 D:깊이 Ø:지름 / 서적이나 건축물같이 대략의 크기를 짐작할 수 있는 경우 생략하였습니다.

*3 문화재 지정번호는 2021년 11월 폐지되었습니다.

1 서울 숭례문 1962

Sungnyemun Gate, Seoul

서울 崇禮門

14C
조선

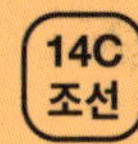

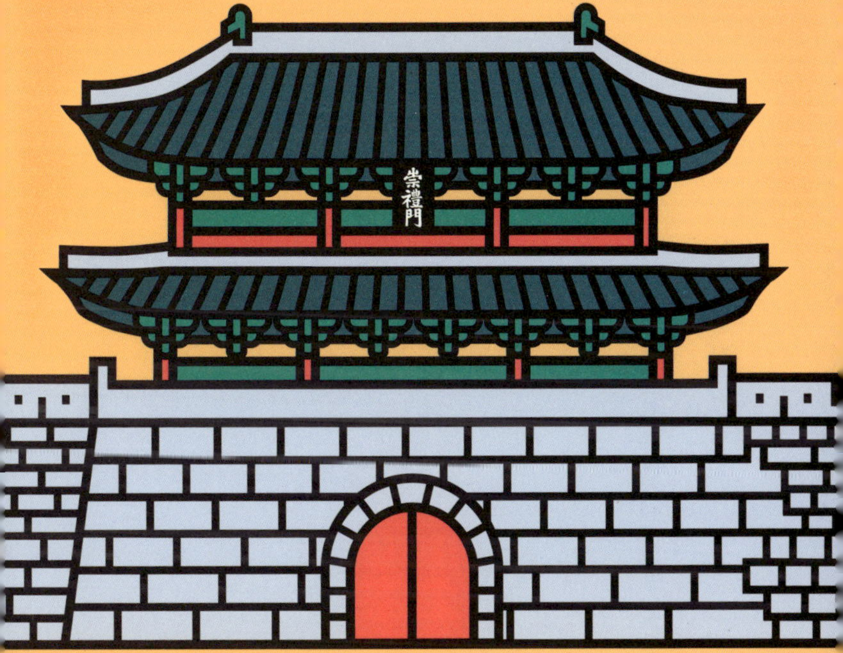

조선 한양도성의 정문으로 태조 5년 1396 에 지어지기 시작하여 태조 7년 1398 에 완성되었다.
현판은 양녕대군 세종의 맏형 이 썼으며, 2008년 방화로 타 무너졌으나 2013년 복원되었다.

서울 중구 세종대로

H 12.5m

2 서울 원각사지 십층석탑 1962

Ten-story Stone Pagoda at Wongaksa Temple Site, Seoul

서울 圓覺寺址 十層石塔

15C
조선

조선 세조 11년 1465 지금의 탑골공원 자리에 창건된 원각사의 십층석탑.
조선시대의 석탑으로는 유일한 형태로, 세조 13년 1467 에 대리석으로 만들어졌다.

서울 종로구 탑골공원

H 12m

3 서울 북한산 신라 진흥왕 순수비 1962

6C
신라

Monument on Bukhansan Mountain Commemorating the Border Inspection by King Jinheung of Silla, Seoul

서울 北漢山 新羅 眞興王 巡狩碑

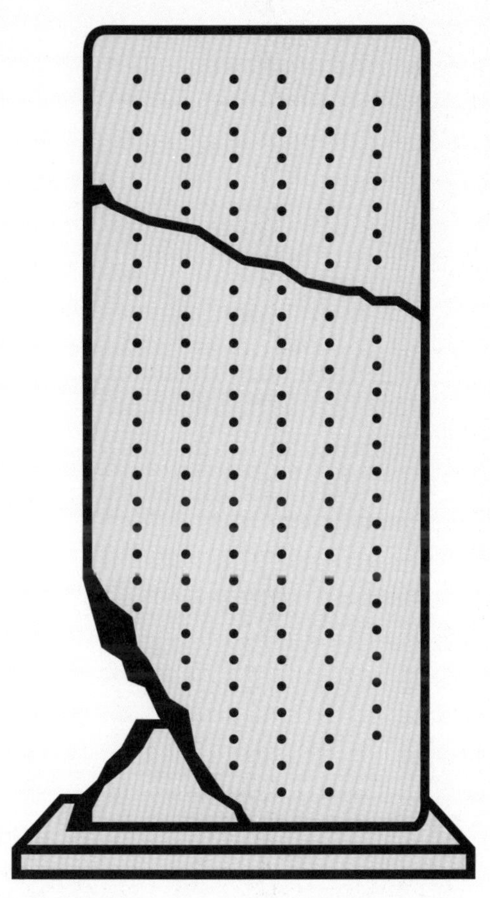

신라 진흥왕 재위 540-576 이 세운 순수척경비 巡狩拓境碑 가운데 하나로,
한강유역을 영토로 편입한 뒤 왕이 이 지역을 방문한 것을 기념하기 위하여 세운 것이다.

서울 용산구 국립중앙박물관 **H 1.54m**

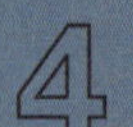

여주 고달사지 승탑 1962

Stupa at Godalsa Temple Site, Yeoju

驪州 高達寺址 僧塔

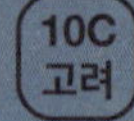

고달사터에 남아 있는 고려시대의 승탑 승려의 사리나 유골을 봉안한 묘탑 으로, 신라 탑의 기본형을 잘 따르면서도 부분의 조각에서 고려 특유의 기법이 묻어난다.

경기도 여주시 북내면

H 3.4m

보은 법주사 쌍사자 석등 1962

Twin Lion Stone Lantern of Beopjusa Temple, Boeun

報恩 法住寺 雙獅子 石燈

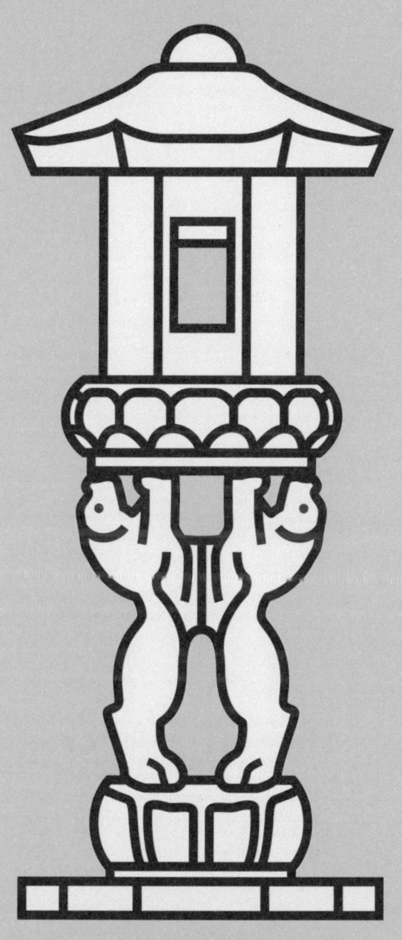

신라 성덕왕 19년 720 에 만든 석등으로, 사자를 조각한 석조물 가운데 가장 오래되었다.
법주사 사천왕 석등 보물 과 함께 통일신라 석등을 대표한다.

충북 보은군 법주사

H 3.3m

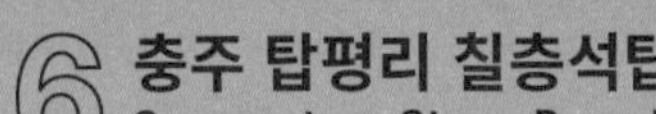

6 충주 탑평리 칠층석탑 1962

8C
통일신라

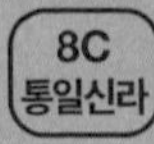

Seven-story Stone Pagoda in Tappyeong-ri, Chungju

忠州 塔坪里 七層石塔

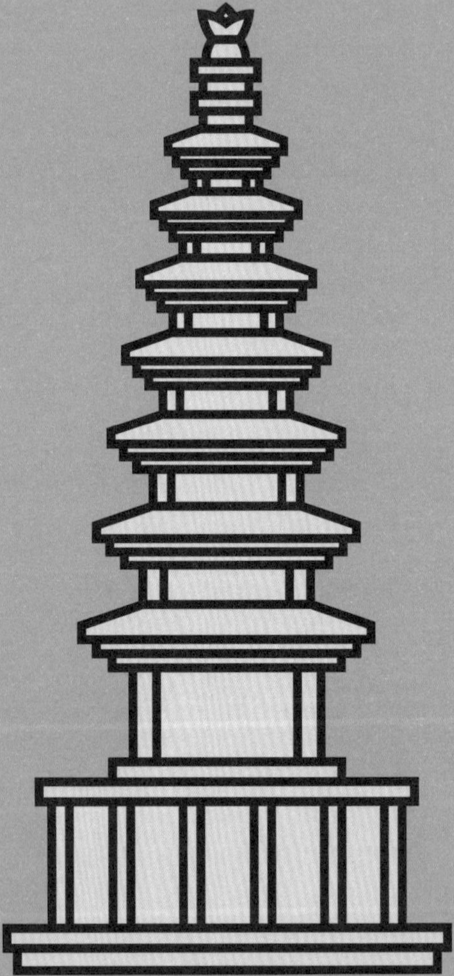

통일신라시대 세워진 석탑 중 가장 규모가 크며
우리나라의 중앙부에 위치한다고 해서 중앙탑 中央塔 이라고도 부른다.

충북 충주시 중앙탑면

H 12.7m

7 천안 봉선홍경사 갈기비 1962

Stele for the Construction of Bongseonhonggyeongsa Temple, Cheonan

天安 奉先弘慶寺 碣記碑

11C
고려

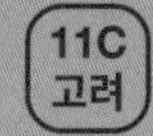

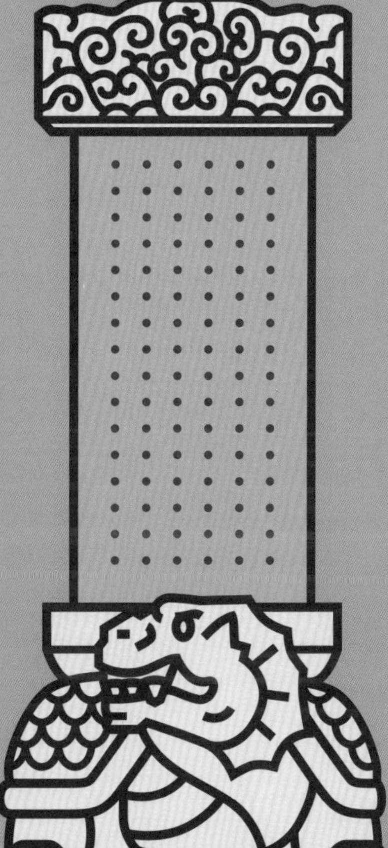

봉선홍경사터에 남아있는 비석으로 비문은 해동공자로 불리던 고려시대
최고의 유학자 최충이 짓고, 백현례가 글씨를 썼다.

충남 천안시 성환읍

H 2.8m

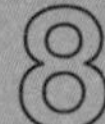

8 보령 성주사지 대낭혜화상탑비 1962

9C
통일신라

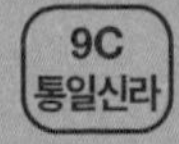

Stele of Buddhist Monk Nanghye at Seongjusa Temple Site, Boryeong

保寧 聖住寺址 大朗慧和尙塔碑

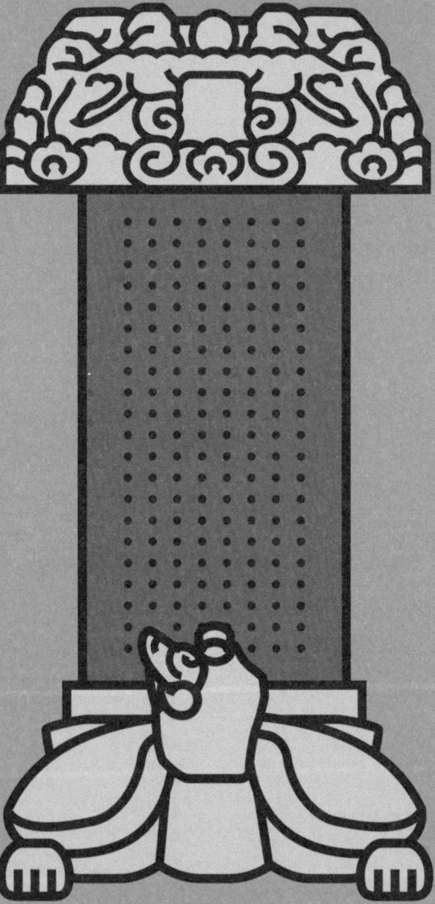

성주사터에 남아 있는 통일신라시대의 승려 낭혜화상 무염 無染 의
탑비 승려의 출생에서 사망까지의 행적을 기록한 비 이다.

충남 보령시 성주면

H 4.55m

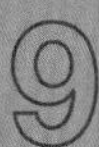

9 부여 정림사지 오층석탑 1962

7C
백제

Five-story Stone Pagoda at Jeongnimsa Temple Site, Buyeo

扶餘 定林寺址 五層石塔

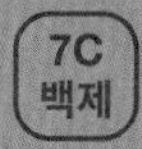

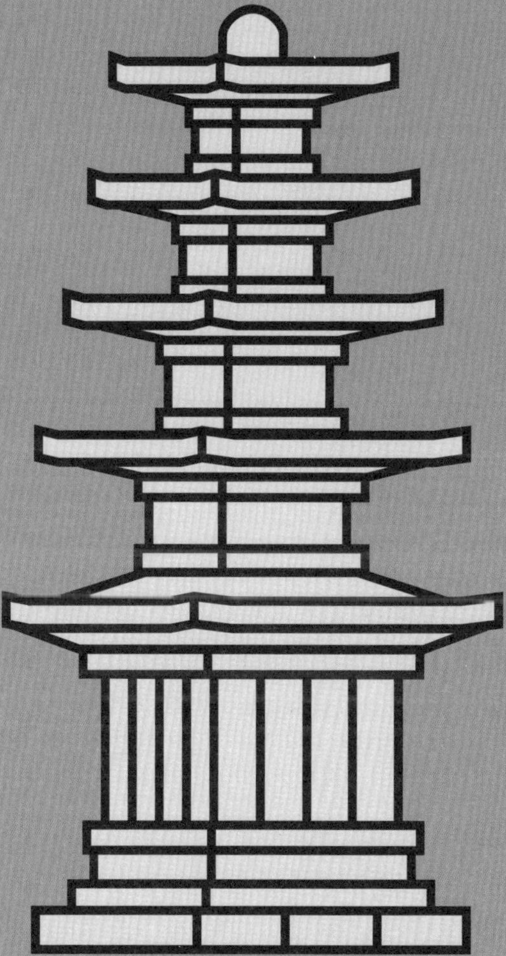

좁고 낮은 1단의 기단 基壇 위에 5층의 탑신 塔身 을 세운 모습으로 조형미가 돋보인다.
익산 미륵사지 석탑 국보 과 함께 2기만 남아있는 백제시대의 석탑이다.

충남 부여군 부여읍

H 8.3m

10 남원 실상사 백장암 삼층석탑 1962

9C
통일신라

Three-story Stone Pagoda at Baekjangam Hermitage of Silsangsa Temple, Namwon

南原 實相寺 百丈庵 三層石塔

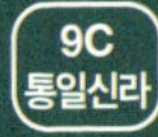

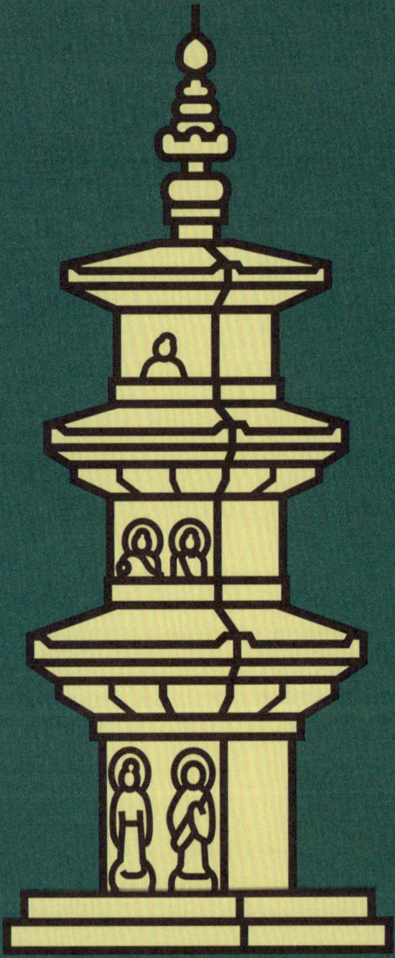

낮은 기단 위에 3층의 탑신을 올린 모습으로 위로 올라갈 수록 너비가 줄어들지 않고 일정하다. 표면에는 보살상·신장상·천인상·삼존상 등이 새겨져있다.

전북 남원시 실상사 백장암

H 5m

11 익산 미륵사지 석탑 1962

Stone Pagoda at Mireuksa Temple Site, Iksan

益山 彌勒寺址 石塔

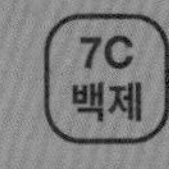

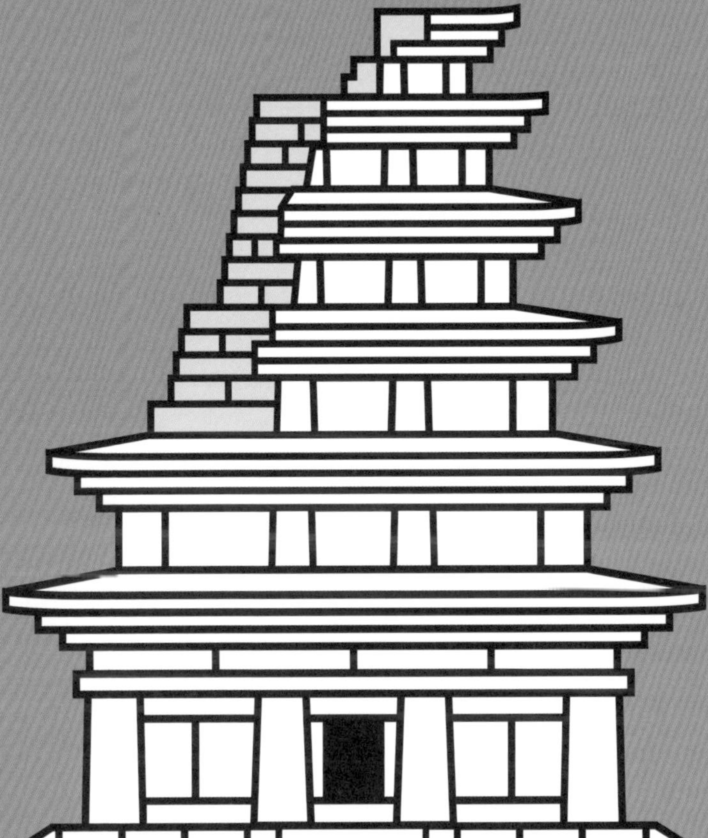

우리나라에 남아있는 목탑 양식의 탑중 가장 크고 오래되었고 9층 중 6층만 남아있다. 일제시대 시멘트로 보강하였으나 2001년 해체, 복원 작업을 진행하여 2019년 공개되었다.

전북 익산시 금마면

H 14.5m

12 구례 화엄사 각황전 앞 석등 1962

Stone Lantern at Gakhwangjeon Hall of Hwaeomsa Temple, Gurye

求禮 華嚴寺 覺皇殿 앞 石燈

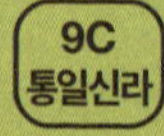

통일신라를 대표하는 석등으로 우리나라에서 가장 커다란 크기이다.

전남 구례군 화엄사

H 6.4m

13 강진 무위사 극락보전 1962

15C
조선

Geungnakbojeon Hall of Muwisa Temple, Gangjin

康津 無爲寺 極樂寶殿

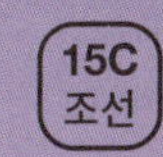

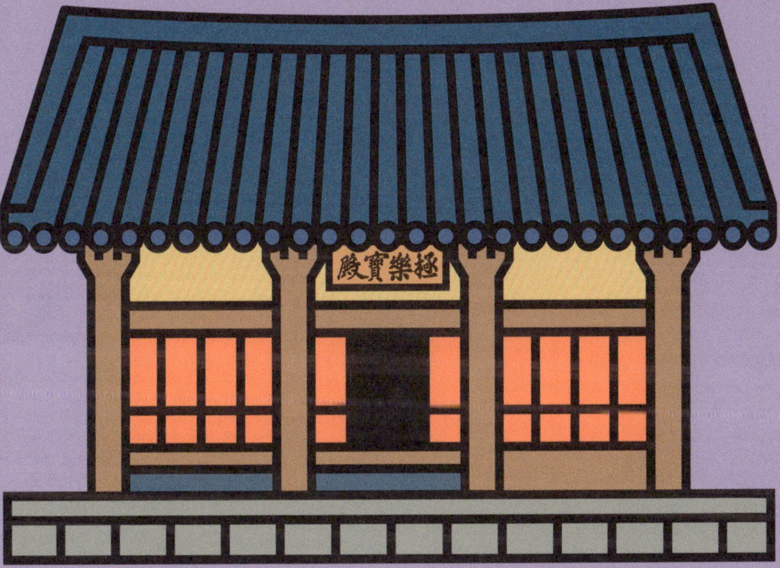

세종 12년 1430 에 지었으며 직선재료를 사용한 조선초기의 양식을 보여준다.

전남 강진군 무위사

14 영천 거조사 영산전 1962

Yeongsanjeon Hall of Geojosa Temple, Yeongcheon

永川 銀海寺 居祖庵 靈山殿

조선 초기

은해사의 본전인 영산전은 조선 초기에 고쳐지어진 맞배지붕으로 꾸며진 주심포 양식의 건물이다. 석가모니불상과 526분의 석조나한상을 모시고 있다.

경북 영천시 은해사 거조암

15 안동 봉정사 극락전 1962

Geungnakjeon Hall of Bongjeongsa Temple, Andong

安東 鳳停寺 極樂殿

13C
고려

우리나라에서 가장 오래된 목조 건축물로 맞배지붕 옆면에서 볼 때 사람 인(人)자 모양 을 하고 배흘림기둥, 주심포 지붕의 무게를 분산시키기 위해 기둥 위에 짜임새를 만듦 양식을 하고 있다.

경북 안동시 봉정사

16 안동 법흥사지 칠층전탑 1962

8C
통일신라

Seven-story Brick Pagoda at Beopheungsa Temple Site, Andong

安東 法興寺址 七層塼塔

국내에 남아있는 가장 크고 오래된 전탑 塼塔 벽돌탑 으로
통일신라 때 창건된 법흥사에 속해 있던 탑이다.

경북 안동시 법흥동

H 17m

17 영주 부석사 무량수전 앞 석등 1962

Stone Lantern at Muryangsujeon Hall of Buseoksa Temple, Yeongju

榮州 浮石寺 無量壽殿 앞 石燈

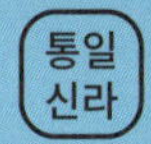

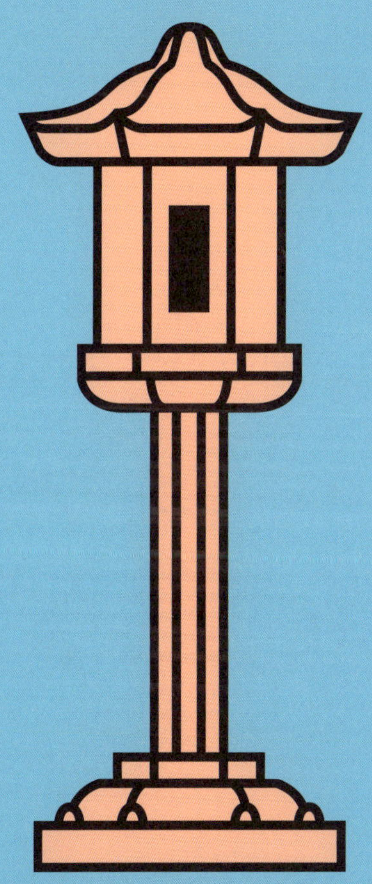

통일신라를 대표하는 가장 아름다운 석등으로
부처의 광명을 상징한다 하여 광명등 光明燈 이라고도 한다.

경북 영주시 부석사

H 2.97m

18 영주 부석사 무량수전 1962

14C
고려

Muryangsujeon Hall of Buseoksa Temple, Yeongju

榮州 浮石寺 無量壽殿

신라 문무왕 16년 676 에 짓고 고려 우왕 2년 1376 재건한 무량수전은
배흘림 기둥의 중간이 배가 부르도록 한 건축 양식 기둥, 주심포 양식을 하고 있고
아미타여래불상을 모시고 있다.

경북 영주시 부석사

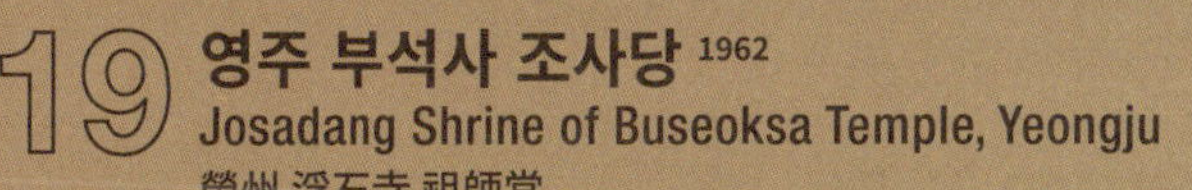

19 영주 부석사 조사당 1962

Josadang Shrine of Buseoksa Temple, Yeongju

榮州 浮石寺 祖師堂

14C
고려

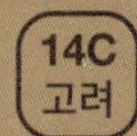

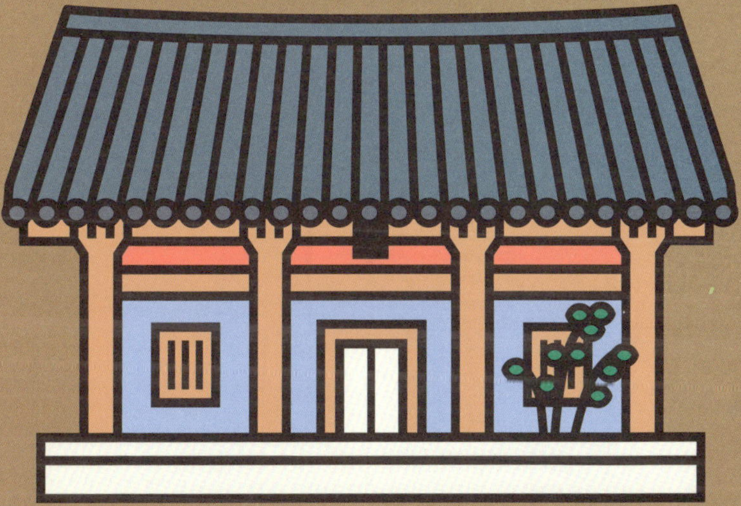

신라시대 의상대사가 가르침을 펴던 곳인 부석사. 그 중 조사당은 의상대사의 초상을 모시고 있는 곳으로 고려 우왕 3년 1377 에 세워졌다. 내부에는 사천왕상·보살상 등 벽화가 있다.

경북 영주시 부석사

경주 불국사 다보탑 1962

Dabotap Pagoda of Bulguksa Temple, Gyeongju

慶州 佛國寺 多寶塔

8C
통일신라

석가탑과 함께 우리나라의 대표 탑이다. 법화경의 내용을 바탕으로 지어졌으며 목조건축의 구조를 석재로 잘 표현해낸 작품으로 통일신라 미술의 정수를 보여준다.

경북 경주시 불국사

H 10.29m

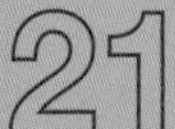

21 경주 불국사 삼층석탑 1962

Three-story Stone Pagoda of Bulguksa Temple, Gyeongju

慶州 佛國寺 三層石塔

8C
통일신라

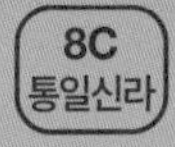

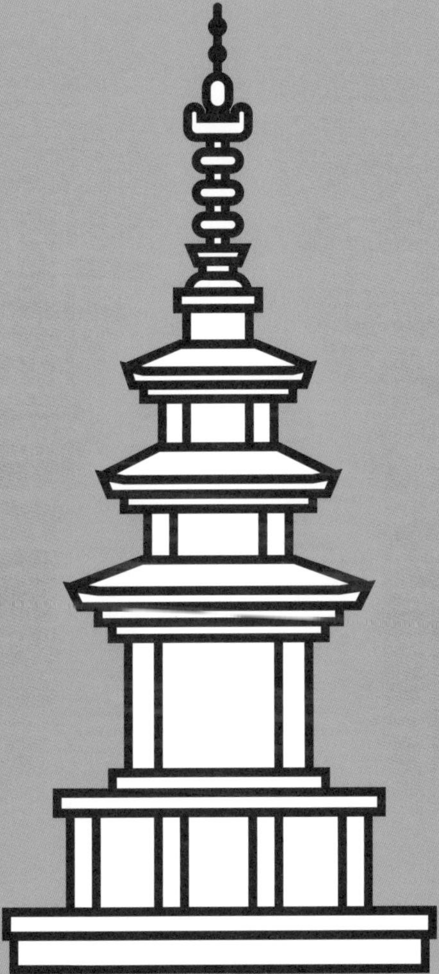

탑의 원래 이름에서 가져와 석가탑이라고도 하며 무영탑 無影塔 이라고도 불리운다.
내부에서 무구정광대다라니경 국보 이 발견되었다.

경북 경주시 불국사

H 10.75m

22 경주 불국사 연화교 및 칠보교 1962

8C
통일신라

Yeonhwagyo and Chilbogyo Bridges of Bulguksa Temple, Gyeongju

慶州 佛國寺 蓮華橋 및 七寶橋

불국사의 대웅전으로 향하는 다리 중 서쪽의 다리로
밑의 10단이 연화교, 위의 8단이 칠보교이다.

경북 경주시 불국사

연화교 H 2.31m / 칠보교 H 4.06m

23 경주 불국사 청운교 및 백운교 1962

Cheongungyo and Baegungyo Bridges of Bulguksa Temple, Gyeongju

慶州 佛國寺 青雲橋 및 白雲橋

8C
통일신라

대웅전을 향하는 자하문과 연결된 다리로 밑의 18단이 백운교, 위의 16단이 청운교이다.
다리 석축의 아래쪽에 연못이 있었다고 전해진다.

경북 경주시 불국사

청운교 H 3.82m / 백운교 H 3.15m

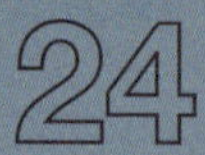

24 경주 석굴암 석굴 1962
Seokguram Grotto, Gyeongju
慶州 石窟庵 石窟

8C
통일신라

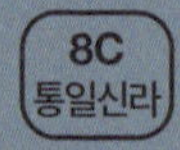

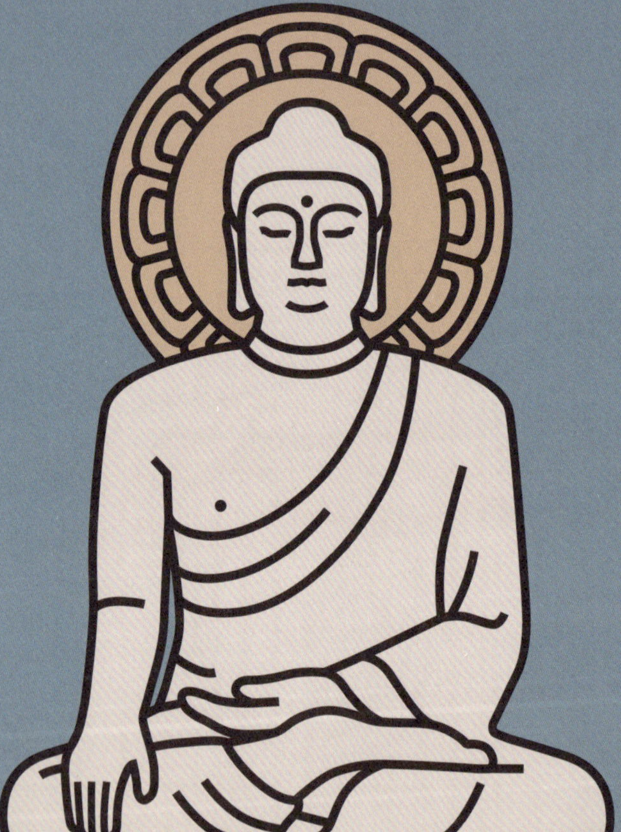

신라 경덕왕 10년 751 김대성이 시작하여 혜공왕 10년 774 에 완성한 신라 불교예술 최고의 걸작이다. 불국사와 함께 유네스코 세계문화유산 1995 으로 등재되었다.

경북 경주시 석굴암

불상 H 3.5m

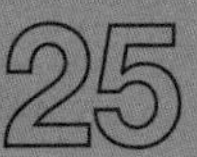

25 경주 태종무열왕릉비 1962

Stele for King Taejong Muyeol, Gyeongju

慶州 太宗武烈王陵碑

7C
통일신라

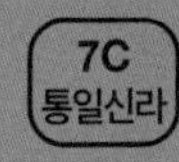

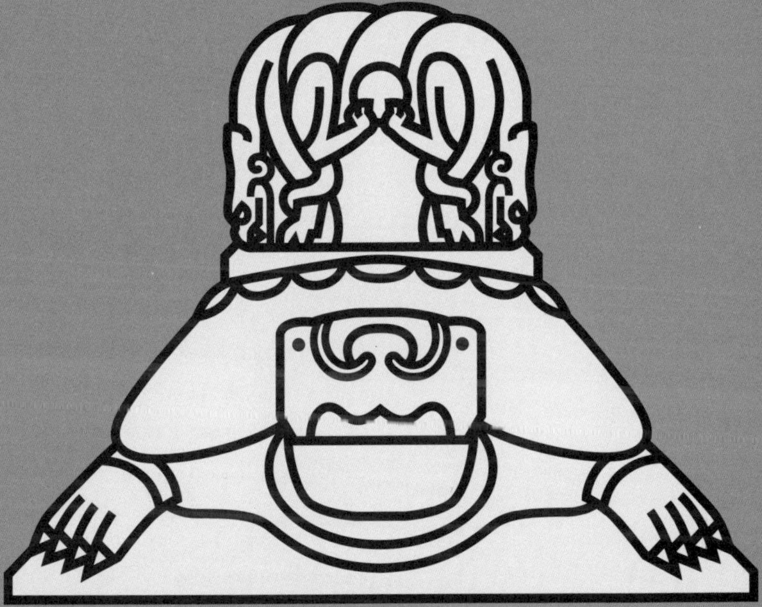

신라 태종무열왕의 능 앞에 세워진 석비로 통일신라 문무왕 원년 661 에 건립되었다.
현재 비신 碑身 이 없어져 거북받침돌위에 머릿돌만이 얹혀져 있다.

경북 경주시 서악동

H 2.1m

경주 불국사 금동비로자나불좌상 1962

8C
통일신라

Gilt-bronze Seated Vairocana Buddha of Bulguksa Temple, Gyeongju

慶州 佛國寺 金銅毘盧遮那佛坐像

불국사 비로전에 모셔진 조형적으로 이상적인 형태의 비로자나불 진리를 형상화한 부처 로 통일신라 3대 금동불상중 하나이다.

경북 경주시 불국사

H 1.77m

27 경주 불국사 금동아미타여래좌상 1962

Gilt-bronze Seated Amitabha Buddha of Bulguksa Temple, Gyeongju

慶州 佛國寺 金銅阿彌陀如來坐像

8C
통일신라

불국사 극락전의 불상으로 사실적이며 세련된 모습이다.
아미타불은 서방 극락세계에서 설법을 한다는 부처를 말한다.

경북 경주시 불국사

H 1.66m

경주 백률사 금동약사여래입상 1962

Gilt-bronze Standing Bhaisajyaguru Buddha of Baengnyulsa Temple, Gyeongju

慶州 栢栗寺 金銅藥師如來立像

8C
통일신라

모든 중생의 질병을 고쳐준다는 약사불을 형상화하였다.

경북 경주시 국립경주박물관

H 1.77m

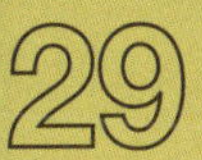

29 성덕대왕신종 1962
Sacred Bell of Great King Seongdeok
聖德大王神鍾

8C
통일신라

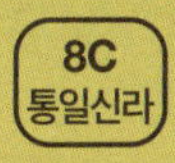

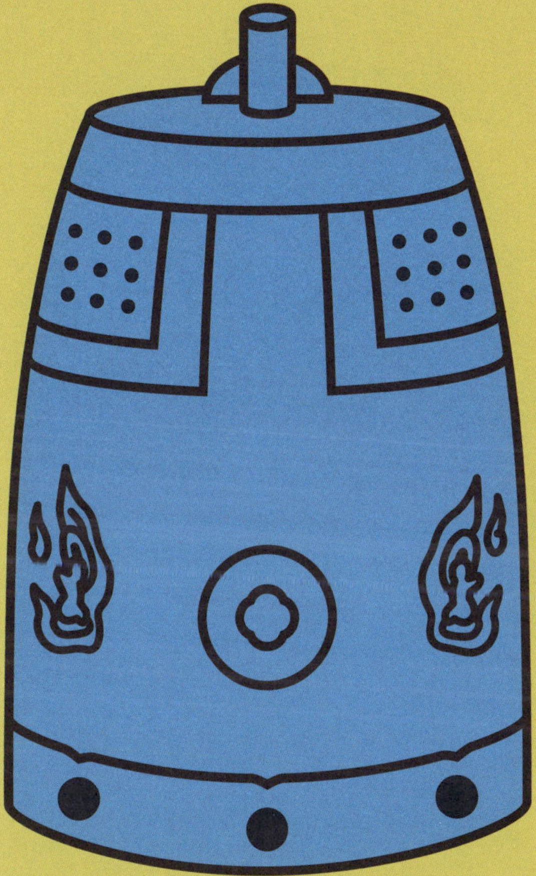

남아있는 가장 큰 종 18.9톤으로 신라 혜공왕이 771년에 완성하였고, 에밀레종이라고 불렀다.
조형미와 음향과 더불어 비천상 등 화려한 문양으로 통일신라 예술을 대표한다.

경북 경주시 국립경주박물관

H 3.75m / Ø 2.27m

29 성덕대왕신종 중 비천문 확대

8C
통일신라

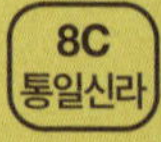

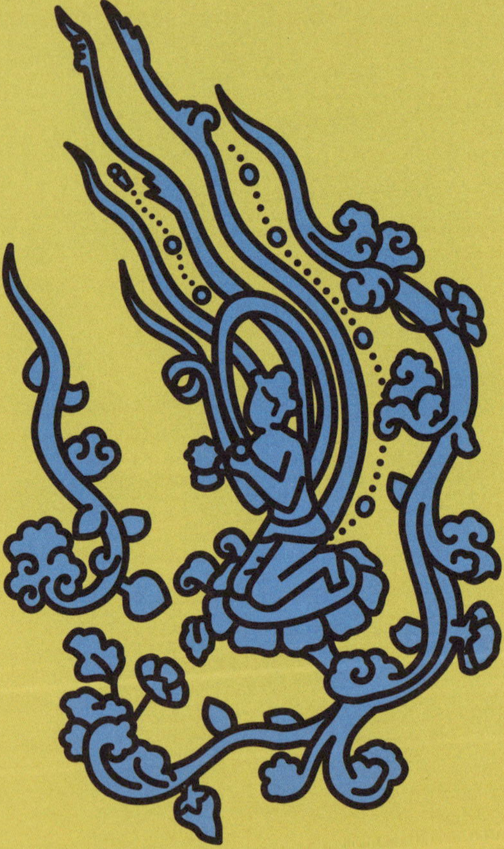

성덕대왕신종에 새겨진 비천 飛天:음악을 연주하고 꽃을 뿌리며 하늘을 떠도는 천인 무늬로
통일신라시대의 화려하고 세련된 양식을 보여주고 있다.

경북 경주시 국립경주박물관

30 경주 분황사 모전석탑 1962
Stone Brick Pagoda of Bunhwangsa Temple, Gyeongju
慶州 芬皇寺 模塼石塔

7C
신라

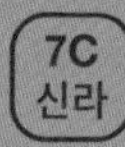

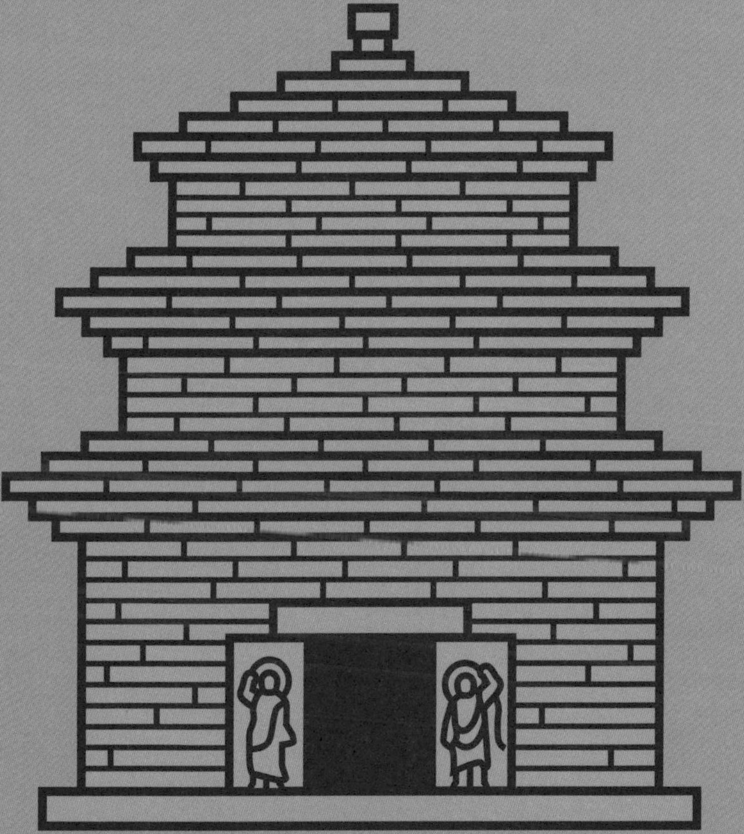

돌을 벽돌 모양으로 다듬어 쌓아올린 모전석탑으로 남아있는
신라 석탑 가운데 가장 오래되었다.

경북 경주시 분황사

H 9.3m

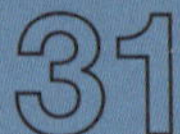

31 **경주 첨성대** 1962

Cheomseongdae Observatory, Gyeongju

慶州 瞻星臺

7C
신라

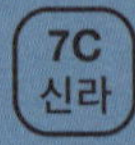

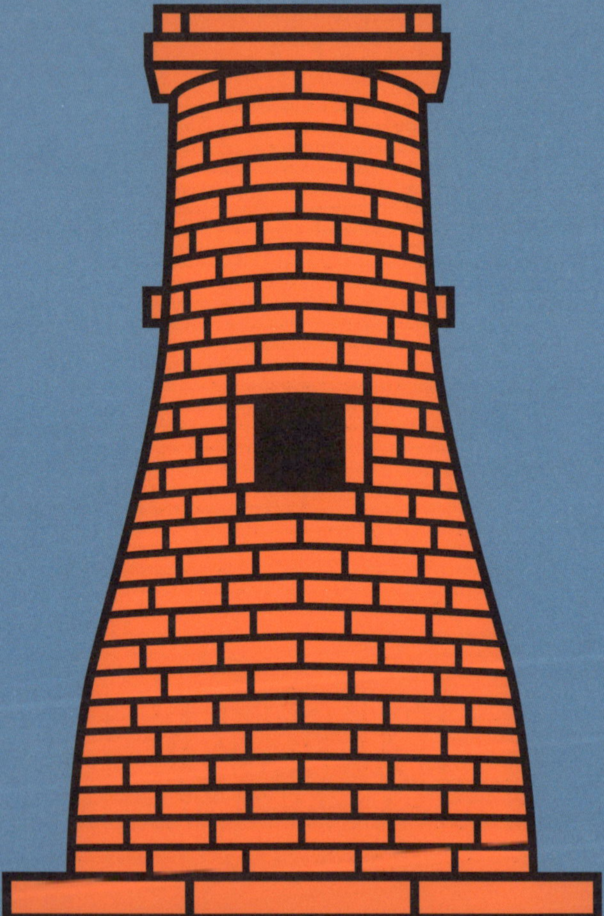

신라 선덕여왕 재위 632-647 때 건립된 천문관측대로
위에 올라가 별자리를 관측했을 것으로 추측된다.

경북 경주시 인왕동

H 9.17m

32
합천 해인사 대장경판 1962
Printing Woodblocks of the Tripitaka Koreana in Haeinsa Temple, Hapcheon
陜川 海印寺 大藏經板
13C
고려
몽고군의 침입을 불교의 힘으로 막아보고자 고려 고종 24-35년 1237-1248 에 간행한 것이다.
고려대장경, 팔만대장경이라 부르기도 하며, 세계기록유산 2007 에 등재되었다.
경남 합천군 해인사
W 70cm / H 24cm / D 2.6-4cm

33 창녕 신라 진흥왕 척경비 1962

6C
신라

Monument in Changnyeong Commemorating the Border Expansion by King Jinheung of Silla

昌寧 新羅 眞興王 拓境碑

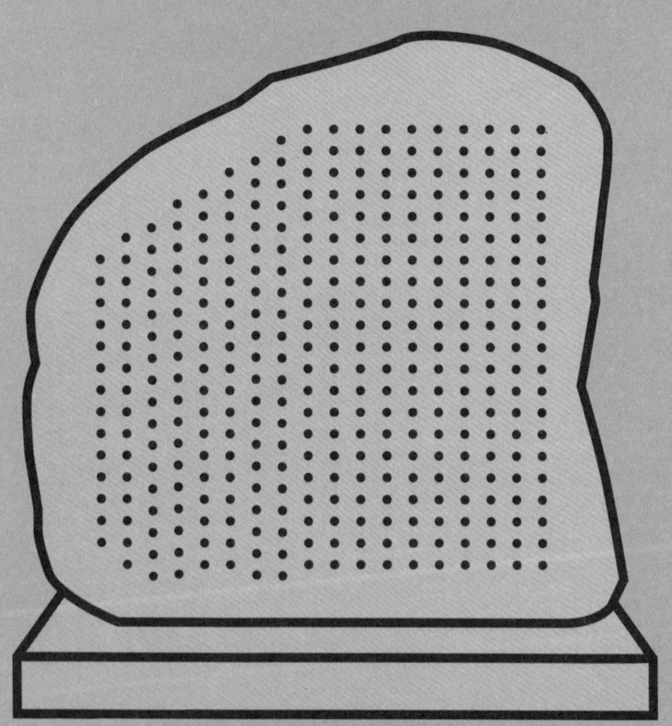

빛벌가야 지금의 창녕군 를 신라 영토로 편입한 진흥왕이 이곳을 순시하면서 민심을 살핀 후 그 기념으로 세운 비이다.

경남 창녕군 창녕읍

H 1.78m

34 창녕 술정리 동 삼층석탑 1962

East Three-story Stone Pagoda in Suljeong-ri, Changnyeong

昌寧 述亭里 東 三層石塔

8C
통일신라

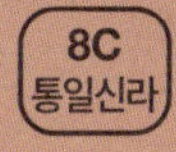

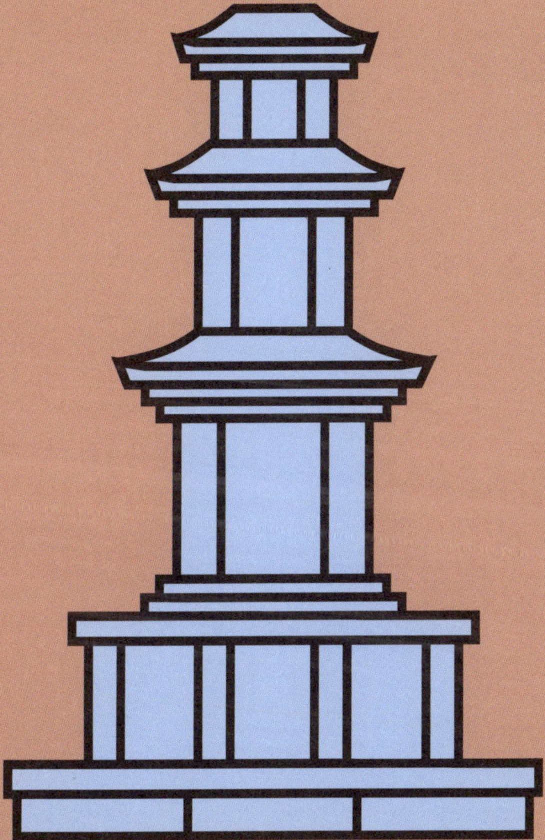

2단의 기단에 3층의 탑신을 올린 형태로 통일신라 석탑의 일반적인 모습이다.
경주가 중심이었던 탑 건립이 지방으로 확산되는 과정을 보여준다.

경남 창녕군 창녕읍

H 5.75m

35 구례 화엄사 사사자 삼층석탑 1962

8C
통일신라

Four Lion Three-story Stone Pagoda of Hwaeomsa Temple, Gurye

求禮 華嚴寺 四獅子 三層石塔

네 마리의 사자와 한 승려가 탑신을 떠받치고 있는 형태이다.
경주 불국사 다보탑 국보 과 함께 전형적이지 않은 이형석탑을 대표한다.

전남 구례군 화엄사

H 5.5m

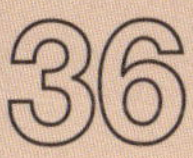

36 상원사 동종 1962
Bronze Bell of Sangwonsa Temple
上院寺 銅鍾

8C
통일신라

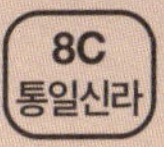

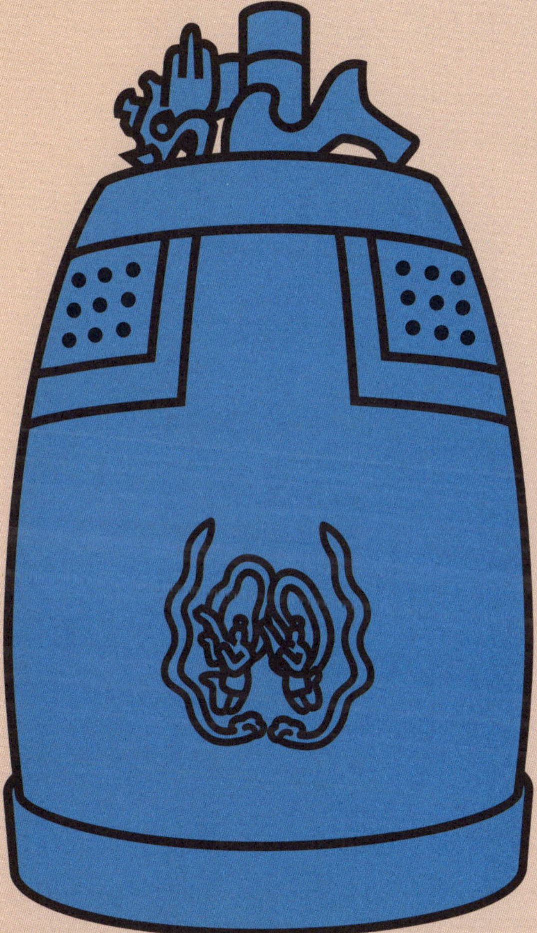

신라 성덕왕 24년 725 에 만들어진 가장 오래된 범종으로
한국 종의 고유한 특색을 갖추고 있다.

강원 평창군 상원사

H 1.67m / Ø 0.91m

37 경주 황복사지 삼층석탑 1962

Three-story Stone Pagoda at Hwangboksa Temple Site, Gyeongju

慶州 皇福寺址 三層石塔

7C 통일신라

통일신라 효소왕이 아버지 신문왕의 명복을 빌고자 629년에 세운 탑으로 소박해진 통일신라 전기 석탑양식의 변화과정을 엿볼 수 있다.

경북 경주시 구황동

H 7.3m

38 경주 고선사지 삼층석탑 1962

7C
통일신라

Three-story Stone Pagoda from Goseonsa Temple Site, Gyeongju

慶州 高仙寺址 三層石塔

원효대사가 주지로 있었던 고선사의 옛 터에 세워져 있던 탑으로
통일신라의 석탑양식이 생겨나는 과정을 보여준다.

경북 경주시 국립경주박물관

H 9m

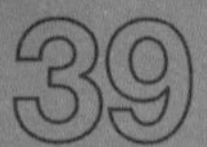

39 경주 나원리 오층석탑 1962

Five-story Stone Pagoda in Nawon-ri, Gyeongju

慶州 羅原里 五層石塔

8C
통일신라

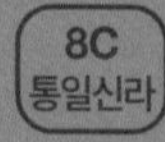

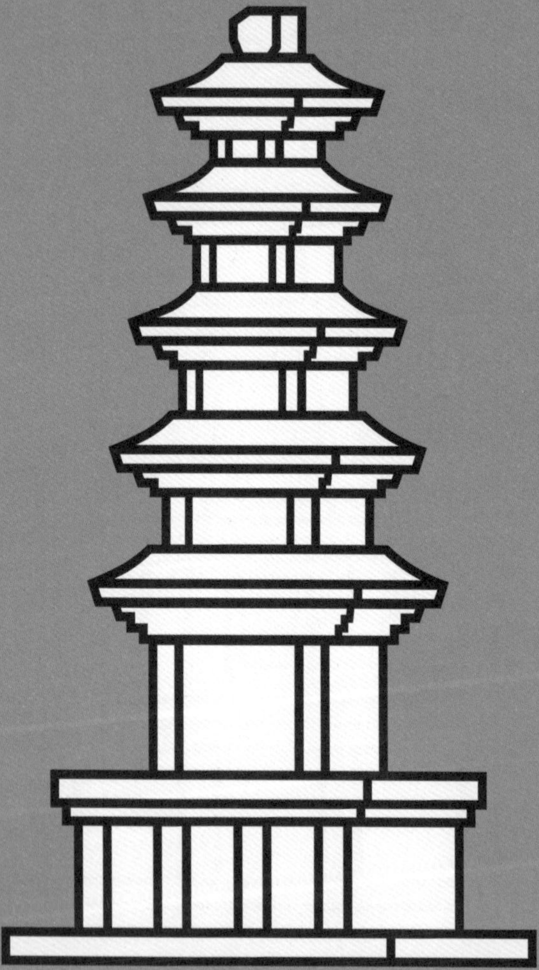

경주 부근에서는 보기 드문 5층 석탑으로,
순백의 빛깔로 나원 백탑 白塔 이라 부르기도 한다.

경북 경주시 현곡면

H 9.7m

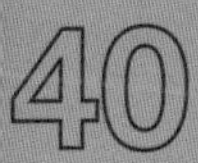

40 경주 정혜사지 십삼층석탑 1962

9C
통일신라

Thirteen-story Stone Pagoda at Jeonghyesa Temple Site, Gyeongju

慶州 淨惠寺址 十三層石塔

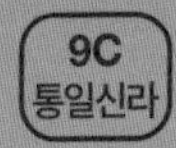

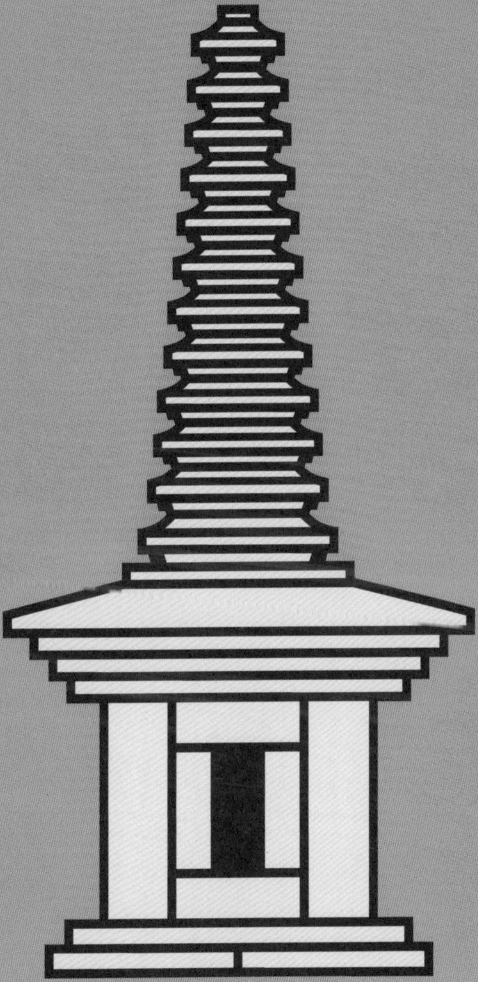

경주 정혜사터에 세워져 있는 탑으로, 흙으로 쌓은 1단의 기단 위에 13층의 탑신을 올렸다.
2층부터는 탑신과 옥개석 지붕돌 이 급격히 작아지는 등 일반적인 양식에서 벗어났다.

경북 경주시 안강읍

H 5.9m

청주 용두사지 철당간 1962

Iron Flagpole at Yongdusa Temple Site, Cheongju

清州 龍頭寺址 鐵幢竿

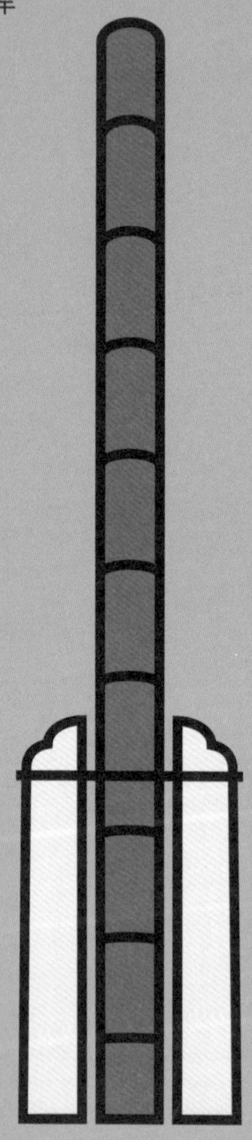

절에 입구에는 당이라는 깃발을 달아두는데, 이 당을 달아두는 장대를 당간이라 한다.
원래 30개의 철통이 있었으나 20개만 남아있으며 현존 당간 중 보존 상태가 가장 좋다.

충북 청주시 상당구

H 12.7m

순천 송광사 목조삼존불감 1962

Portable Shrine of Wooden Buddha Triad at Songgwangsa Temple, Suncheon

順天 松廣寺 木彫三尊佛龕

통일 신라

불상을 모시기 위해 나무나 돌, 쇠 등을 깎아 일반적인 건축물보다 작은 규모로 만든 것을 불감 佛龕 이라 한다. 보조국사 지눌이 당나라에서 가져온 것이다.

전남 순천시 송광사

H 13cm

43 혜심 고신제서 1962
Royal Edict of Appointment Issued to Great Master Hyesim
慧諶 告身制書

13C
고려

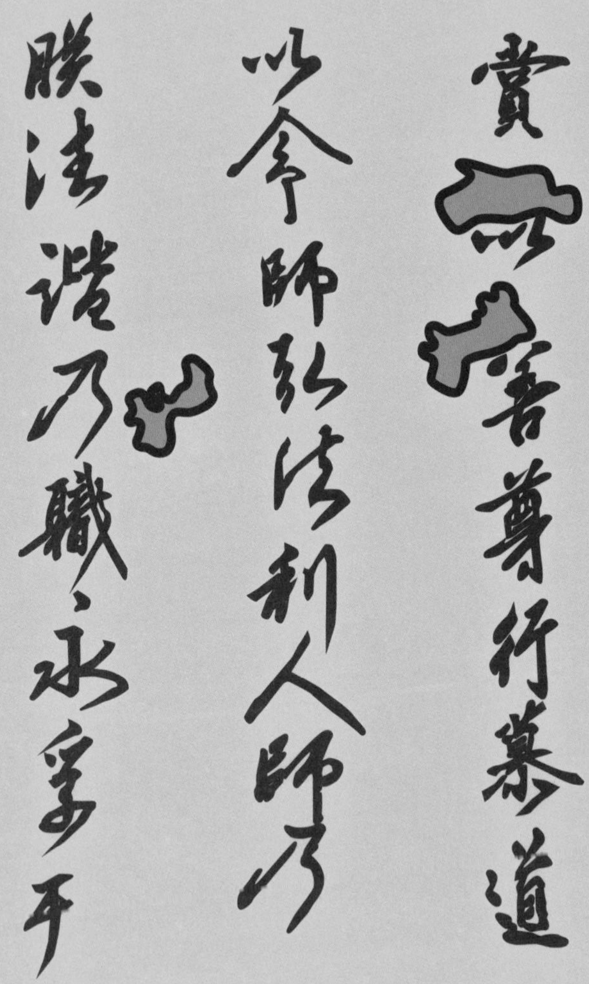

고려 고종 3년 1216 에 조계산 송광사 진각국사 혜심에게
대선사의 호를 내릴 것을 제가 制可:임금의 허가 한 문서이다.

전남 순천시 송광사

W 3.6m / H 0.33m

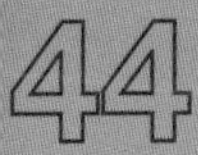

44 장흥 보림사 남·북 삼층석탑 및 석등 1962

9C
통일신라

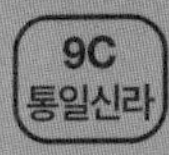

South and North Three-story Stone Pagodas and Stone Lantern of Borimsa Temple, Jangheung

長興 寶林寺 南·北 三層石塔 및 石燈

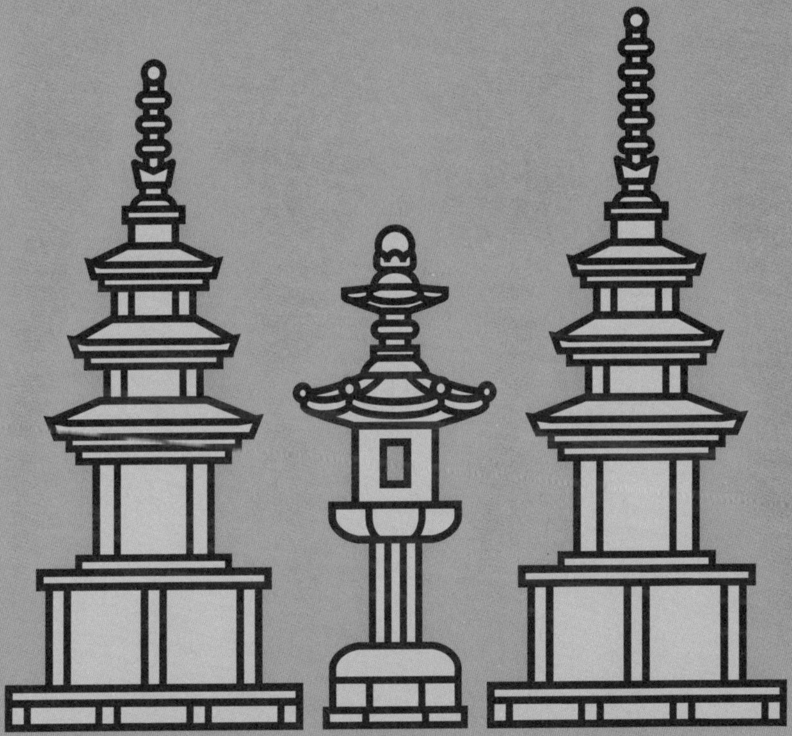

통일신라 헌안왕 4년 860 에 창건된 보림사의 앞뜰에 있는 2기의 석탑과 1기의 석등으로, 탑의 머리장식이 남아 있는 보기 드문 석탑이다.

전남 장흥군 보림사

남탑 H 5.4m / 석등 H 3.12m / 북탑 H 5.9m

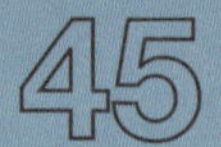

45 영주 부석사 소조여래좌상 1962

Clay Seated Buddha of Buseoksa Temple, Yeongju

榮州 浮石寺 塑造如來坐像

고려 초기

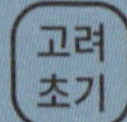

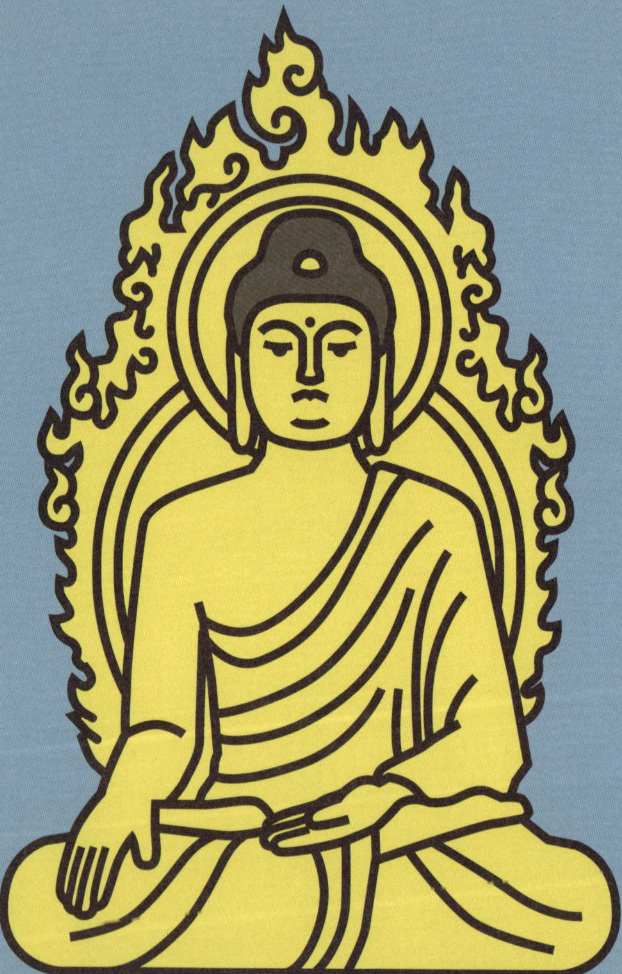

부석사 무량수전에 있는 소조불상 나무로 골격을 만들고 진흙을 붙여가면서 만드는 것 으로 우리나라 소조불상 가운데 가장 크고 오래된 작품이다.

경북 영주시 부석사

불상 H 2.78m

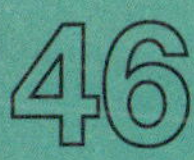

46 부석사 조사당 벽화 1962

Mural Painting in Josadang Shrine of Buseoksa Temple

浮石寺 祖師堂 壁畵

14C
고려

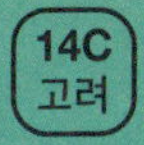

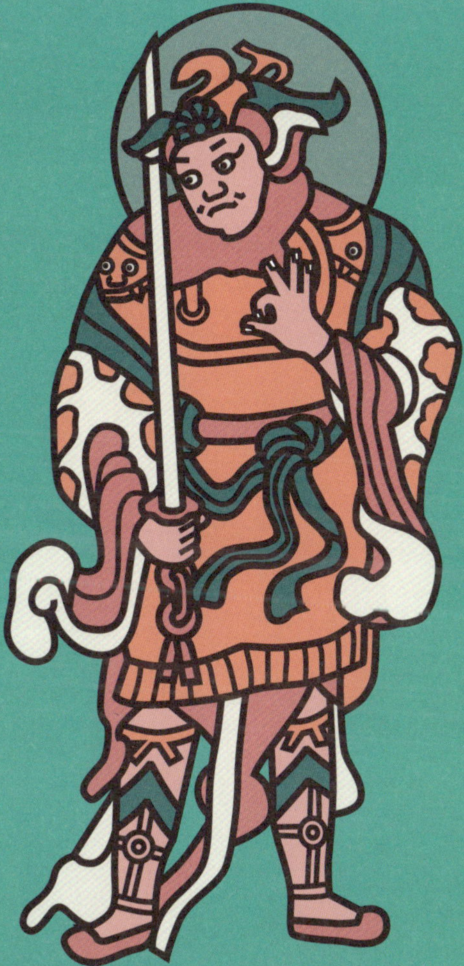

현재 우리나라에 남아 있는 벽화 가운데 가장 오래된 작품으로 부석사 조사당 안쪽 벽면에 사천왕과 제석천, 범천을 6폭으로 나누어 그린 그림이다.

경북 영주시 부석사

W 0.75m / H 2.05m

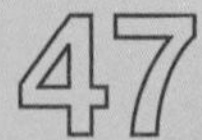

47 하동 쌍계사 진감선사탑비 1962

Stele for Master Jingam at Ssanggyesa Temple, Hadong

河東 雙磎寺 眞鑑禪師塔碑

9C
통일신라

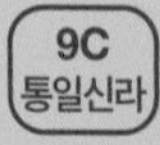

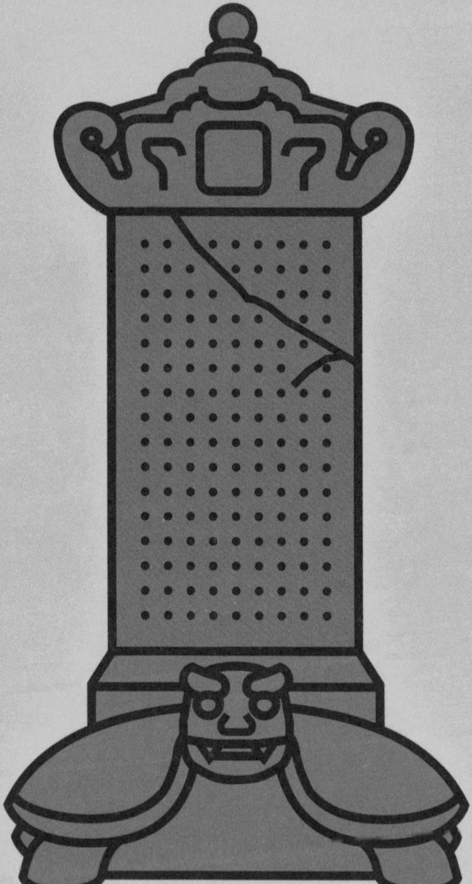

진성여왕 원년 887 에 세워진 것으로, 진감선사가 도를 닦던 옥천사를 쌍계사로 이름을 고친 후에 이 비를 세웠다 한다.

경남 하동군 쌍계사

H 3.63m

48-1 평창 월정사 팔각 구층석탑 1962

Octagonal Nine-story Stone Pagoda of Woljeongsa Temple, Pyeongchang

平昌 月精寺 八角 九層石塔

48-2 평창 월정사 석조보살좌상 2017

Stone Seated Bodhisattva of Woljeongsa Temple, Pyeongchang

平昌 月精寺 石造菩薩坐像

10C
고려

탑은 북쪽지방에서 유행한 다각형의
다층석탑의 형태로 고려전기 석탑을 대표한다.
탑과 보살상은 한 세트로 만들어졌다.

강원 평창군 월정사

석탑 H 15.2m, 좌상 1.8m

예산 수덕사 대웅전 1962

Daeungjeon Hall of Sudeoksa Temple, Yesan

禮山 修德寺 大雄殿

14C
고려

大雄殿

수덕사 대웅전은 고려 충렬왕 34년 1308 에 지은 건물로 가장 오래된 목조건물 중 하나이다. 백제 계통의 목조건축 양식을 이은 고려시대 건물로 건물 옆면의 장식적인 요소가 매우 아름답다.

충남 예산군 수덕사

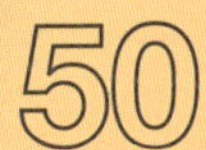

50 **영암 도갑사 해탈문** 1962

Haetalmun Gate of Dogapsa Temple, Yeongam

靈巖 道岬寺 解脫門

15C
조선

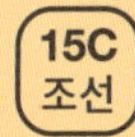

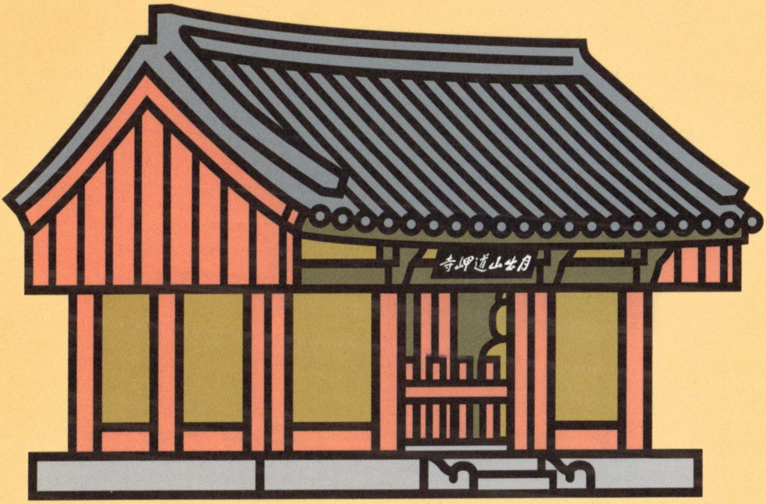

신라말에 도선국사가 지었다고 전해지는 도갑사의 정문으로
우리나라에서 흔하게 볼 수 없는 산문 山門:절의 바깥문 건물이다.

전남 영암군 도갑사

51

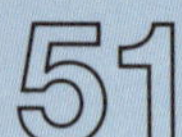

강릉 임영관 삼문 1962

Main Gate of Imyeonggwan Guesthouse, Gangneung

江陵 臨瀛館 三門

14C
고려

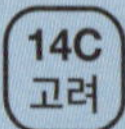

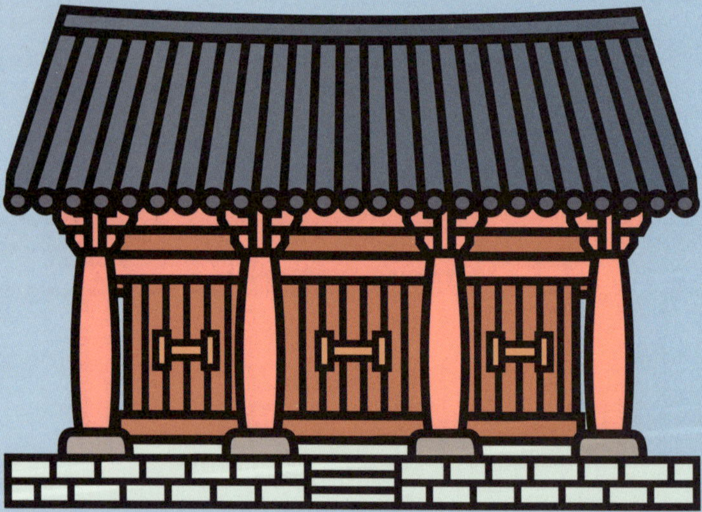

고려시대에 지은 임영 강릉의 옛 이름 객사 고려·조선 시대에 각 고을에 둔 관사 의 정문으로,
현재 객사 건물은 없어지고 이 문만 남아 있다.

강원 강릉시 용강동

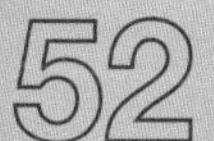

52 합천 해인사 장경판전 1962

15C
조선

Janggyeongpanjeon Depositories of Haeinsa Temple, Hapcheon

陜川 海印寺 藏經板殿

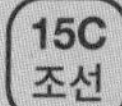

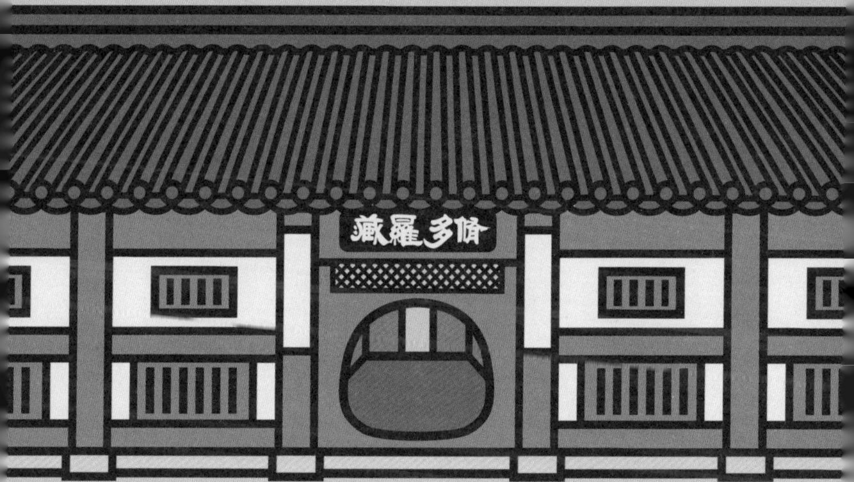

고려시대에 만들어진 8만여 장의 대장경판 국보 을 보관하고 있는 건물이다. 앞면 15칸·옆면 2칸 크기의 두 건물이 나란히 배치되어있으며, 각 칸마다 통풍을 위한 창이 나 있는 등 과학적으로 설계되었다. 유네스코 세계문화유산 1995 으로 등재되었다.

경남 합천군 해인사

구례 연곡사 동 승탑 1962

East Stupa of Yeongoksa Temple, Gurye

求禮 鷰谷寺 東 僧塔

통일신라 말기

탑이 부처의 사리를 모시는 곳이라면, 승탑은 유명했던 스님들의 사리를 두는 곳으로 부도 浮屠 라고도 한다. 통일신라 후기를 대표 할 만한 승탑이다.

전남 구례군 연곡사

H 3m

구례 연곡사 북 승탑 1962

North Stupa of Yeongoksa Temple, Gurye

求禮 鷰谷寺 北 僧塔

고려 초기

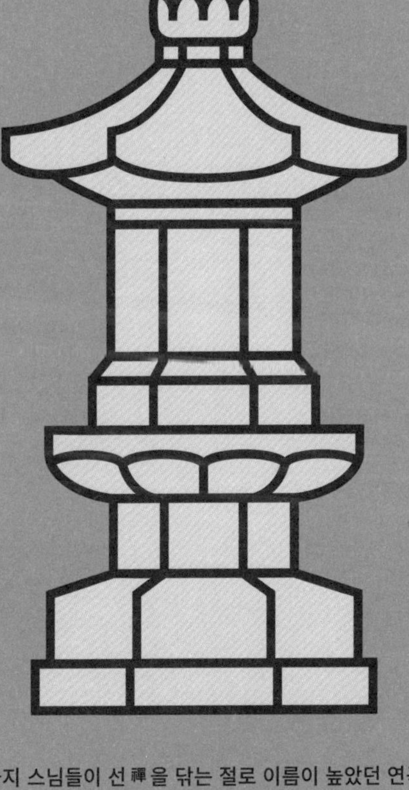

고려 초까지 스님들이 선禪을 닦는 절로 이름이 높았던 연곡사 내의 8각 승탑이다. 동 승탑을 본떠 건립한 것으로 보인다.

전남 구례군 연곡사

H 3m

보은 법주사 팔상전 1962

Palsangjeon Wooden Pagoda of Beopjusa Temple, Boeun

報恩 法住寺 捌相殿

17C
조선

우리나라 탑 가운데 가장 높은 건축물로 남아 있는 유일한 5층 목조탑이다.
벽면에 부처의 일생을 8장으로 그린 팔상도 八相圖 가 그려져 있어 팔상전이라 한다.

충북 보은군 법주사

H 22.7m

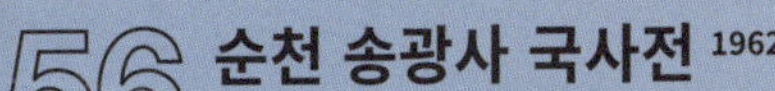

56 순천 송광사 국사전 1962

Guksajeon Shrine of Songgwangsa Temple, Suncheon

順天 松廣寺 國師殿

조선 초기

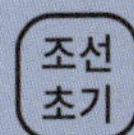

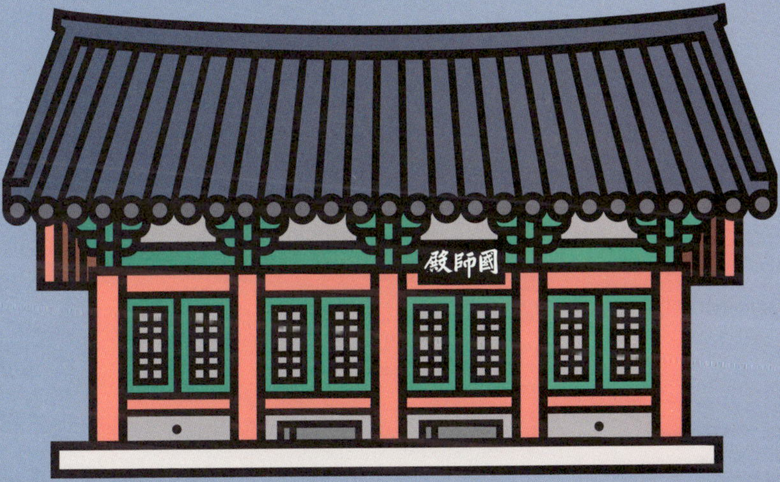

우리나라 3대 사찰 중 하나인 송광사의 국사전은 나라를 빛낸 큰 스님 16분의 영정을 모시고 그 덕을 기리기 위해 세운 건물이다.

전남 순천시 송광사

57 화순 쌍봉사 철감선사탑 1962

Stupa of Master Cheolgam at Ssangbongsa Temple, Hwasun

和順 雙峯寺 澈鑒禪師塔

9C
통일신라

쌍봉사 雙峰寺 에 세워져 있는 철감선사의 탑으로, 조각 수법과 조형미가 뛰어나다.
현재 머리 장식은 사라진 상태이다.

전남 화순군 쌍봉사

H 2.3m

청양 장곡사 철조약사여래좌상 및 석조대좌 1962

10C
통일신라

Iron Seated Bhaisajyaguru Buddha and Stone Pedestal of Janggoksa Temple, Cheongyang

青陽 長谷寺 鐵造藥師如來坐像 및 石造臺座

충남 청양 칠갑산 장곡사 상대웅전 보물 안에 모셔져 있는 철불좌상으로 나무로 된 광배 光背 를 배경으로 거대한 사각형의 돌로 만든 대좌 臺座 위에 있다.

충남 청양군 장곡사

H 2.32m

원주 법천사지 지광국사탑비 1962

Stele for State Preceptor Jigwang at Beopcheonsa Temple Site, Wonju

原州 法泉寺址 智光國師塔碑

11C
고려

법천사터에 있는 지광국사 984-1067 의 탑비로, 국사가 이 절에서 입적하자
그 공적을 추모하기 위해 사리탑인 지광국사탑 국보 과 함께 이 비를 세워놓았다.

강원 원주시 부론면

H 4.55m

60 청자 사자형뚜껑 향로 1962

Celadon Incense Burner with Lion-shaped Lid

青磁 獅子形蓋 香爐

12C
고려

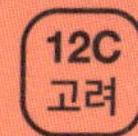

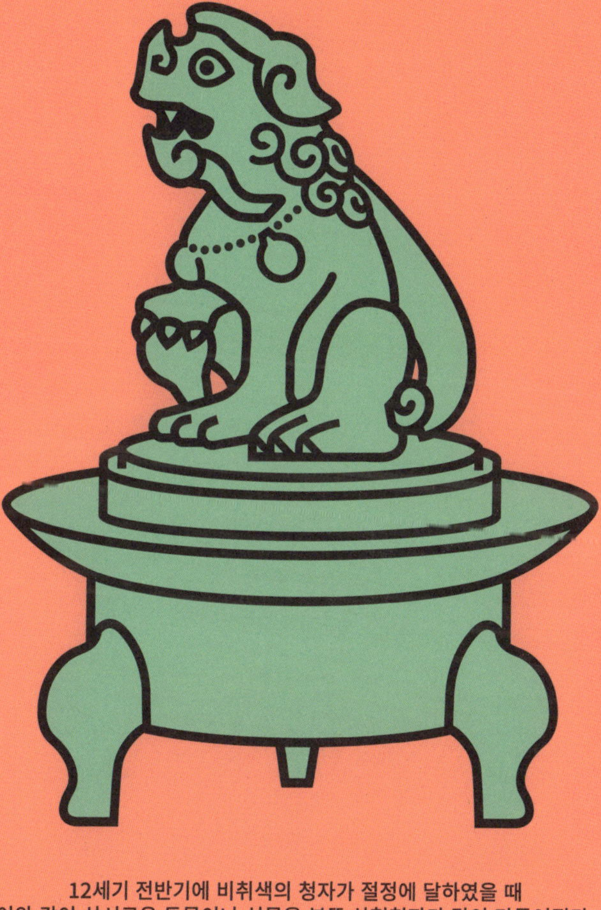

12세기 전반기에 비취색의 청자가 절정에 달하였을 때
이와 같이 상서로운 동물이나 식물을 본뜬 상형청자가 많이 만들어졌다.

서울 용산구 국립중앙박물관

H 21.2cm

청자 어룡형 주전자 1962

Celadon Ewer in the Shape of a Fish-dragon

青磁 魚龍形 注子

12C
고려

12세기경에 만들어진 청자 주전자로, 용의 머리와 물고기의 몸을 가진
특이한 형태의 동물을 형상화 한 상형청자 중 하나이다.

서울 용산구 국립중앙박물관

H 24.4cm

김제 금산사 미륵전 1962
Mireukjeon Hall of Geumsansa Temple, Gimje
金堤 金山寺 彌勒殿

17C
조선

거대한 미륵존불을 모신 법당으로 건물 안쪽은 3층 전체가 하나로 터진 통층이다. 1층 대자보전 大慈寶殿, 2층 용화지회 龍華之會, 3층 미륵전 彌勒殿 이라는 현판이 걸려있다.

전북 김제시 금산사

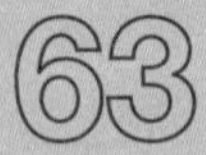

63 철원 도피안사 철조비로자나불좌상 1962

Iron Seated Vairocana Buddha of Dopiansa Temple, Cheorwon

鐵原 到彼岸寺 鐵造毘盧遮那佛坐像

9C
통일신라

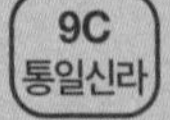

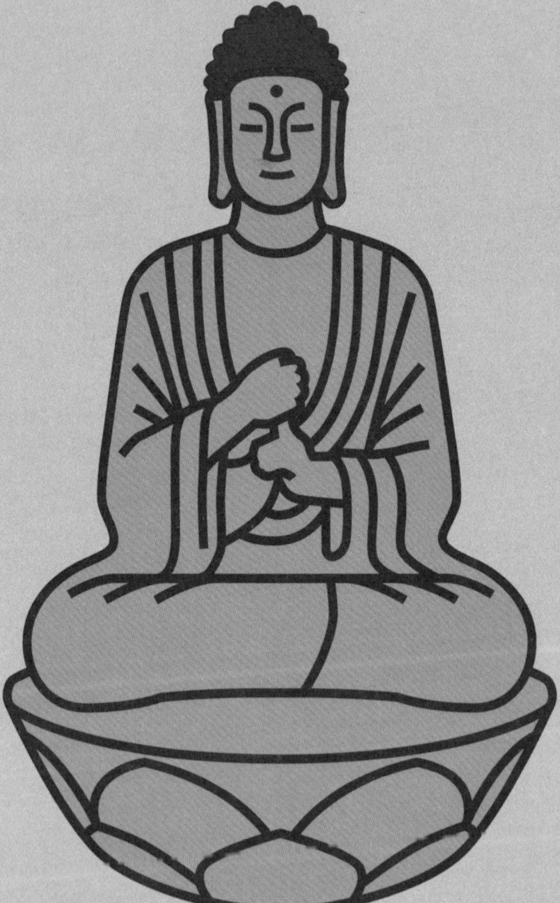

신라 경문왕 5년 865 에 도선대사가 창건한 도피안사의 이 불상은
철로 만든 불상이 유행한 통일신라 후기를 대표하는 작품이다.

강원 철원군 도피안사

H 91cm

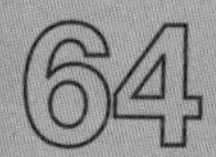

64 보은 법주사 석련지 1962

Stone Lotus Basin of Beopjusa Temple, Boeun

報恩 法住寺 石蓮池

8C
통일신라

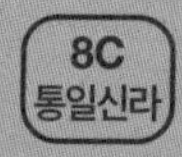

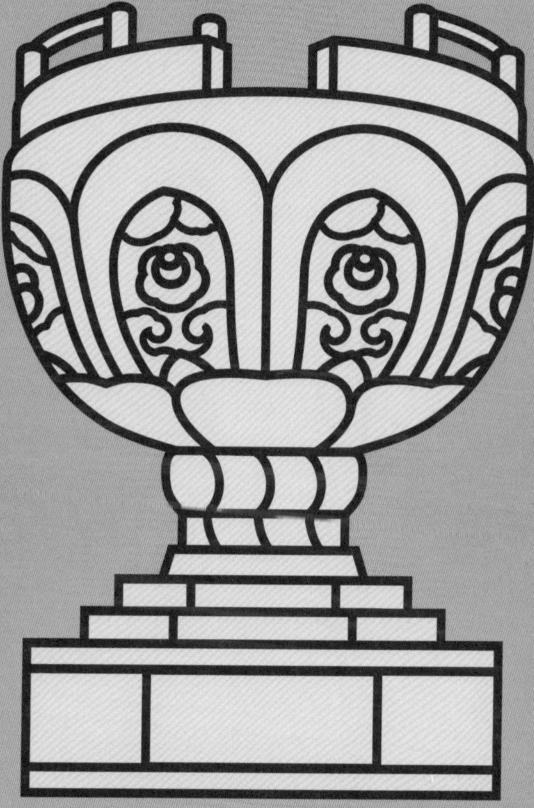

법주사 천왕문 동쪽에 위치한 돌로 만든 작은 연못으로, 연꽃을 띄워 두었다고 한다.

충북 보은군 법주사

H 1.95m

청자 기린형뚜껑 향로 1962

Celadon Incense Burner with Girin-shaped Lid

青磁 麒麟形蓋 香爐

12C
고려

12세기 청자 향로로 향을 피우는 몸체와
상상 속의 동물인 기린이 꿇어앉아있는 모습을 한 뚜껑으로 구성되어 있다.

서울 성북구 간송미술관

H 20cm

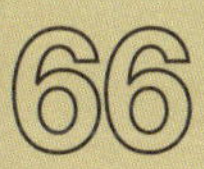

66 청자 상감연지원앙문 정병 1962

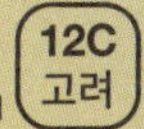

Celadon Kundika with Inlaid Willow, Lotus, Reed, and Mandarin Duck Design

青磁 象嵌蓮池鴛鴦文 淨甁

12C
고려

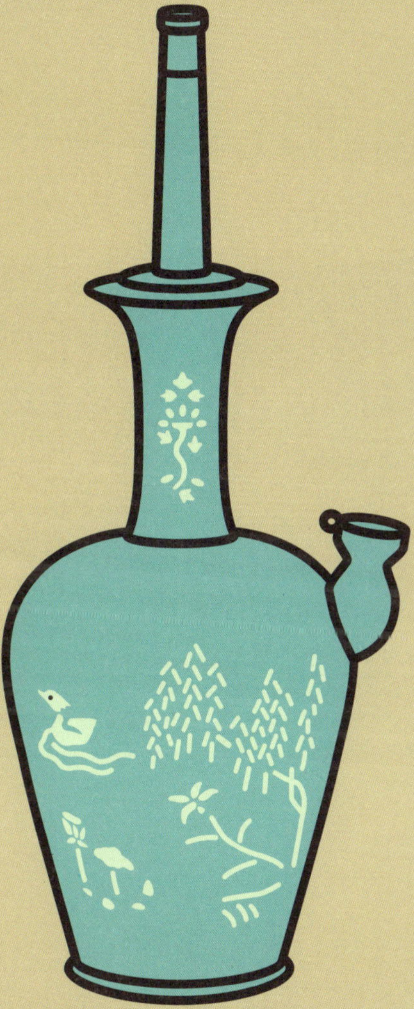

고려 이른 시기의 상감청자로 매우 정제되고 세련된 양식을 보여주고 있다.

서울 성북구 간송미술관

H 37cm

구례 화엄사 각황전 1962

Gakhwangjeon Hall of Hwaeomsa Temple, Gurye

求禮 華嚴寺 覺皇殿

18C
조선

화엄사는 통일신라시대에 지었다고 전해지며 인조 1595-1649 때 재건되었다.
각황전은 숙종 28년 1702 에 건설되어 웅장하고 건축기법도 뛰어난 건축 문화재이다.

전남 구례군 화엄사

68

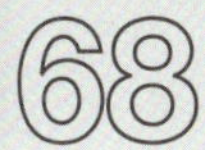

청자 상감운학문 매병 1962

Celadon Prunus Vase with Inlaid Cloud and Crane Design

青磁 象嵌雲鶴文 梅甁

12C
고려

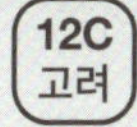

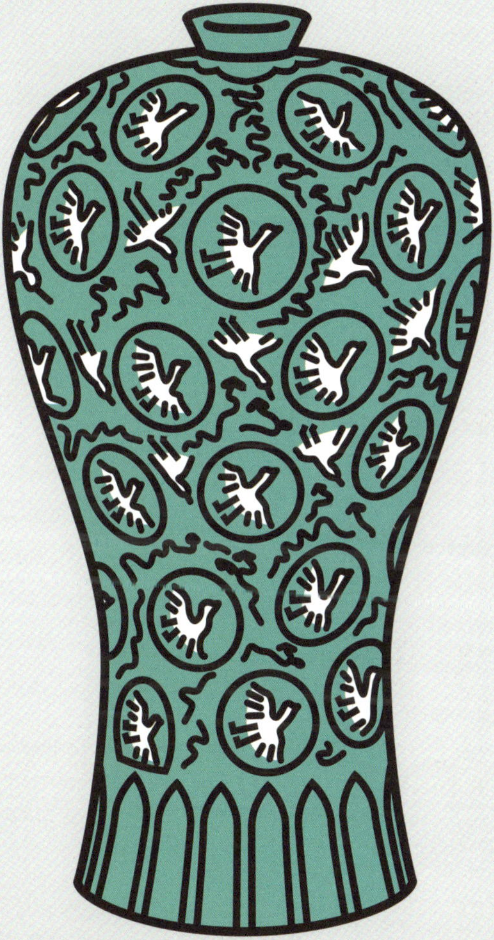

12세기 고려만의 풍만하고 유연한 선을 보여주는 청자 매병 梅甁 으로
매우 세련된 양식을 보여주며 표면 문양처리도 능숙하다.

서울 성북구 간송미술관

H 42.1cm

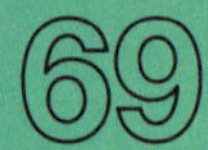

69 심지백 개국원종공신녹권 1962

14C 조선

Certificate of Meritorious Subject Issued to Sim Ji-baek

沈之伯 開國原從功臣錄券

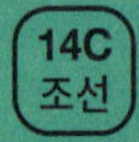

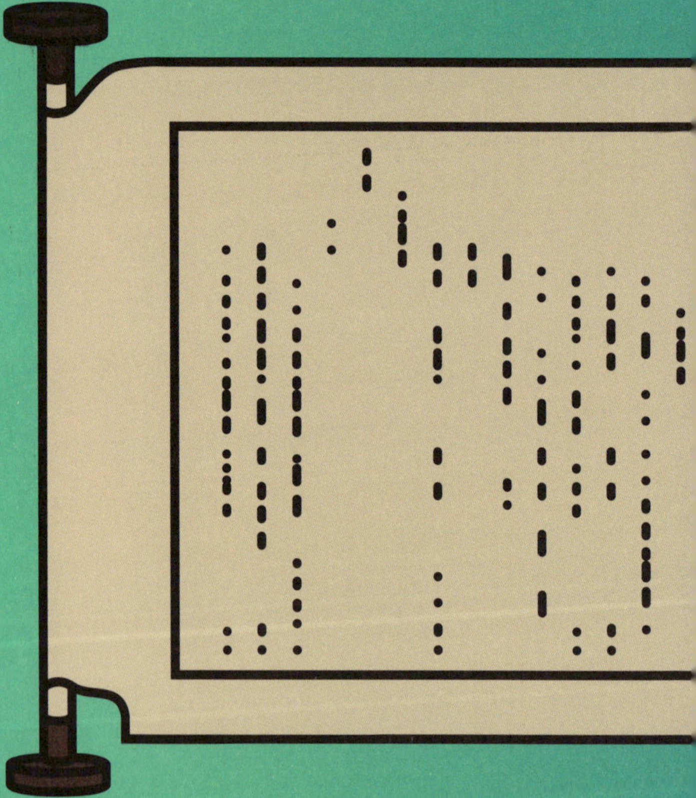

조선 태조 6년 1397 10월에 공신도감 功臣都監 에서 왕의 명령을 받아
심지백 沈之伯 에게 내린 문서로, 공신임을 입증하는 내용을 담고 있다.

부산 서구 동아대학교

W 140cm / H 30cm

70 훈민정음 1962

Hunminjeongeum (The Proper Sounds for the Instruction of the People)

訓民正音

15C 조선

用字例

初聲ㄱ。如·감爲柿。·ᄀᆞᆯ爲蘆。ㅋ。如우

·케爲未舂稻。콩爲大豆。ㆁ。如러·울

爲獺。서·에爲流凘。ㄷ。如·뒤爲茅。·담

爲墻。ㅌ。如고·티爲繭。두텁爲蟾蜍。

ㄴ。如노로爲獐。납爲猿。ㅂ。如ᄇᆞᆯ爲

臂。·벌爲蜂。ㅍ。如·파爲葱。·ᄑᆞᆯ爲蠅。ㅁ。

정인지 등 집현전 학사들이 세종 28년 1446 에 만든 훈민정음의 한문해설서이다. 훈민정음 해례본 解例本 이라고도 한다. 유네스코 세계기록유산 1997 으로 지정되었다.

서울 성북구 간송미술관

71

동국정운 권1,6 1962

15C
조선

Dongguk jeongun (Standard Rhymes of the Eastern State), Volumes 1 and 6

東國正韻 卷一,六

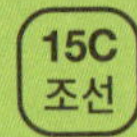

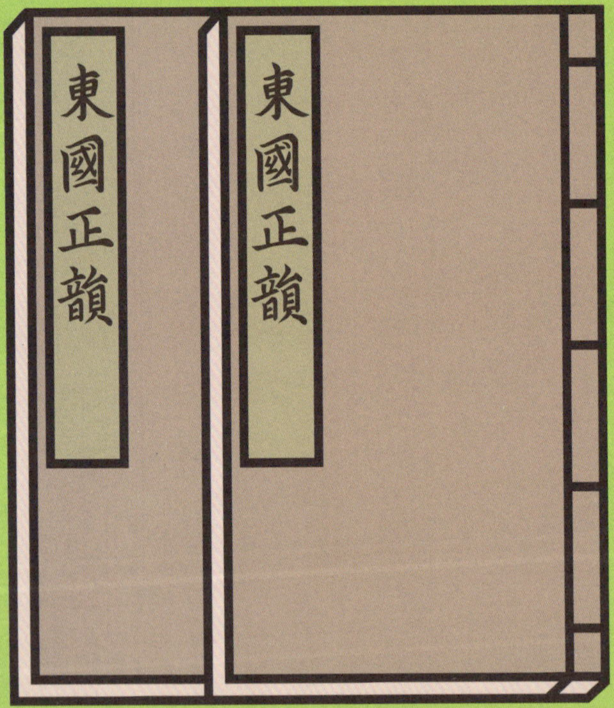

조선 세종 재위 1418-1450 때 신숙주, 최항, 박팽년 등이 왕의 명으로 편찬하여 세종 30년 1448 에 간행한 우리나라 최초의 표준음에 관한 책으로 6권 6책의 활자본이다.

서울 성북구 간송미술관

72 금동계미명삼존불입상 1962

Gilt-bronze Standing Buddha Triad with Inscription of "Gyemi Year"

金銅癸未銘三尊佛立像

커다란 광배 光背 를 배경으로 본존불과 양 옆에 협시보살을 배치한 삼존불 三尊佛 이다. 금동신묘명삼존불 국보 의 양식과 비슷하며, 백제 위덕왕 10년 563 에 만든 것으로 추정된다.

서울 성북구 간송미술관

H 17.2cm

73 금동삼존불감 1962
Portable Shrine of Gilt-bronze Buddha Triad
金銅三尊佛龕

11-12C
고려

불감 佛龕:그 안에 불상을 모시기 위해 만든 미니어처 건물 과 불상을 청동으로 만들고 그 위에 금칠을 한 것으로 고려시대 또는 그 이전의 목조건축 양식과 조각수법을 보여주고 있다.

서울 성북구 간송미술관

H 18cm

청자 오리모양 연적 1962
Celadon Duck-shaped Water Dropper
青磁 鴨形 硯滴

12C
고려

오리 모양으로 만든 고려시대의 청자 연적으로
오리의 깃털까지도 매우 사실적으로 표현하고 있다.

서울 성북구 간송미술관

H 8cm

표충사 청동 은입사 향완 1962

Bronze Incense Burner with Silver-inlaid Design of Pyochungsa Temple

表忠寺 青銅 銀入絲 香垸

12C
고려

고려 명종 7년 1177 에 제작된 전형적인 고려 향완 절에서 향을 피우는데 사용된 공양구 이다.
은입사 銀入絲:은실로 문양을 넣는 기법 기술을 사용하였으며, 국내 남아있는 향완 중 가장 오래 되었다.

경남 밀양시 표충사

H 27.5cm

이순신 난중일기 및 서간첩 임진장초 1962

Nanjung ilgi (War Diary), Imjin jangcho (Drafts of the Imjin War Reports) and Letters by Yi Sun-sin

李舜臣 亂中日記 및 書簡帖 壬辰狀草

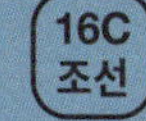

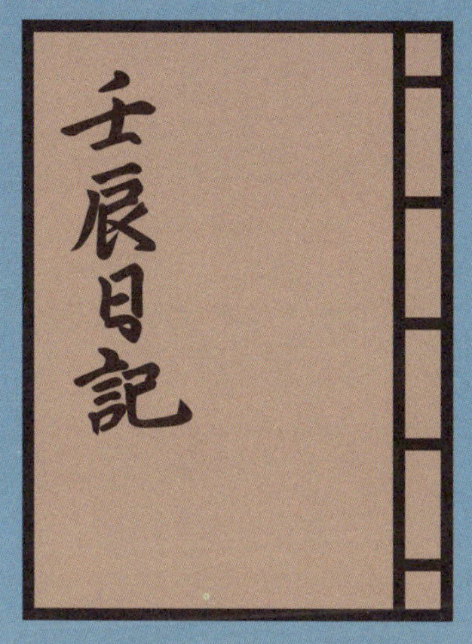

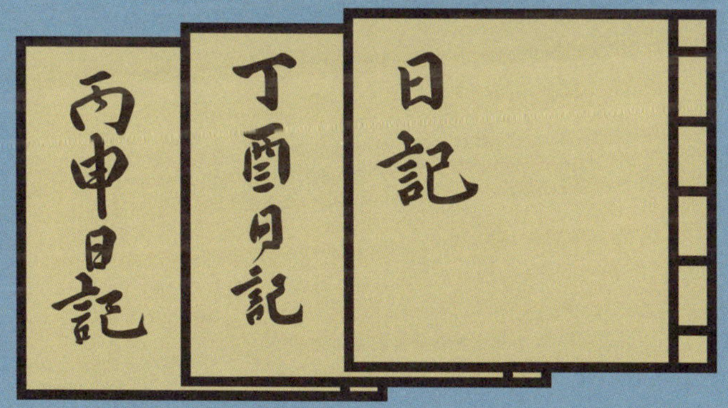

임진왜란 1592-1598 때에 위대한 통솔력으로 위기에 처한 나라를 구한 충무공 이순신 1545-1598 이 친필로 작성한 일기로 연도별로 7권이다.

충남 아산시 현충사

77 의성 탑리리 오층석탑 1962

Five-story Stone Pagoda in Tamni-ri, Uiseong

義城 塔里里 五層石塔

7C
통일신라

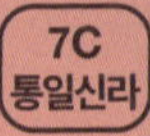

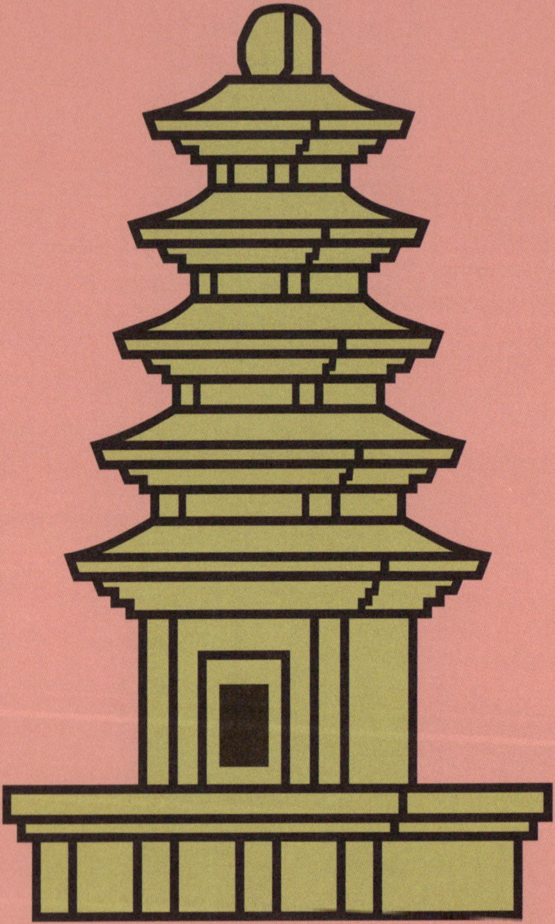

탑리리에 있는 통일신라시대의 5층 석탑으로 돌을 벽돌 모양으로 다듬어 쌓아올린 전탑 塼塔 양식과 목조건축의 수법을 동시에 보여주고 있다.

경북 의성군 금성면

H 9.6m

금동미륵보살반가사유상 1962-1

Gilt-bronze Pensive Maitreya Bodhisattva

金銅彌勒菩薩半跏思惟像

6C 삼국

오른발을 왼쪽다리 위에 올려놓고 손가락을 뺨에 댄 채 생각에 잠긴 반가사유의 자세를 하고있다. 국보 반가사유상과 석굴암 조각과 함께 불교조각 최고의 걸작이다.

서울 용산구 국립중앙박물관

H 83.2cm

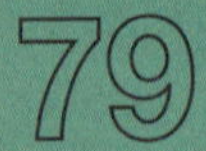

79 경주 구황동 금제여래좌상 1962

Gold Seated Buddha from Guhwang-dong, Gyeongju

慶州 九黃洞 金製如來坐像

8C
통일신라

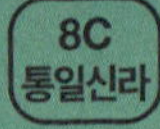

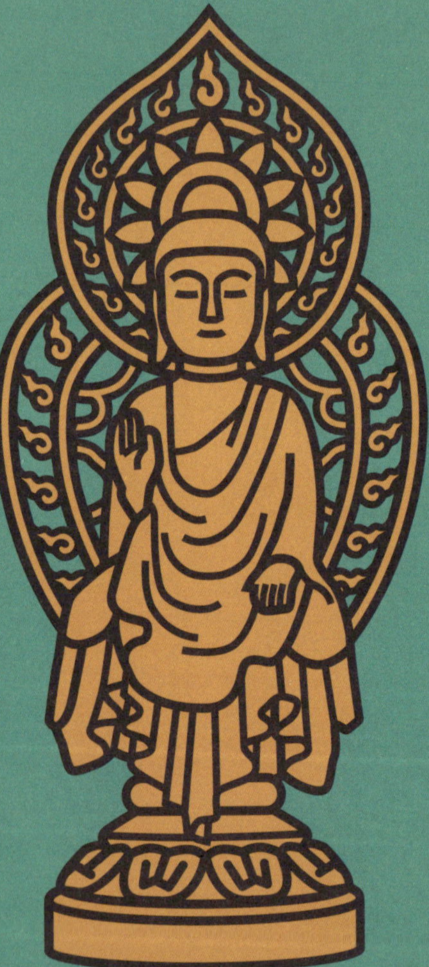

경주 황복사지 삼층석탑의 해체수리 공사 1942 때 나온 사리함에서
경주 구황동 금제여래입상 국보 과 함께 발견된 불상이다.

서울 용산구 국립중앙박물관

H 12.2cm

80 경주 구황동 금제여래입상 1962

7C
통일신라

Gold Standing Buddha from Guhwang-dong, Gyeongju

慶州 九黃洞 金製如來立像

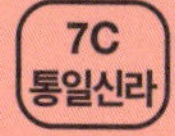

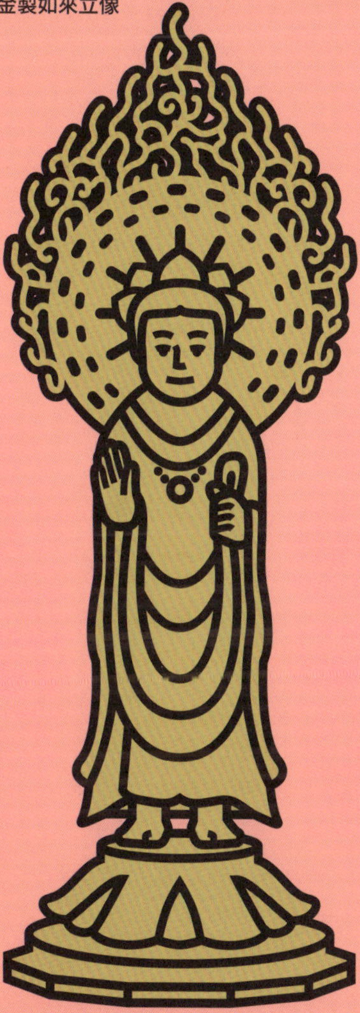

경주 구황동 금제여래좌상 국보 과 함께 경주 황복사지 삼층석탑에 안치된 사리함 속에서 발견되었으며 통일신라 초기 새로운 양식의 순금 불상이다.

서울 용산구 국립중앙박물관

H 14cm

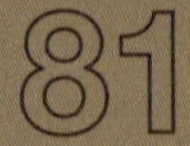

경주 감산사 석조미륵보살입상 1962

Stone Standing Maitreya Bodhisattva of Gamsansa Temple, Gyeongju

慶州 甘山寺 石造彌勒菩薩立像

8C
통일신라

신라 성덕왕 18년 719 김지성이 창건한 감산사에 그의 어머니를 위해 미륵보살을 만들었다고 한다. 통일신라시대부터 유행하는 풍만한 양식을 보여준다.

서울 용산구 국립중앙박물관

H 1.83m

경주 감산사 석조아미타여래입상 1962

Stone Standing Amitabha Buddha of Gamsansa Temple, Gyeongju

慶州 甘山寺 石造阿彌陀如來立像

8C
통일신라

신라 성덕왕 18년 719 김지성이 창건한 감산사에 그의 아버지를 위해 아미타불을 만들었다고 한다. 통일신라시대의 이상적 사실주의 양식을 보여주는 대표 조각이다.

서울 용산구 국립중앙박물관

H 1.74m

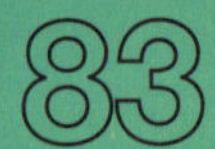

83 금동미륵보살반가사유상 1962-2

Gilt-bronze Pensive Maitreya Bodhisattva

金銅彌勒菩薩半跏思惟像

7C
삼국

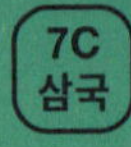

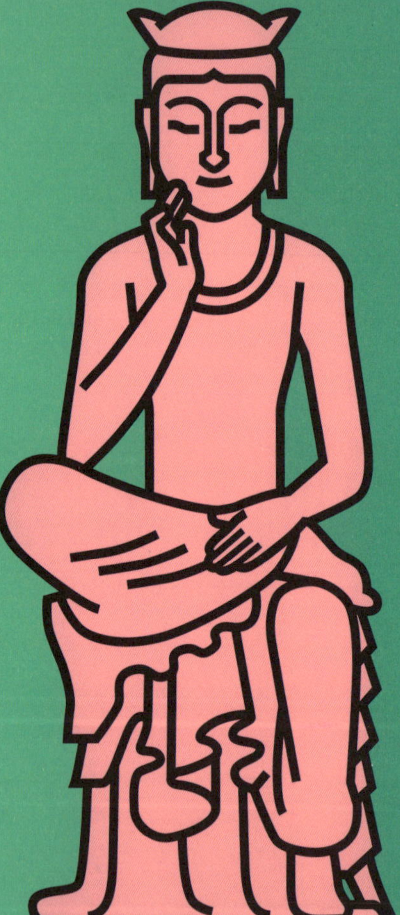

금동미륵보살반가사유상 국보 1962-1 과 함께 우리나라를 대표하는 불상으로 크기가 가장 크다. 삼국시대 후기 완벽한 주조기술을 보여준다.

서울 용산구 국립중앙박물관

H 93.5cm

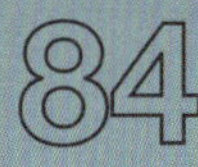

84 서산 용현리 마애여래삼존상 1962

Rock-carved Buddha Triad in Yonghyeon-ri, Seosan

瑞山 龍賢里 磨崖如來三尊像

6-7C
백제

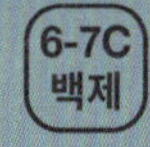

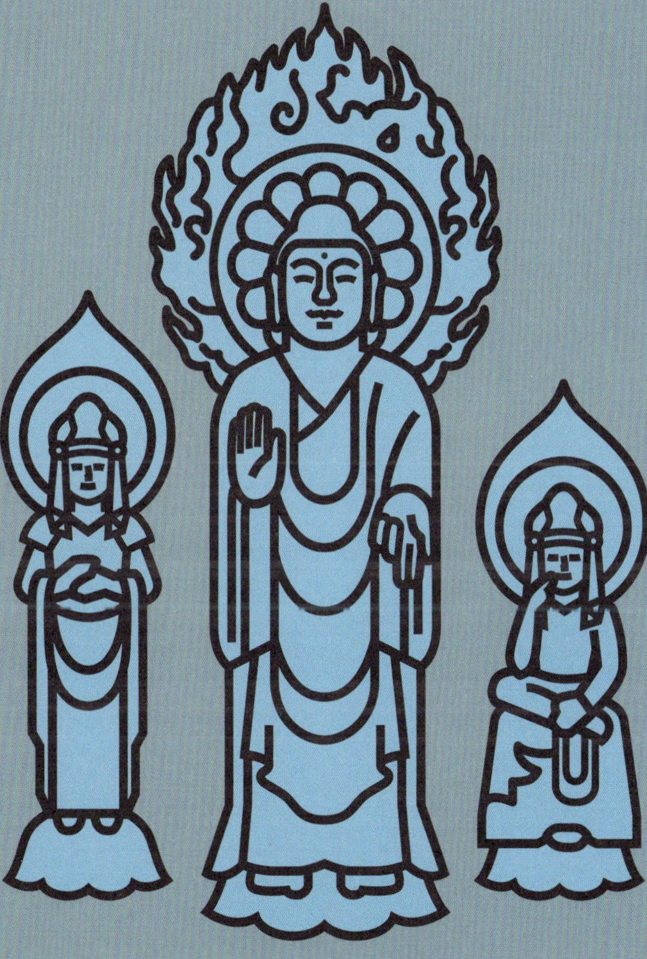

충남 서산 운산 가야산 계곡에 여래입상을 중심으로 보살입상과 반가사유상이 조각되어 있는데 흔히 '백제의 미소'로 불리운다.

충남 서산시 운산면

H 2.8m

금동신묘명삼존불입상 1962

Gilt-bronze Standing Buddha Triad with Inscription of "Sinmyo Year"

金銅辛卯銘三尊佛立像

6C
고구려

1930년 황해 곡산 화촌 봉산리에서 출토되었으며 하나의 커다란 광배 光背 에 본존불과 좌우보살상을 조각한 형태의 삼존불 三尊佛 이다.

서울 용산구 리움미술관

H 15.5cm

개성 경천사지 십층석탑 1962

Ten-story Stone Pagoda from Gyeongcheonsa Temple Site, Gaeseong

開城 敬天寺址 十層石塔

14C
고려

경천사 경기도 개풍군 부소산 절터에 세워졌던 석탑은 전체적인 균형과 조각수법이 잘 어우러진 탑이다. 조선시대에 원각사지 십층석탑 국보 에 영향을 주기도 하였다.

서울 용산구 국립중앙박물관

H 13.5m

금관총 금관 및 금제 관식 1962

Gold Crown and Diadem Ornaments from Geumgwanchong Tomb

金冠塚 金冠 및 金製冠飾

5-6C
신라

경주 노서동에 있는 금관총에서 발견된 신라의 금관으로,
기본 형태나 기술적인 면에서 볼 때 신라 금관 양식을 대표한다.

경북 경주시 국립경주박물관

H 44.4cm

금관총 금제 허리띠 1962

Gold Waist Belt from Geumgwanchong Tomb

金冠塚 金製銙帶

5-6C
신라

경주 노서동에 있는 금관총에서 발견된 신라의 금제 과대 및 요패 허리띠 및 드리개 로,
무늬를 뚫어서 조각한 수법이 매우 정교하다.

경북 경주시 국립경주박물관

W 109cm

평양 석암리 금제 띠고리 1962

Gold Buckle from Seogam-ri, Pyeongyang

平壤 石巖里 金製鉸具

평안남도 대동군 석암리 9호분에서 출토된 금제교구로
금실을 이용하여 장식하는 누금세공 鏤金細工 의 수법이 매우 뛰어나다.

서울 용산구 국립중앙박물관

W 9.4cm

경주 부부총 금귀걸이 1962

Gold Earrings from Bubuchong Tomb, Gyeongju

慶州 夫婦塚 金製耳飾

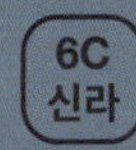

경주 보문동의 부부총 夫婦塚 에서 출토된 신라시대 한 쌍의 금 귀걸이로
금실과 금 알갱이를 이용하여 장식하는 누금세공 鏤金細工 수법이 매우 뛰어나다.

서울 용산구 국립중앙박물관 H 8.7cm

도기 기마인물형 명기 1962

Earthenware Funerary Objects in the Shape of a Warrior on Horseback

陶器 騎馬人物形 明器

5-6C
신라

경주 금령총에서 출토된 한 쌍의 토기로 신라인의 영혼관과 당시의 복식, 무기, 말갖춤 상태, 공예의장 工藝意匠 등에 대한 연구에 큰 도움을 주는 중요한 유물이다.

서울 용산구 국립중앙박물관

H 23.4cm

청동 은입사 포류수금문 정병 1962

Bronze Kundika with Silver-inlaid Willow and Waterfowl Design

青銅 銀入絲 蒲柳水禽文 淨甁

12C
고려

고려시대 대표적인 금속 공예품의 하나로 은입사 銀入絲 로 시문된 정병 淨甁 이다.
형태에 있어서 안정감 있고 유려한 곡선미를 보여주고 있다.

서울 용산구 국립중앙박물관

H 37.5cm

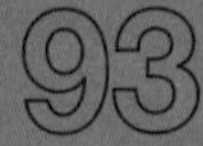

93 백자 철화포도원숭이문 항아리 1962

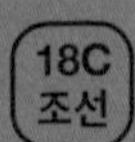

White Porcelain Jar with Grape and Monkey Design in Underglaze Iron

白磁 鐵畵葡萄猿文 壺

18C
조선

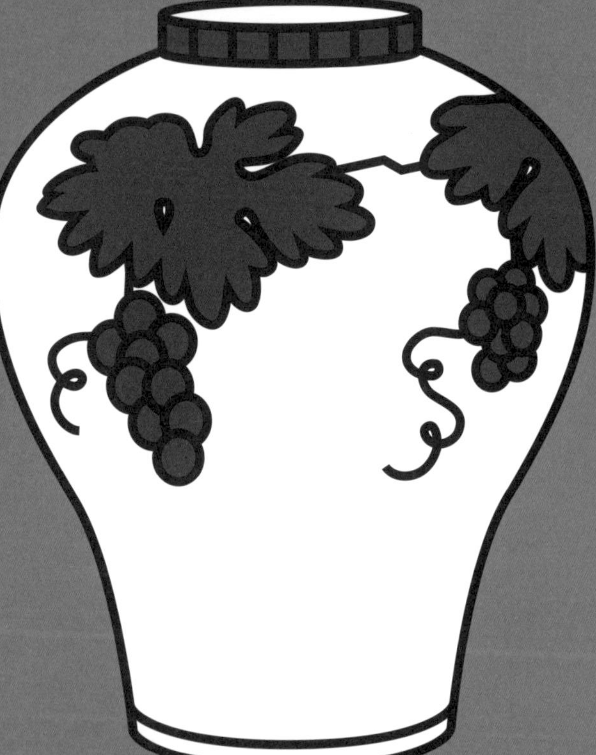

백자 철화포도문 항아리 국보 와 함께 조선의 대표적인 백자 항아리로
도공 陶工 들이 아닌 전문 화가들이 그린 회화성이 짙은 그림이 특징이다.

서울 용산구 국립중앙박물관

H 30.8cm

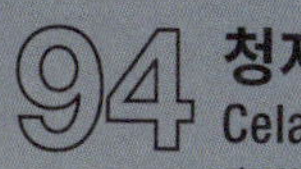

94 청자 참외모양 병 1962

Celadon Melon-shaped Bottle

青磁 瓜形 甁

12C
고려

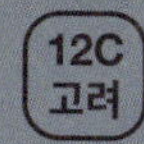

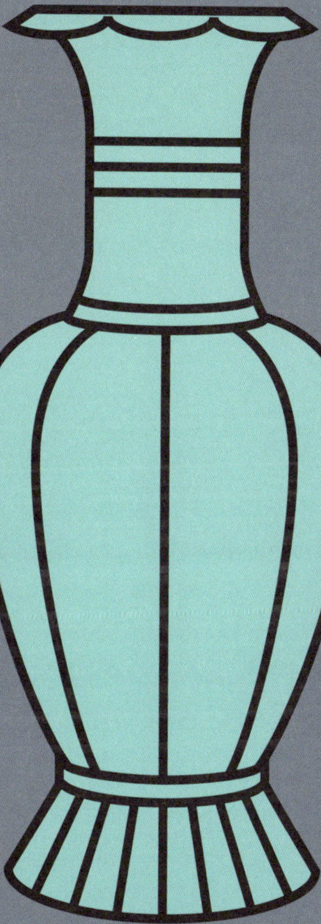

경기 장단에 있는 고려 인종 仁宗 의 릉에서 발견된 참외모양 화병으로
고려 청자 전성기인 12세기 전기에 만들어졌다.

서울 용산구 국립중앙박물관

H 22.8cm

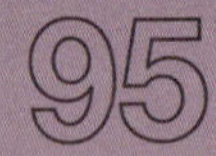

95 **청자 투각칠보문뚜껑 향로** 1962

Celadon Incense Burner with Openwork Auspicious-character Design Lid

青磁 透刻七寶文蓋 香爐

12C
고려

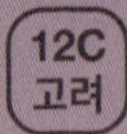

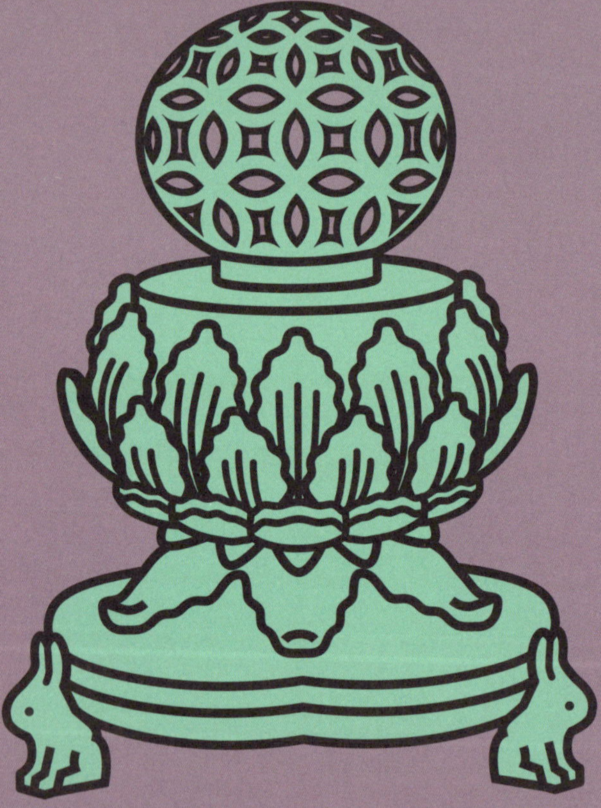

고려 전기의 청자 향로로 뚜껑과 몸통 두 부분으로 구성되어 있으며,
섬세한 장식이 많은데도 조화와 균형이 잘 잡혀 안정감이 뛰어나다.

서울 용산구 국립중앙박물관

H 15.3cm

청자 구룡형 주전자 1962

Celadon Ewer in the Shape of a Turtle-dragon

青磁 龜龍形 注子

12C
고려

12세기경에 만들어진 청자 주전자로 연꽃 위에 앉아있는 거북을 형상화하였다.
동·식물 모양을 모방해서 만든 상형청자의 아름다움을 보여주고 있다.

서울 용산구 국립중앙박물관

H 12cm

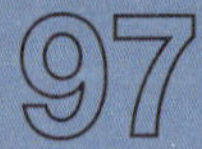

97 **청자 음각연화당초문 매병** 1962

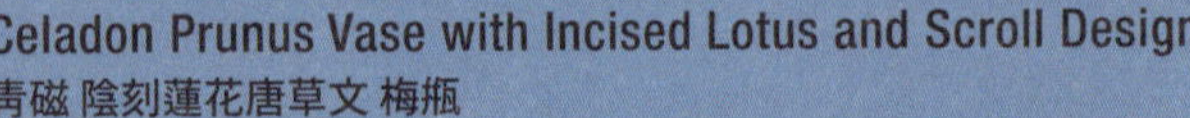

Celadon Prunus Vase with Incised Lotus and Scroll Design

青磁 陰刻蓮花唐草文 梅甁

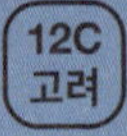

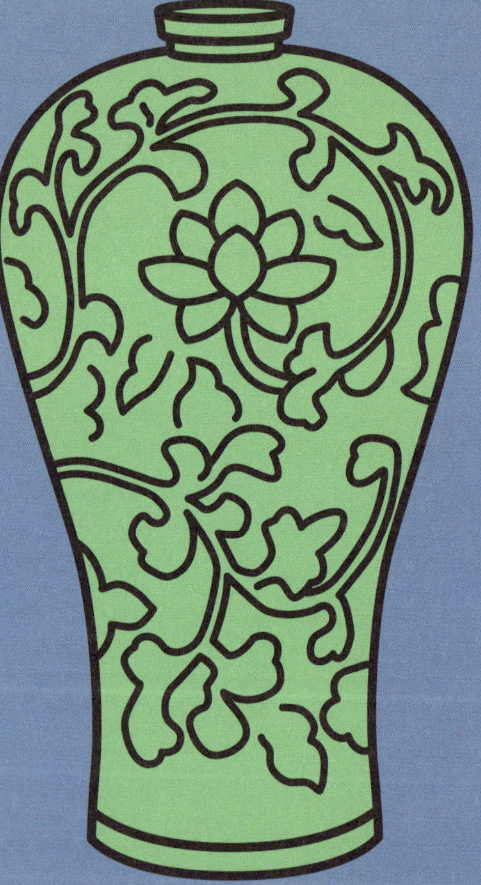

12C
고려

12세기 고려 순청자 純靑磁 전성기의 작품으로 고려의 독특한 아름다움을 엿볼 수 있다.

서울 용산구 국립중앙박물관

H 43.9cm

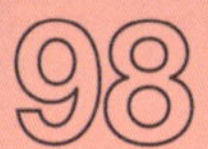

98 청자 상감모란문 항아리 1962
Celadon Jar with Inlaid Peony Design
青磁 象嵌牡丹文 壺

12C
고려

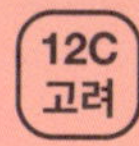

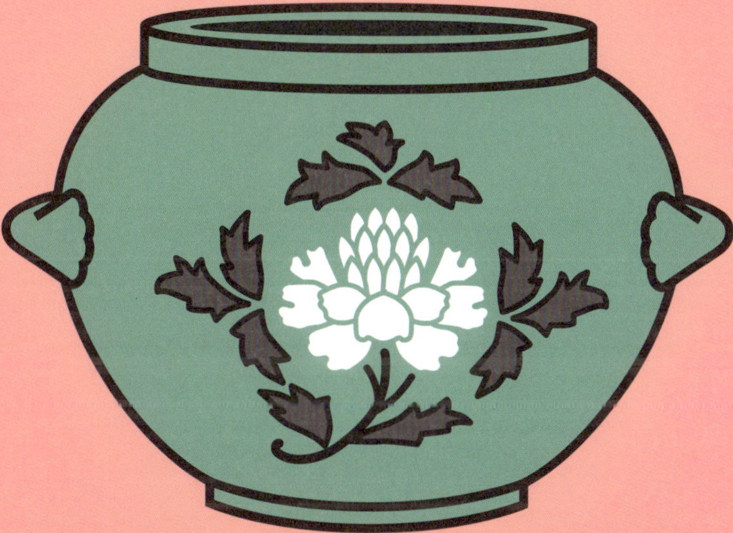

12세기경에 만들어진 청자 항아리로 꽃과 잎이 흑백의 대비가 강하여 시원한 느낌을 주며, 면상감기법을 효과적으로 사용하였다.

서울 용산구 국립중앙박물관

H 20.1cm

99 김천 갈항사지 동·서 삼층석탑 1962

East and West Three-story Stone Pagodas from Galhangsa Temple Site, Gimcheon

金泉 葛項寺址 東·西 三層石塔

8C
통일신라

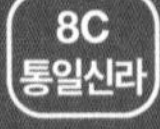

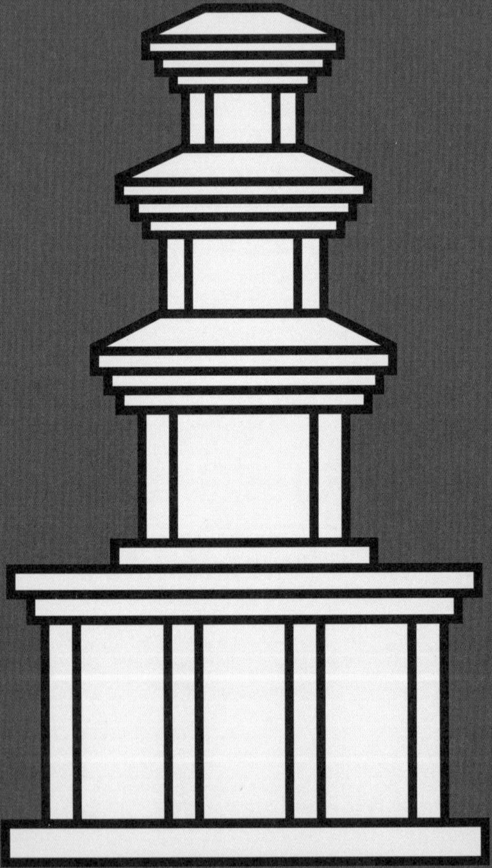

갈항사터에 동·서로 세워져 있던 두 탑으로 각 부분의 비례가 조화롭고
위 아래층 기단에 가운데기둥을 두 개씩 새겨 놓고 있는 점이 특징이다.

서울 용산구 국립중앙박물관

동탑 H 4.3m / 서탑 H 4m

개성 남계원지 칠층석탑 1962

Seven-story Stone Pagoda from Namgyewon Temple Site, Gaeseong

開城 南溪院址 七層石塔

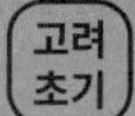

경기 개성 부근의 남계원터에 남아 있던 탑으로 고려 중기 이전의 것으로 추정되고 있다.
탑신부에서 7개의 감지은니묘법연화경이 발견되었다.

서울 용산구 국립중앙박물관

H 9.3m

101 원주 법천사지 지광국사탑 1962

11C
고려

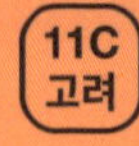

Stupa of State Preceptor Jigwang from Beopcheonsa Temple Site, Wonju

原州 法泉寺址 智光國師塔

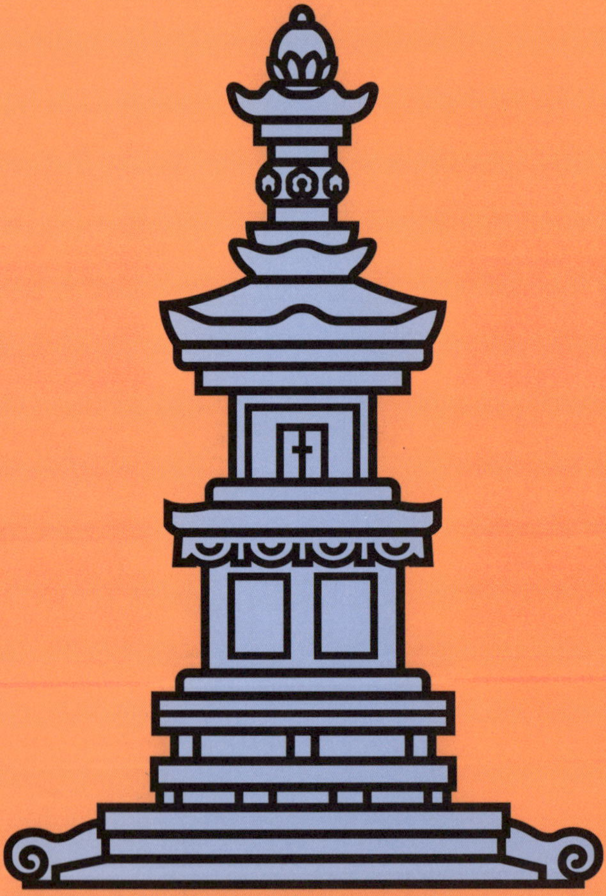

고려시대의 승려 지광국사 984-1067 를 기리기 위한 탑으로 원래 법천사터에 있던 것이다.
법천사터에는 지광국사탑비 국보 가 그대로 남아있다.

대전 유성구 국립문화재연구소

H 6.1m

102 충주 정토사지 홍법국사탑 1962

Stupa of State Preceptor Hongbeop from Jeongtosa Temple Site, Chungju

忠州 淨土寺址 弘法國師塔

11C
고려

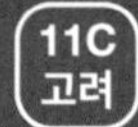

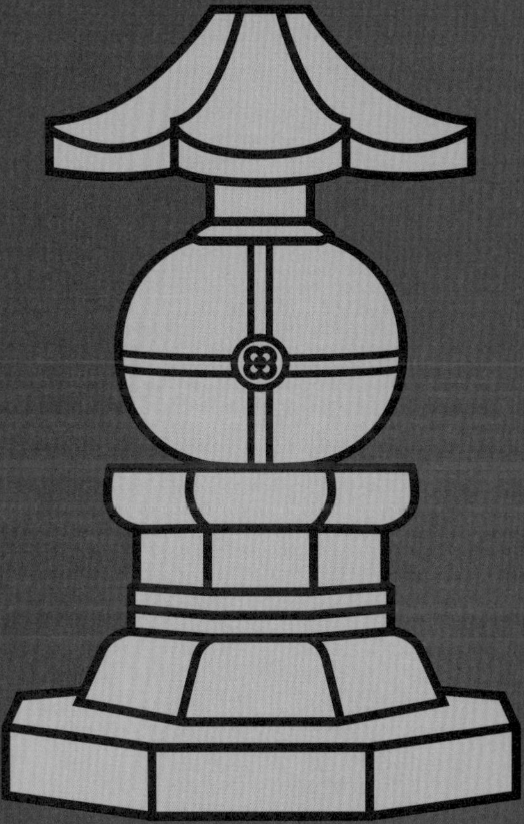

고려 목종 재위 997-1009 때 승려인 홍법국사의 탑으로 충북 중원 현 충주 의
정토사터에 있던 것으로 전체적으로 8각형이다.

서울 용산구 국립중앙박물관

H 2.55m

103 광양 중흥산성 쌍사자 석등 1962

9C
통일신라

Twin Lion Stone Lantern of Jungheungsanseong Fortress, Gwangyang

光陽 中興山城 雙獅子 石燈

장식이 번잡하지 않아 간결하면서도 사실적인 수법의
통일신라시대 석등으로 광명등이라고도 한다.

광주 북구 국립광주박물관

H 2.5m

104 전 원주 흥법사지 염거화상탑 1962

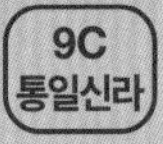

Stupa of Buddhist Monk Yeomgeo from Heungbeopsa Temple Site, Wonju (Presumed)

傳 原州 興法寺址 廉居和尙塔

9C
통일신라

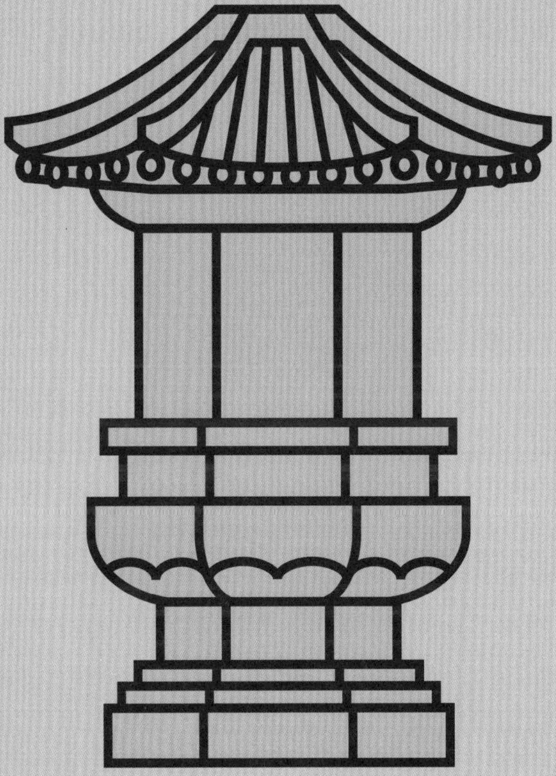

통일신라 말기 승려 염거화상 ?-844의 사리탑으로, 사리탑 중에서 가장 오래된 것이다. 단아한 기품과 깨끗한 솜씨가 잘 어우러져 있다.

서울 용산구 국립중앙박물관

H 1.7m

105 **산청 범학리 삼층석탑** 1962

Three-story Stone Pagoda in Beomhak-ri, Sancheong

山清 泛鶴里 三層石塔

9C
통일신라

범허사라고 전하는 절터에 있던 것으로
통일신라 후기 석탑의 특징을 잘 나타내주는 우수한 작품이다.

경남 진주시 국립진주박물관 **H 4.8m**

106 계유명전씨아미타불비상 1962

7C
통일신라

Stele of Amitabha with Inscription of "Gyeyu Year", Offered by Jeon

癸酉銘全氏阿彌陀佛碑像

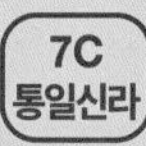

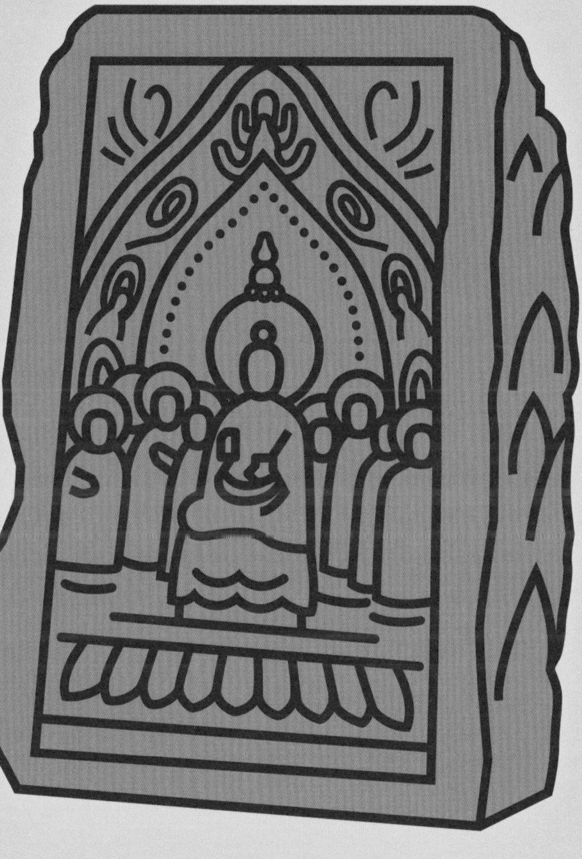

충남 연기 비암사의 이 삼존석상은 4각의 긴 돌 각 면에
불상과 비석의 형식이 결합된 비상 碑像 형태로 만들었다.

충북 청주시 국립청주박물관

H 43cm

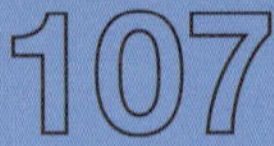

107 백자 철화포도문 항아리 1962

White Porcelain Jar with Grape Design in Underglaze Iron

白磁 鐵畫葡萄文 壺

18C
조선

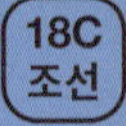

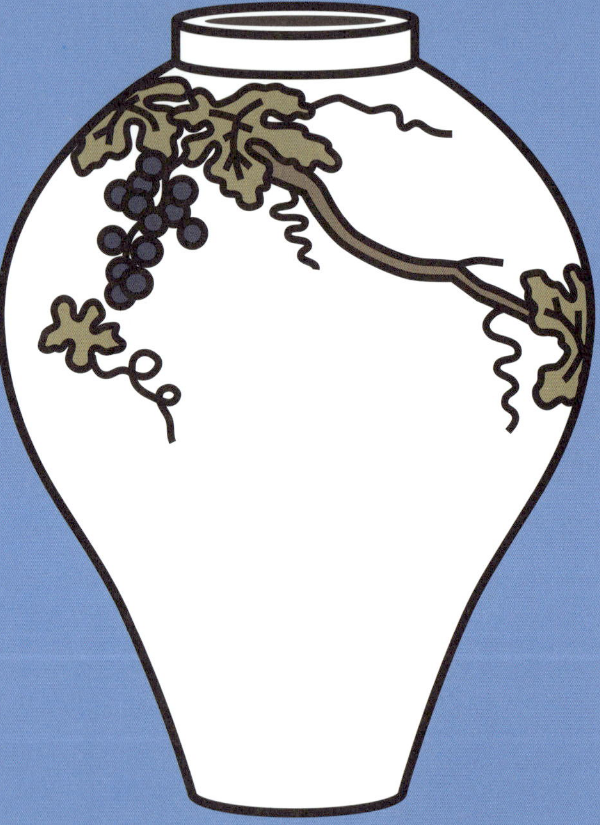

18세기 조선시대 백자항아리로 몸체에는 검은색 철화 안료를 사용해
포도 덩굴무늬를 그려 넣었다.

서울 서대문구 이화여자대학교박물관

H 53.3cm

108 계유명삼존천불비상 1962

7C
통일신라

Stele of Buddha Triad and a Thousand Buddhas with Inscription of "Gyeyu Year"

癸酉銘三尊千佛碑像

충남 조치원 근처 서광암 瑞光庵 에서 발견된 작품으로 앞면의 삼존불 三尊佛 을 중심으로 좌우에는 글을, 나머지 면에는 작은 불상을 가득 새겨 놓았다.

충북 청주시 국립청주박물관

H 91cm

109 군위 아미타여래삼존 석굴 1962
Grotto of Amitabha Buddha Triad, Gunwi
軍威 阿彌陀如來三尊 石窟

8C
통일신라

경북 팔공산 절벽의 자연동굴에 만들어진 통일신라 초기의 석굴사원이다.
새롭게 수용된 당나라 양식을 보여주며 본격적인 석굴사원이라는 점에서 가치가 있다 .

대구 군위군

불상 H 2.88m

110 이제현 초상 1962

Portrait of Yi Je-hyeon

李齊賢 肖像

14C
고려

고려 후기 문신이자 학자인 익재 이제현 1287-1367 의 초상화이다. 원나라 화가 진감여가 그린 그림으로 안향 초상과 함께 남아있는 고려시대 초상화 원본 2점 중 하나이다

서울 용산구 국립중앙박물관

W 93cm / H 177.3cm

111 안향 초상 1962

Portrait of An Hyang

安珦 肖像

14C
고려

고려 중기 문신인 회헌 안향 1243-1306 선생의 초상화이다.
가장 오래된 초상화로 고려시대 화풍을 알 수 있는 작품이다.

경북 영주시 소수박물관

W 29cm / H 37cm

112 경주 감은사지 동·서 삼층석탑 1962

East and West Three-story Stone Pagodas at Gameunsa Temple Site, Gyeongju

慶州 感恩寺址 東·西 三層石塔

7C
통일신라

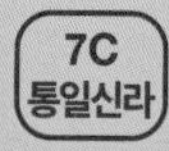

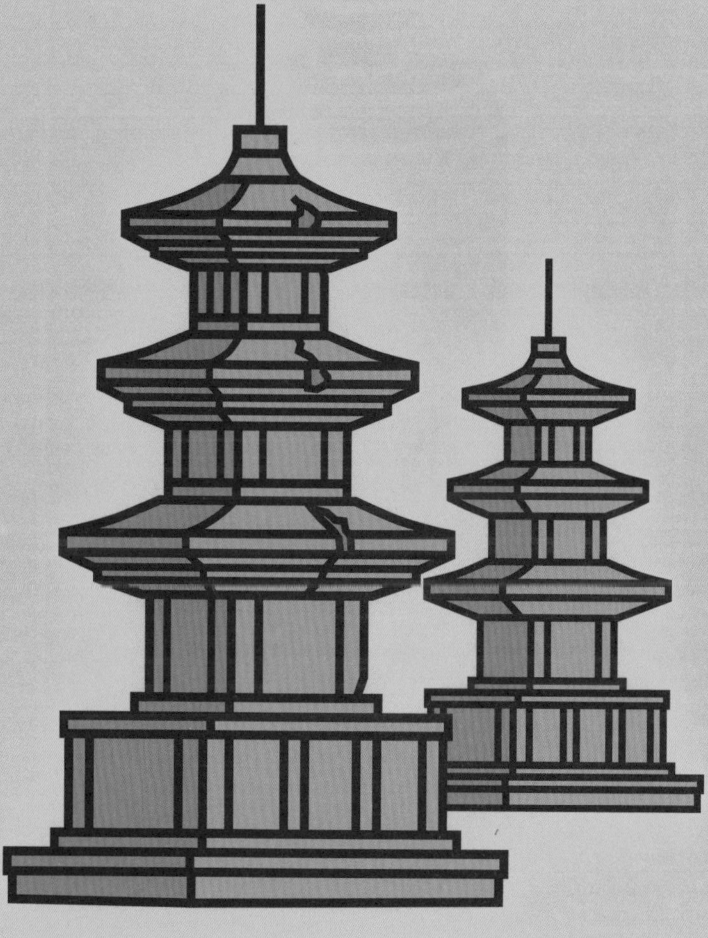

감은사터에 있는 쌍탑으로 1탑에서 삼국통일 직후 쌍탑가람으로 가는 최초의 배치를 보인다.
각 부분들이 여러 개의 부분석재로 조립되었으며 경주의 탑 중 가장 거대하다.

경북 경주시 양북면

H 13.4m

113 청자 철화양류문 통형 병 1962

Celadon Tube-shaped Bottle with Willow Design in Underglaze Iron

青磁 鐵畫楊柳文 筒形 瓶

고려시대에 제작된 철회청자 철분이 많이 포함된 안료로 그린 청자 병으로
보기 드문 긴 원통형에 버드나무를 그려넣었다.

서울 용산구 국립중앙박물관

H 31.6cm

114 청자 상감모란국화문 참외모양 병 1962

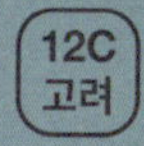

Celadon Melon-shaped Bottle with Inlaid Peony and Chrysanthemum Design

青磁 象嵌牡丹菊花文 瓜形 瓶

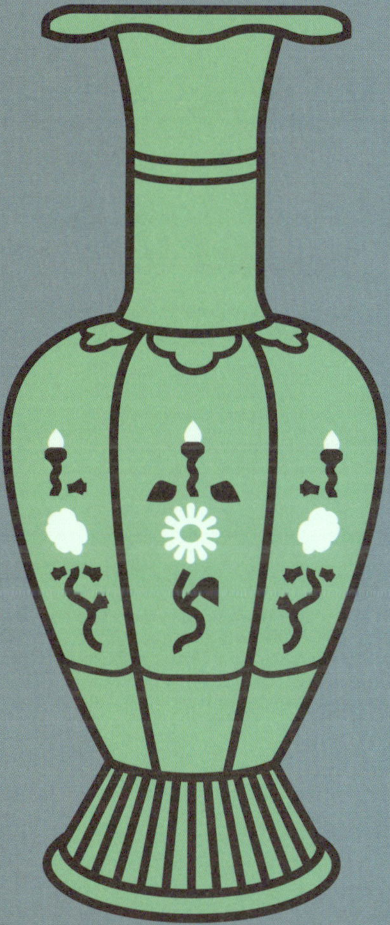

몸통은 참외 모양이고 목 위의 아가리가 참외꽃 모양인 상감청자이다.
전북 유천리 가마터에서 청자 참외모양 병 국보과 같이 만들어졌을 것으로 짐작된다.

서울 용산구 국립중앙박물관

H 25.6cm

115 청자 상감당초문 완 1962

Celadon Bowl with Inlaid Scroll Design

青磁 象嵌唐草文 碗

12C
고려

연대를 알 수 있는 상감청자 가운데 가장 오래된 것으로
상감기법이 발달하는 과정과 수준을 잘 보여주는 자료이다.

서울 용산구 국립중앙박물관

H 6cm / Ø 16.8cm

116 청자 상감모란문 표주박모양 주전자 1962
Celadon Gourd-shaped Ewer with Inlaid Peony Design
青磁 象嵌牡丹文 瓢形 注子

12C
고려

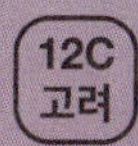

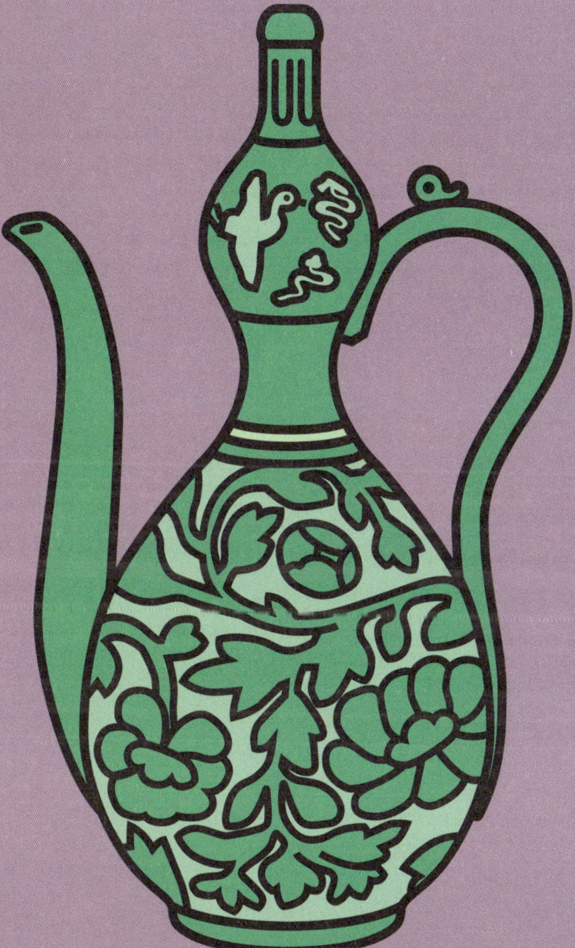

12세기 중엽의 고려시대 청자 주전자로
고려자기 중에서 종종 확인되는 표주박 모양을 하고 있다.

서울 용산구 국립중앙박물관

H 34.4cm

117 장흥 보림사 철조비로자나불좌상 1963

9C
통일신라

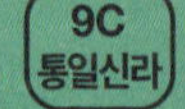

Iron Seated Vairocana Buddha of Borimsa Temple, Jangheung

長興 寶林寺 鐵造毘盧遮那佛坐像

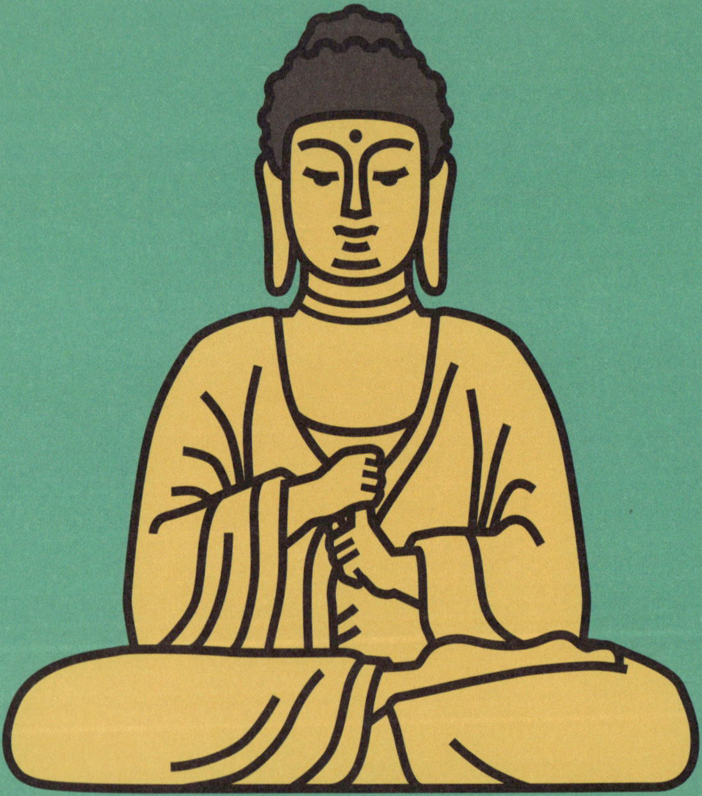

신라 헌안왕 2년 858 김수종이 시주하여 만든 불상으로 비로자나불상의 계보를 확인하는 데 중요한 자료가 된다. 신라 말에서 고려 초에 철로 만든 첫 번째 불상이다.

전남 장흥군 보림사

H 2.51m

118 금동미륵보살반가사유상 1964

Gilt-bronze Pensive Maitreya Bodhisattva

金銅彌勒菩薩半跏思惟像

6C
고구려

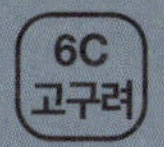

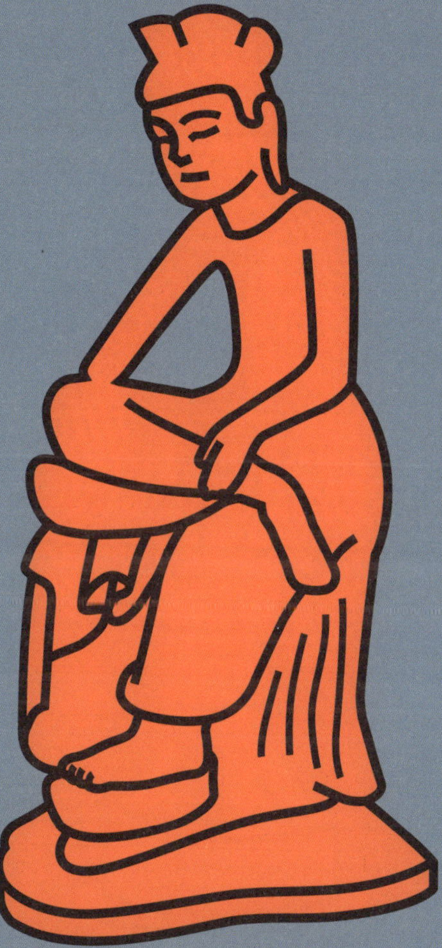

1944년 평양 평천리에서 공사를 하던 중 출토된 작은 보살상으로
보기 드문 고구려의 반가사유상이다.

서울 용산구 리움미술관

H 17.5cm

119 금동연가7년명여래입상 1964

Gilt-bronze Standing Buddha with Inscription of "The Seventh Yeonga Year"

金銅延嘉七年銘如來立像

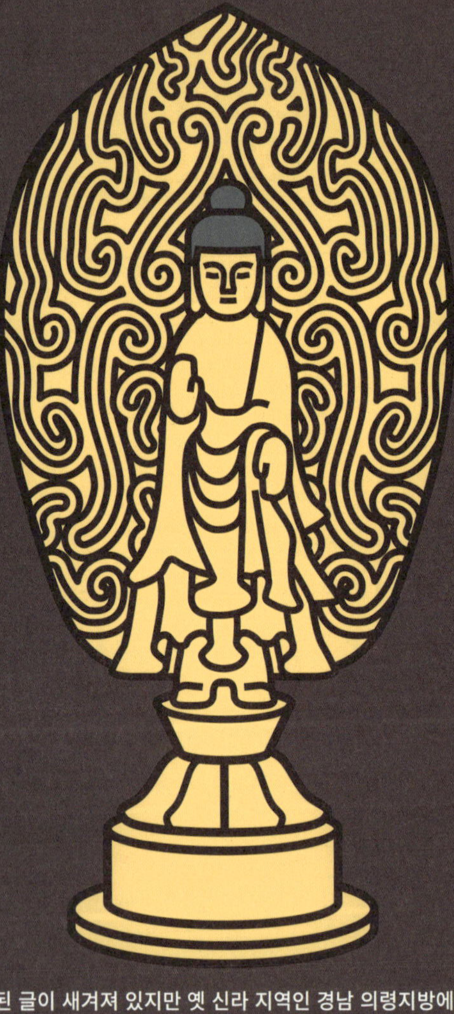

고구려와 관련된 글이 새겨져 있지만 옛 신라 지역인 경남 의령지방에서 발견되었다.
도금까지 남아있는 희귀한 불상으로 6세기 후반의 고구려 불상을 대표한다.

서울 용산구 국립중앙박물관

H 16.2cm

120 용주사 동종 1964
Bronze Bell of Yongjusa Temple
龍珠寺 銅鍾

10C
고려

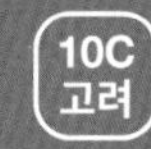

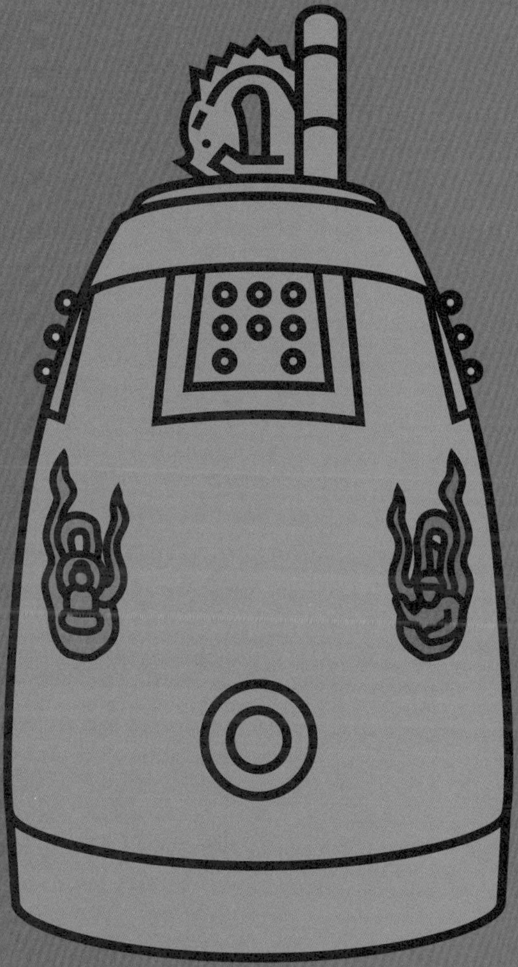

신라 종 양식을 보이는 고려시대 초기에 만들어진 대형의 범종으로
보존 상태가 좋으며, 조각한 수법이 뛰어나 고려 종의 걸작 중 하나이다.

경기 화성시 용주사

H 1.44m / Ø 0.87m

121 안동 하회탈 및 병산탈 1964

Hahoe Masks and Byeongsan Masks of Andong

安東 河回탈 및 屛山탈

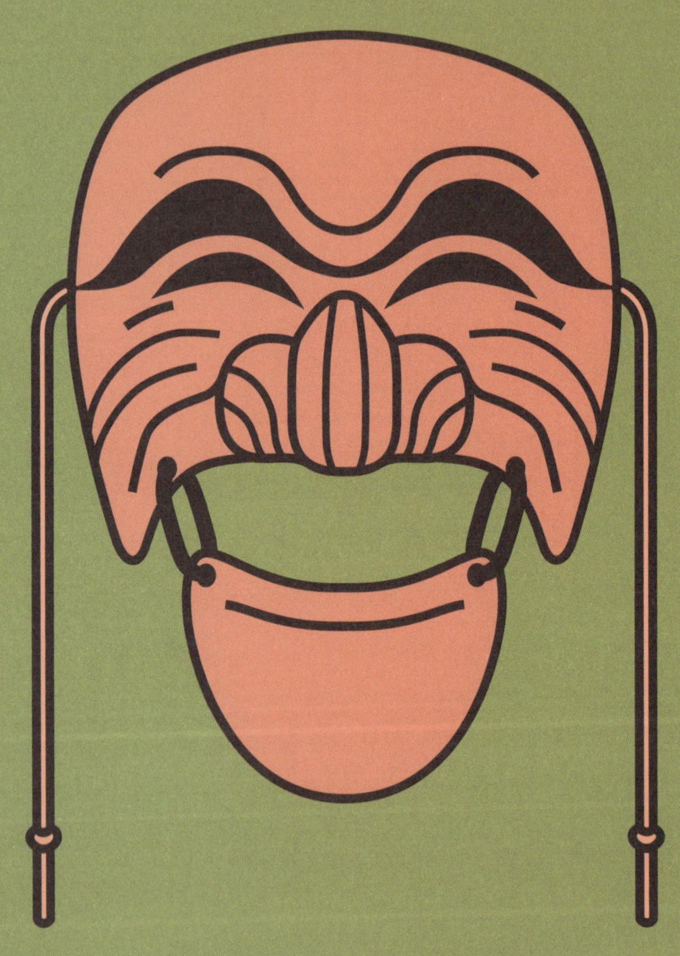

안동 하회마을과 병산마을에 전해 내려오는 탈로서 하회탈 11개 주지 2개, 각시, 중, 양반, 선비, 초랭이, 이매, 부네, 백정, 할미 탈 병산탈은 2개 총각, 별채, 떡다리 탈 중 하나 분실 가 남아 있다.

경북 안동시 안동시립민속박물관

W 29cm / H 37cm

122 양양 진전사지 삼층석탑 1966

Three-story Stone Pagoda at Jinjeonsa Temple Site, Yangyang

襄陽 陳田寺址 三層石塔

8C
통일신라

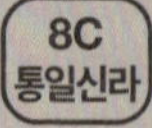

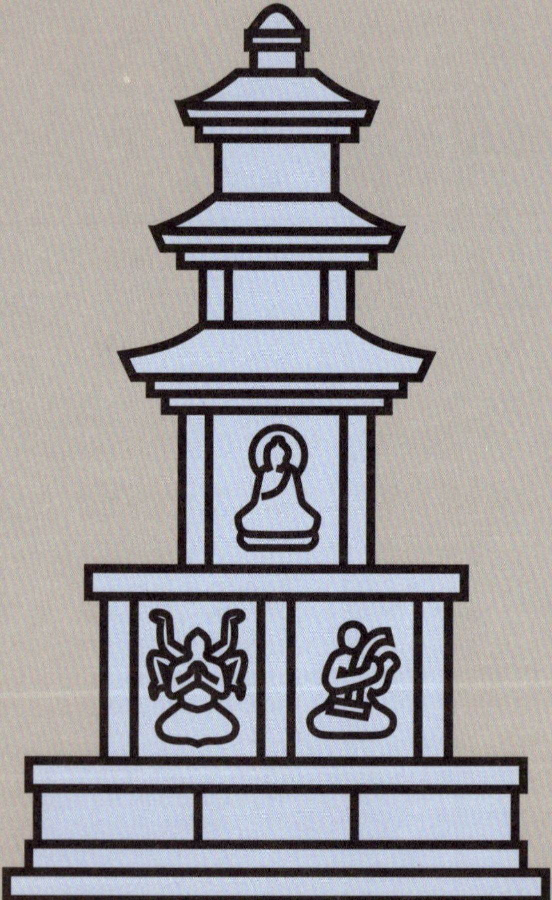

8세기 후반 통일신라시대에 도의국사가 창건한
진전사의 옛터에 서 있는 3층 석탑이다.

강원 양양군 강현면

H 5m

123 익산 왕궁리 오층석탑 사리장엄구 1966

9C 통일신라

Reliquaries from the Five-story Stone Pagoda in Wanggung-ri, Iksan

益山 王宮里 五層石塔 舍利莊嚴具

익산 왕궁리 오층석탑 국보 을 보수하던 중 발견되었고,
금동여래입상, 청동요령 , 향류 香類 , 유리사리병, 은제도금금강경판이 합 안에 봉안되어 있었다.

전북 익산시 국립익산박물관

사리함 H 9.8cm

124 강릉 한송사지 석조보살좌상 1967

Stone Seated Bodhisattva from Hansongsa Temple Site, Gangneung

江陵 寒松寺址 石造菩薩坐像

10C
고려

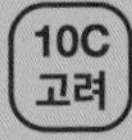

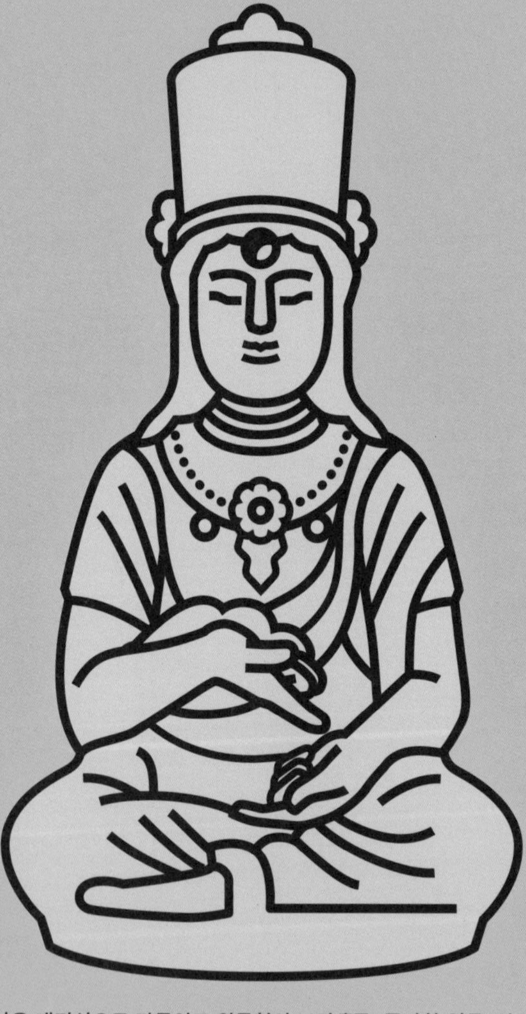

이 보살상은 대리석으로 만들었고 원통형의 보관 寶冠, 풍만한 얼굴, 입가의 미소 등이 평창 월정사 석조보살좌상 국보 과 비슷하다.

강원 춘천시 국립춘천박물관

H 92.4cm

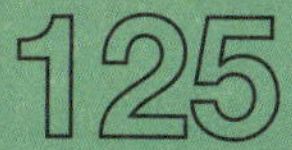

125 녹유골호(부석제 외함) 1967
Green-glazed Burial Urn (Granite Case)
綠釉骨壺(附石製 外函)

통일
신라

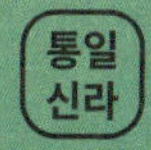

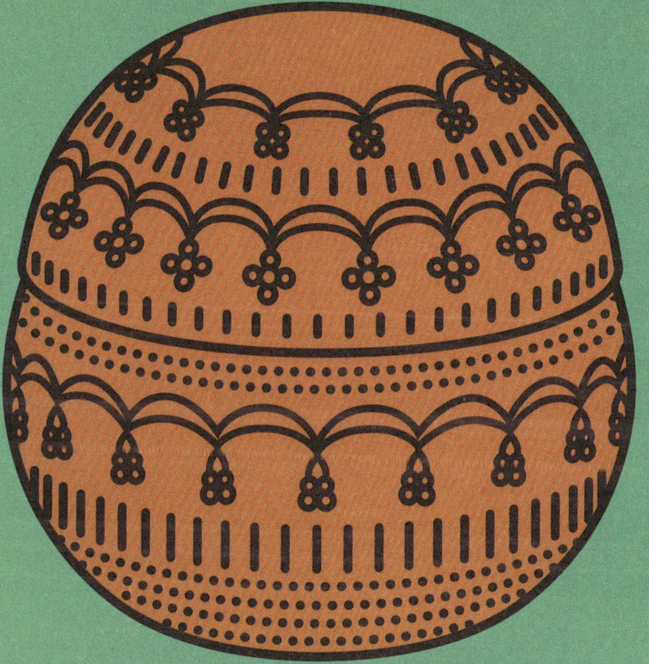

불교에서 시신을 화장한 후 유골을 매장하는데 사용된 뼈 항아리 골호 로
무늬를 찍어서 장식한 뒤 유약을 바른 시유골호 施釉骨壺 중에서 가장 뛰어난 작품이다.

서울 용산구 국립중앙박물관

단지 H 16cm / 석함 H 43cm

126 불국사 삼층석탑 사리장엄구 1967

8C 통일신라

Reliquaries from the Three-story Stone Pagoda of Bulguksa Temple

佛國寺 三層石塔 舍利莊嚴具

경주 불국사의 석가탑 내부에 있던 사리장엄 유물들로, 사리외함과 함께 안에는 원구형 은제의 사리 내·외합과 금동사리합, 무구정광대다라니경, 각종 구슬이 있었다.

경북 경주시 불국사

사리 외함 H 18cm

126 中 무구정광대다라니경

The Great Dharani Sutra

無垢淨光大陀羅尼經

8C
통일신라

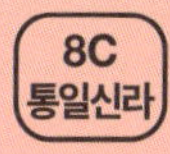

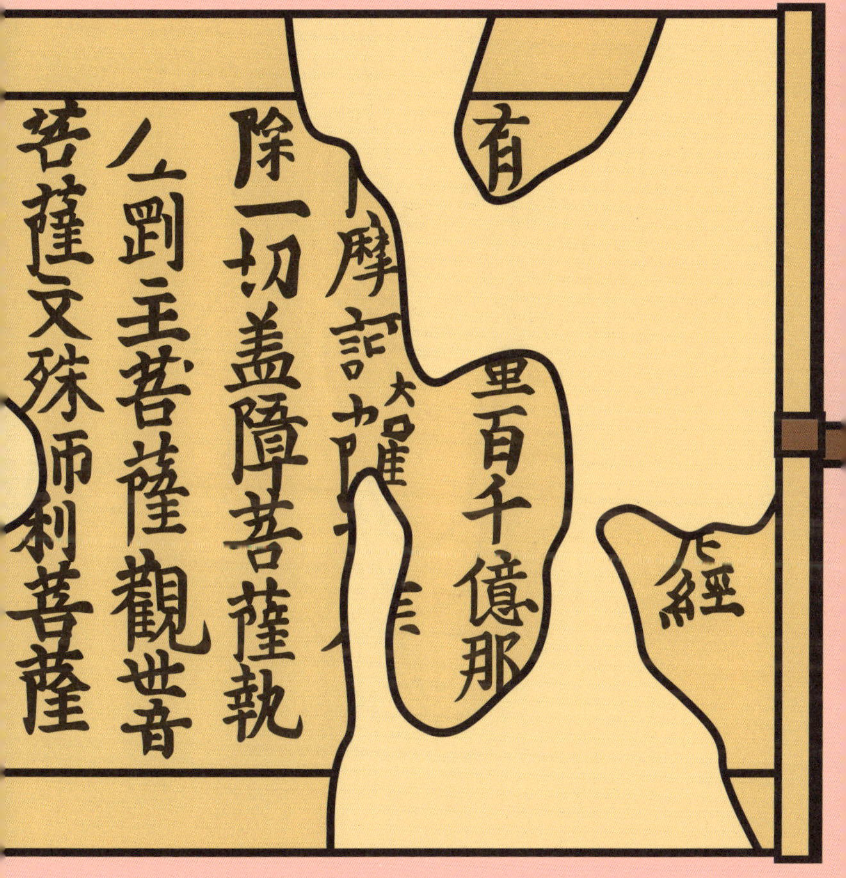

무구정광대다라니경은 8세기 중엽에 간행된 현재까지 알려진 세계 최고의 목판인쇄본으로 다라니경문을 두루마리 형식으로 적어놓은 것이다.

경북 경주시 불국사

D 8cm / W 620cm

127 **서울 삼양동 금동관음보살입상** 1968

Gilt-bronze Standing Avalokitesvara Bodhisattva from Samyang-dong, Seoul

서울 三陽洞 金銅觀音菩薩立像

관음보살은 자비로써 중생을 구제하는 보살이며 삼국시대 후기에 크게 유행했던 관음신앙의 단면을 보여준다.

서울 용산구 국립중앙박물관

H 20.7cm

128 금동관음보살입상 1968
Gilt-bronze Standing Avalokitesvara Bodhisattva
金銅觀音菩薩立像

충남 공주에서 출토되었다고 전해지며 백제시대의
양식을 잘 보여주는 자그마한 보살입상이다.

서울 용산구 국립중앙박물관

H 15.2cm

129 금동보살입상 1968

Gilt-bronze Standing Bodhisattva

金銅菩薩立像

8C
통일신라

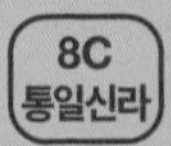

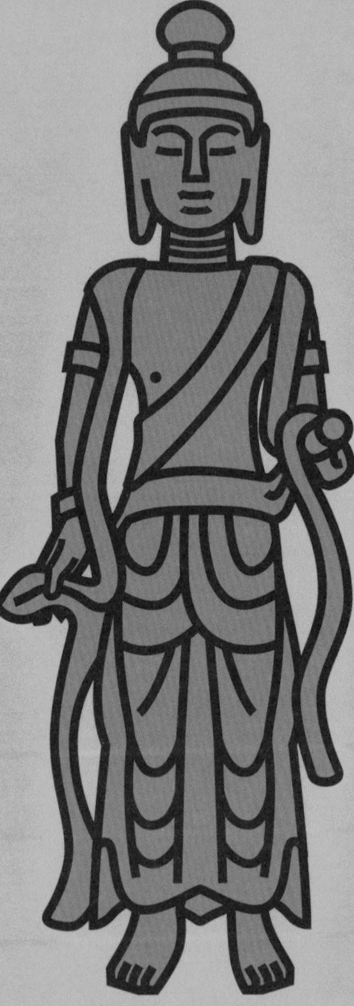

보살이 서 있던 대좌와 관이 없으며 왼손은 떨어져 나간 상태이다.
감산사 석조미륵보살입상 국보, 굴불사지 석조사면불상 보물 과 비슷한 유형이다.

서울 용산구 국립중앙박물관

H 54.5cm

130 구미 죽장리 오층석탑 1968

Five-story Stone Pagoda in Jukjang-ri, Gumi

龜尾 竹杖里 五層石塔

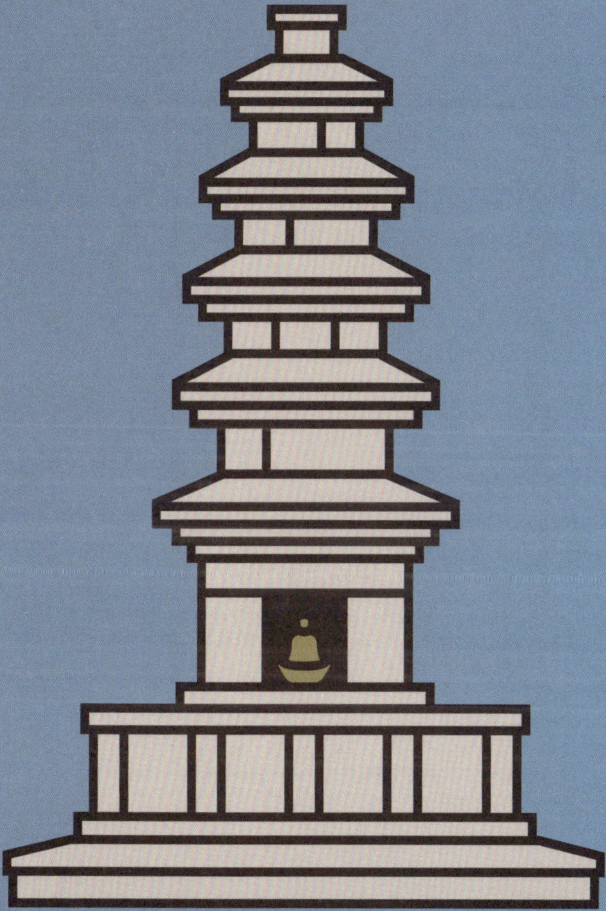

전탑 塼塔:벽돌로 쌓아올린 탑 형의 오층탑으로는 국내에서 가장 높다.
통일신라의 전형적인 2단의 기단이지만 탑신의 몸돌이나 지붕돌은 전탑의 양식이다.

경북 구미시 선산읍

H 10m

131 고려말 화령부 호적관련고문서 1969

Family Register of Hwaryeong-bu Prefecture Written in the Late Goryeo Dynasty

高麗末 和寧府 戶籍關聯古文書

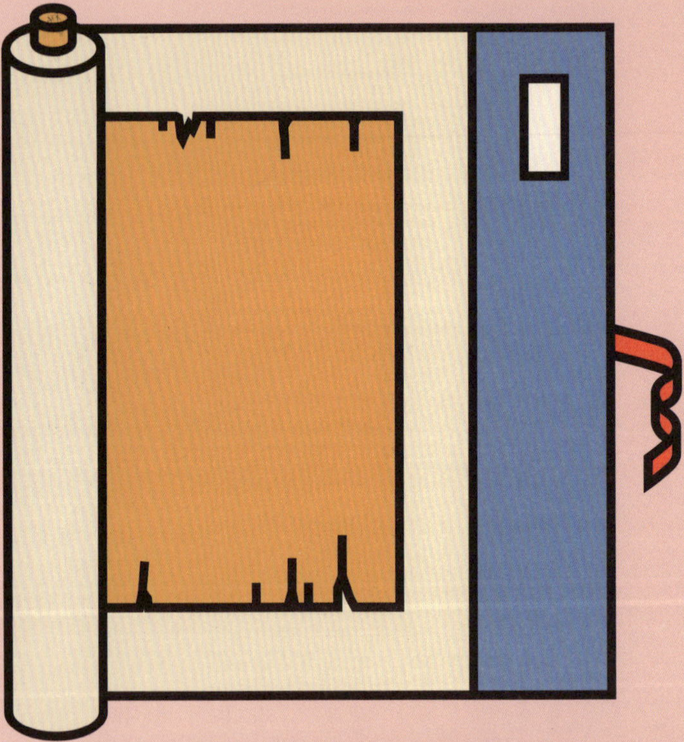

이 호적은 조선을 건국하기 전인 1390년에 태조 이성계 1335-1408 의 본향인 영흥에서 작성한 것으로, 이성계의 세계 世系 를 파악하는 데에나 당시의 호적제도를 연구하는 데 귀중한 자료이다.

서울 용산구 국립중앙박물관

132 징비록 1969

Jingbirok (The Book of Correction)

懲毖錄

17C
조선

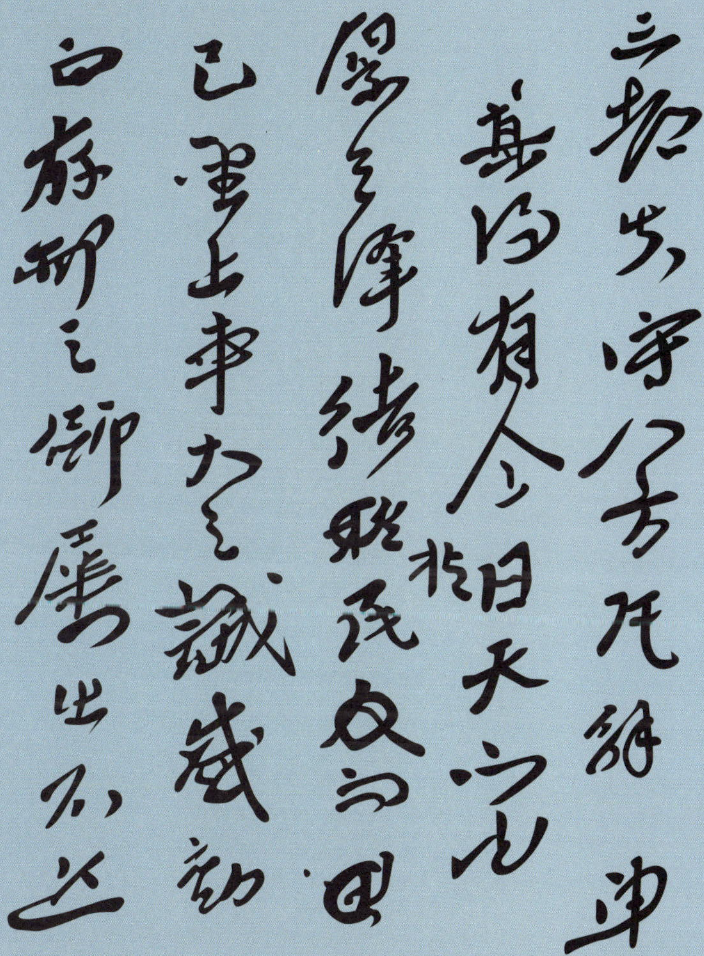

조선 중기의 문신인 서애 유성룡 1542-1607 이 임진왜란 때의 상황을 기록한 것이다.
징비란 미리 징계하여 후환을 경계한다는 뜻이다.

경북 안동시 한국국학진흥원

133 청자 동화연화문 표주박모양 주전자 1970

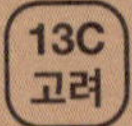

Celadon Gourd-shaped Ewer with Lotus Design in Underglaze Copper

青磁 銅畵蓮花文 瓢形 注子

13C
고려

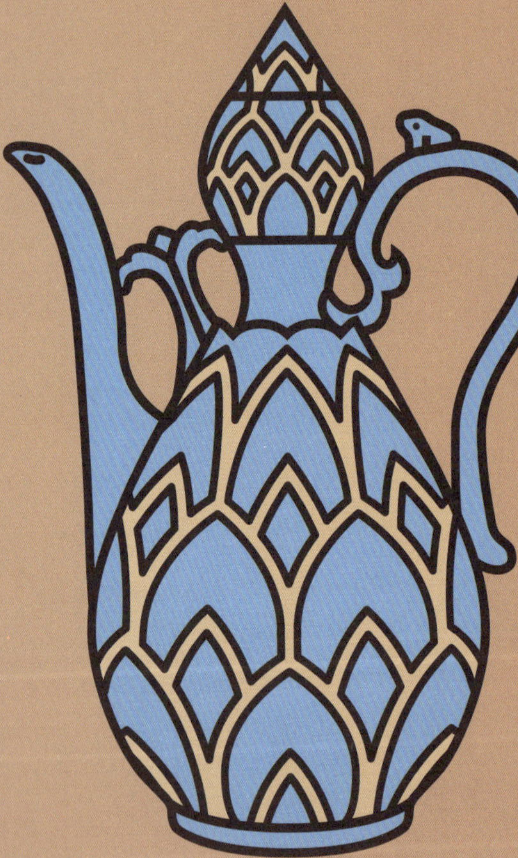

연잎을 진사 辰砂 로 대담하게 표현한 진사 청자 구우면 붉은색이 나는 산화동으로 색을 낸 청자 로
상감기법과 함께 고려의 독창적인 표현기법이다.

서울 용산구 리움미술관

H 33.2cm

134 금동보살삼존입상 1970
Gilt-bronze Standing Bodhisattva Triad
金銅菩薩三尊立像

6C
백제

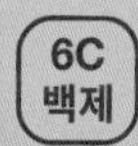

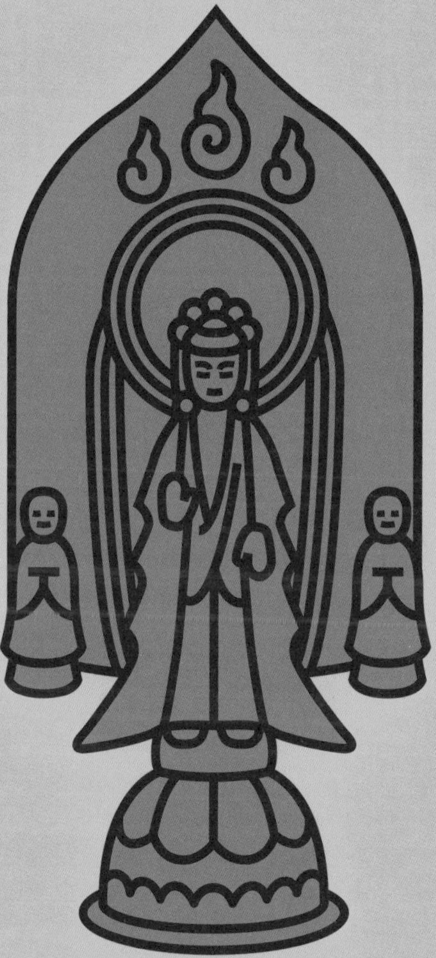

삼존상, 광배, 대좌가 함께 붙어 있는 독특한 작품으로,
보살상을 중심에 두고 양 옆에 나한상을 배치한 것은 우리나라에서 처음으로 보이는 수법이다.

서울 용산구 국립중앙박물관 H 8.8cm

135 신윤복필 풍속도 화첩 1970 중 주사거배

Album of Genre Paintings by Sin Yun-bok

申潤福筆 風俗圖 畵帖

조선 후기의 화가인 혜원 신윤복 1758-? 의 풍속화 30여 점이 들어 있는 화첩이다.

서울 성북구 간송미술관

18C
조선
W 28cm / H 35cm

136 금동 용두보당 1971

Gilt-bronze Miniature Buddhist Flagpole with Dragon Finial

金銅 龍頭寶幢

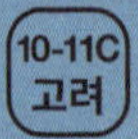

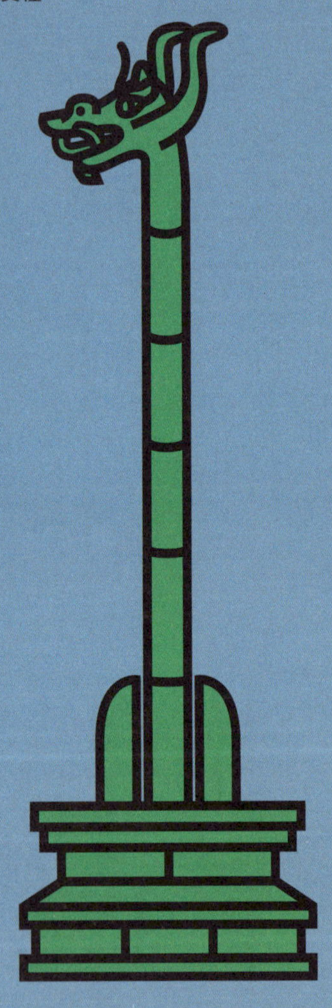

절에서 의식용으로 거는 깃발을 당이라 하며 이를 거는 시설이 보당이다.
사찰 안에서 장식할 수 있도록 축소하여 만든 미니어처이다.

서울 용산구 리움미술관

H 104.3cm

137

137-1 대구 비산동 청동기 일괄-검 및 칼집 부속 1971

BC1 초기철기

Bronze Artifacts from Bisan-dong, Daegu

大邱 飛山洞 青銅器一括-劍 및 劍鞘附屬

137-2 투겁창 및 꺾창 1971

Bronze Artifacts from Bisan-dong, Daegu

鉾 및 戈

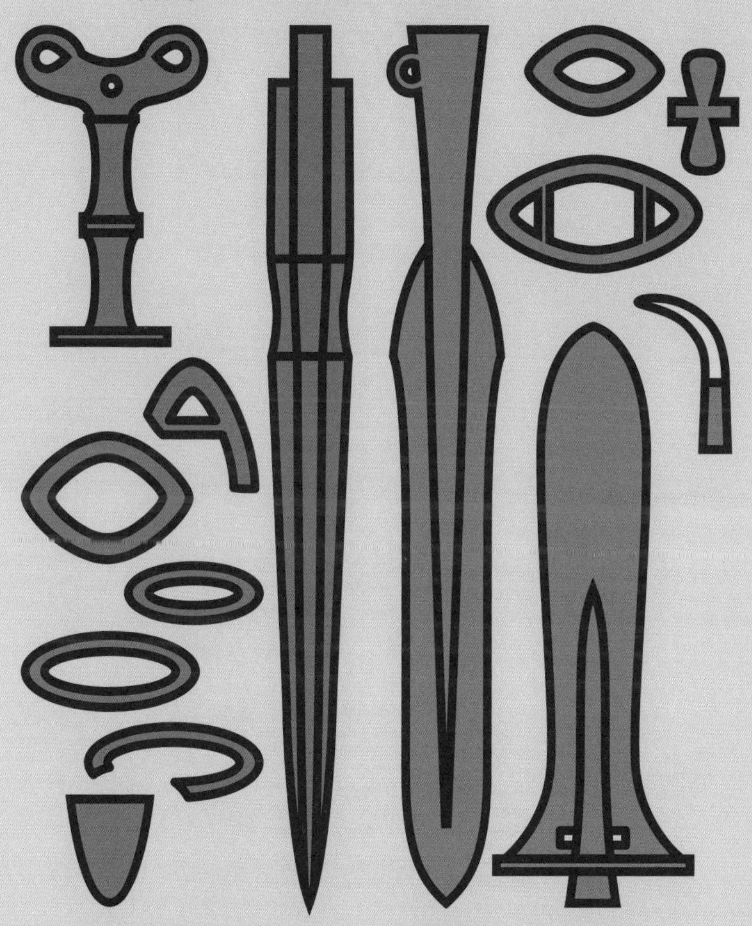

대구 비산동에 있는 초기 철기시대 무덤유적에서 나온 유물들이다.

137-1 서울 용산구 리움미술관

137-2 서울 용산구 국립중앙박물관

투겁창 H 67.1cm

138 전 고령 금관 및 장신구 일괄 1971

5-6C
가야

Gold Crown and Ornaments from Goryeong (Presumed)

傳 高靈 金冠 및 裝身具 一括

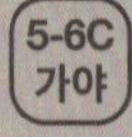

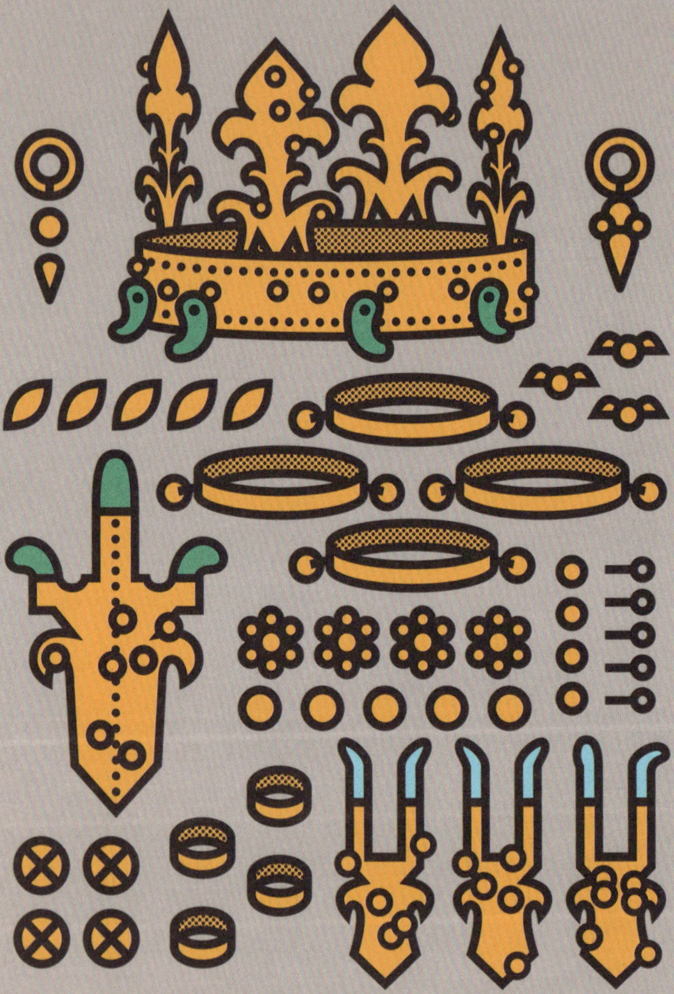

경북 고령에서 출토되었다고 전해지는 가야의 금관과 부속 금제품이다.

서울 용산구 리움미술관

금관 H 11.5cm / Ø 20.7cm

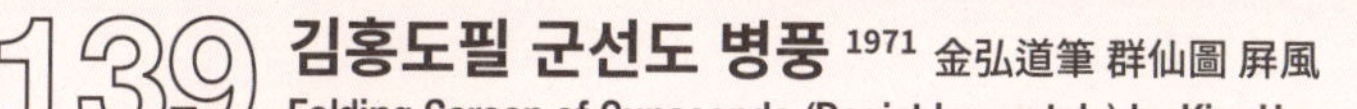

139 김홍도필 군선도 병풍 1971 金弘道筆 群仙圖 屛風

18C
조선

Folding Screen of Gunseondo (Daoist Immortals) by Kim Hong-do

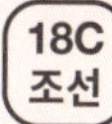

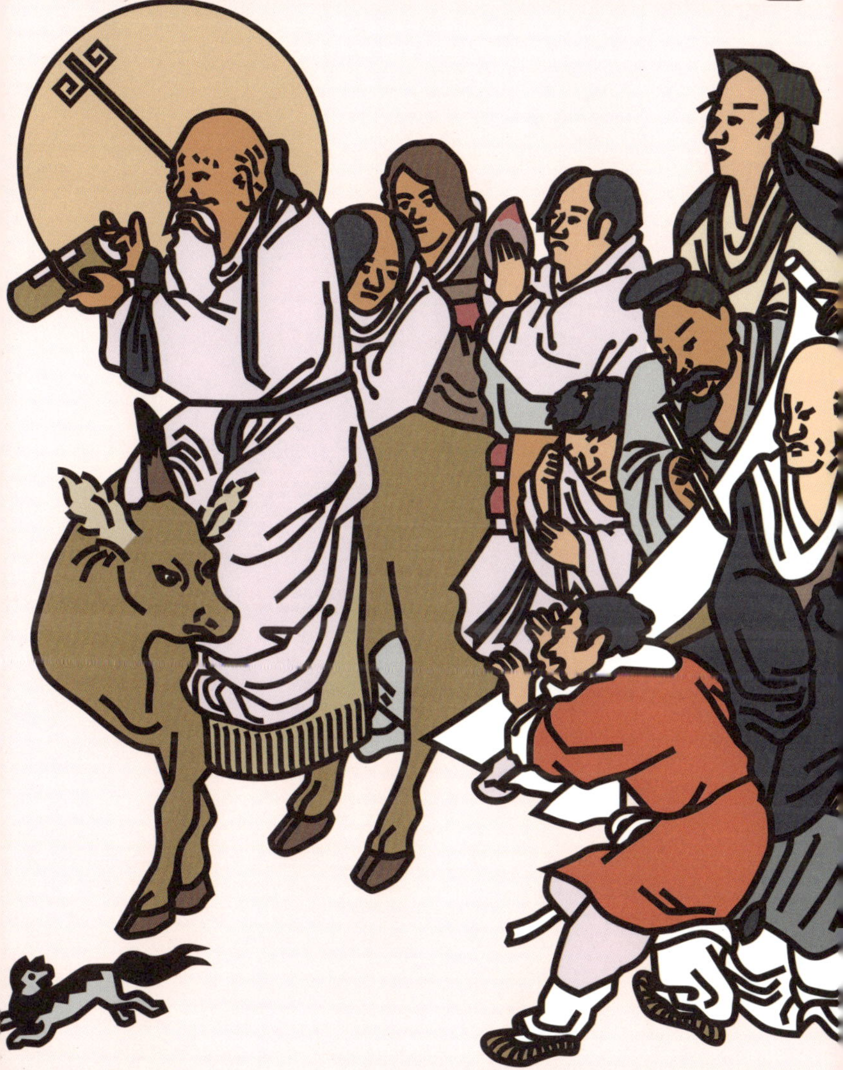

조선 후기 단원 김홍도 1745-? 가 그린 도석인물화 불교나 도교에 관계된 초자연적인 인물상의 그림 병풍이다.

서울 용산구 리움미술관

W 575.9cm / H 132.9cm

140 나전 화문 동경 1971

Bronze Mirror with Inlaid Mother-of-pearl Floral Design

螺鈿 花文 銅鏡

8-10C
통일신라

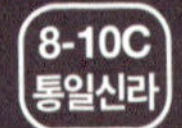

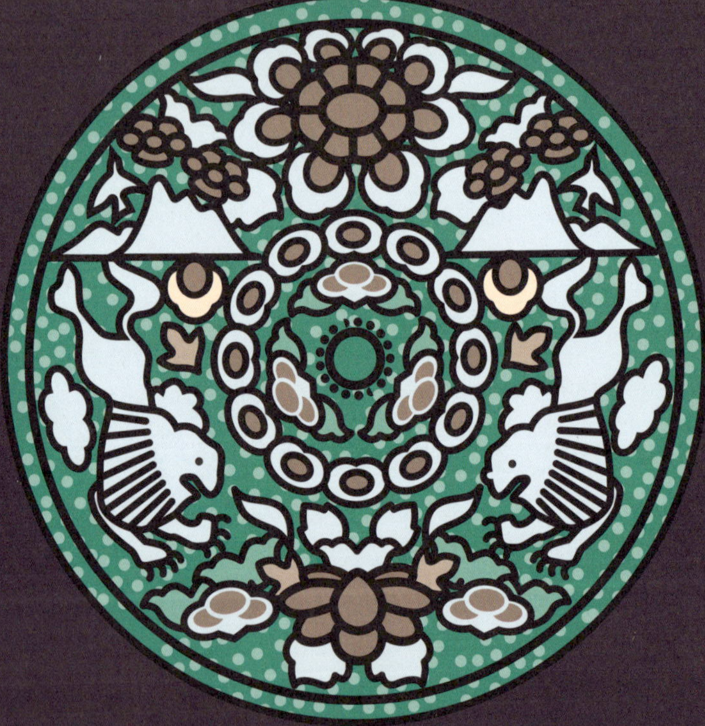

가야 지역에서 출토되었다고 전해지는 나전기법으로 만든 거울로 우리나라에서 가장 오래된 나전 공예품이다.

서울 용산구 리움미술관

Ø 18.6cm

141 정문경 1971

Bronze Mirror with Fine Linear Design

精文鏡

BC3
초기철기

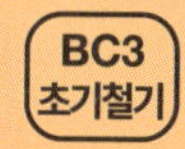

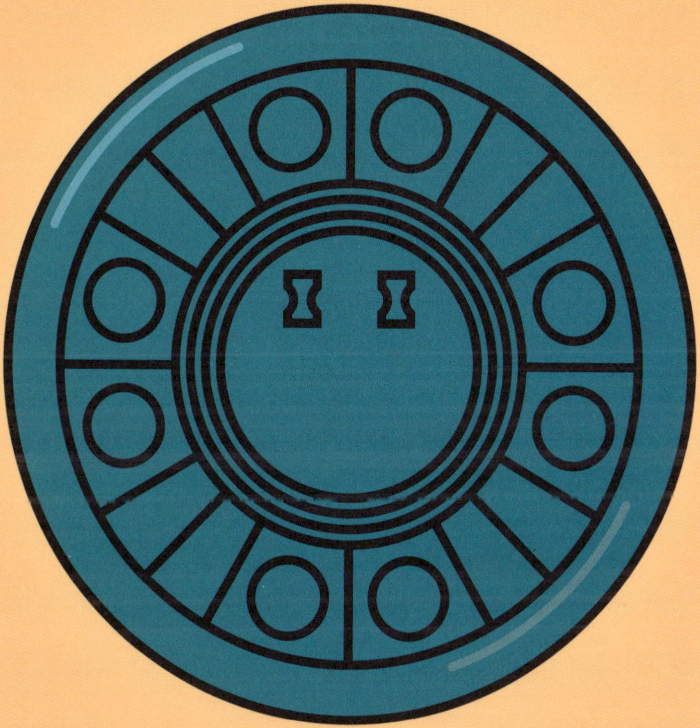

초기 철기시대를 대표하는 거울로 잔무늬거울이라고 하며,
현존하는 잔무늬거울 가운데 가장 크고 문양도 가장 정교하다.

서울 동작구 숭실대학교 한국기독교박물관

Ø 21cm

142 동국정운 1972

Dongguk jeongun (Standard Rhymes of the Eastern State)

東國正韻

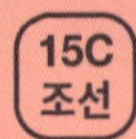

東國正韻目錄

一 긍 揯 :긍 肯 ·긍 亘 ·극 亟

二 광 觥 :광 礦 ·횡 橫 ·곽 虢

三 귕 肱 ·귁 國

四 공 公 :공 拱 ·공 貢

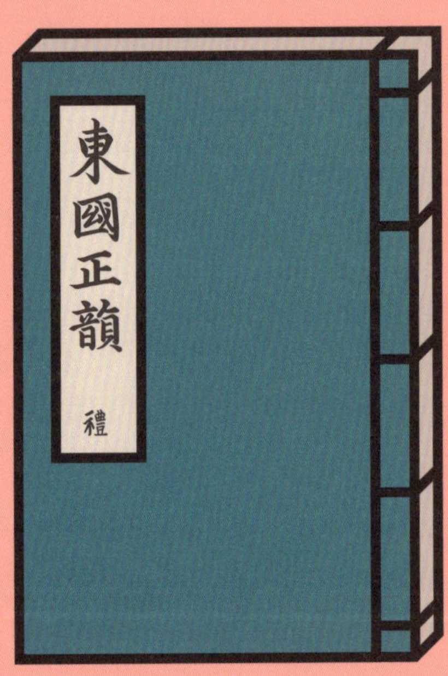

조선 세종 때 간행한 우리나라 최초의 표준음에 관한 책이다. 동시 출간된 동국정운 권1, 6 국보는 1권과 6권만 남아있는 반면 이 동국정운은 6권을 모두 갖추었으나 개장 改裝 시 잘린 부분이 있다.

서울 광진구 건국대학교박물관

143 화순 대곡리 청동기 일괄 1972

Bronze Artifacts from Daegok-ri, Hwasun

和順 大谷里 青銅器 一括

BC3
청동기

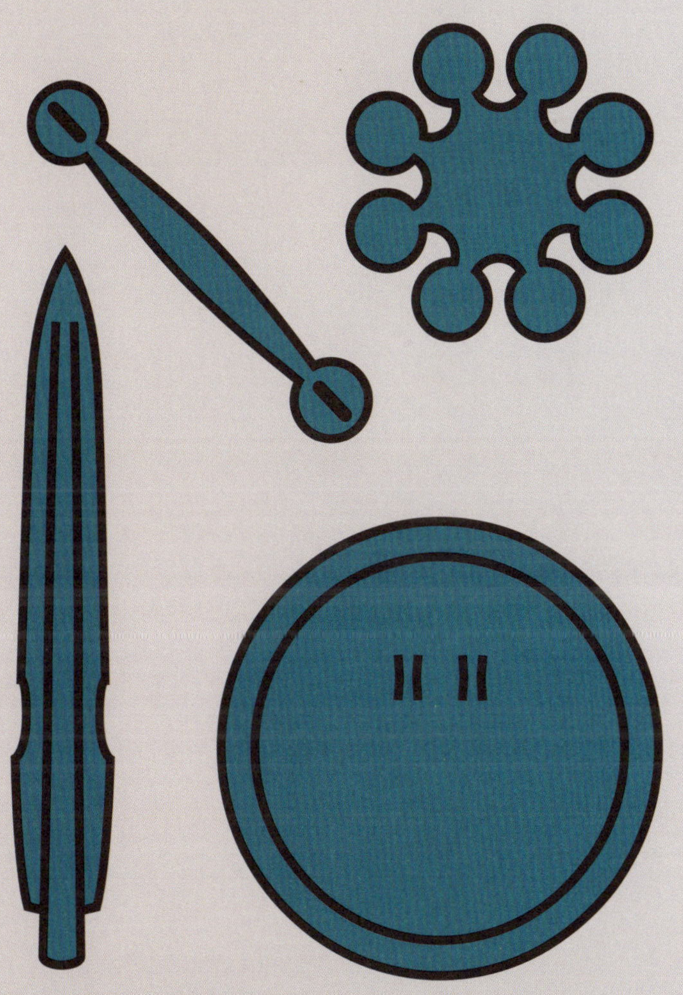

전남 화순군 대곡리 영산강 구릉에서 발견된 청동기 유물들이다.
우리나라의 청동기시대를 대표하는 일괄유물로서 당시 금속공예 기술을 보여준다.

광주 북구 국립광주박물관

검신 H 33.5cm

144 영암 월출산 마애여래좌상 1972

통일신라 후기

Rock-carved Seated Buddha in Wolchulsan Mountain, Yeongam

靈巖 月出山 磨崖如來坐像

월출산 구정봉의 서북쪽 암벽 안에 거대한 불상과
부처님을 향하여 예배하는 모습을 한 동자상이 조각되어 있다.

전남 영암군 영암읍

H 8.6m

145 귀면 청동로 1972

Bronze Brazier with Demon Face Decoration

鬼面靑銅爐

고려 시대

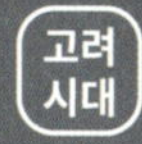

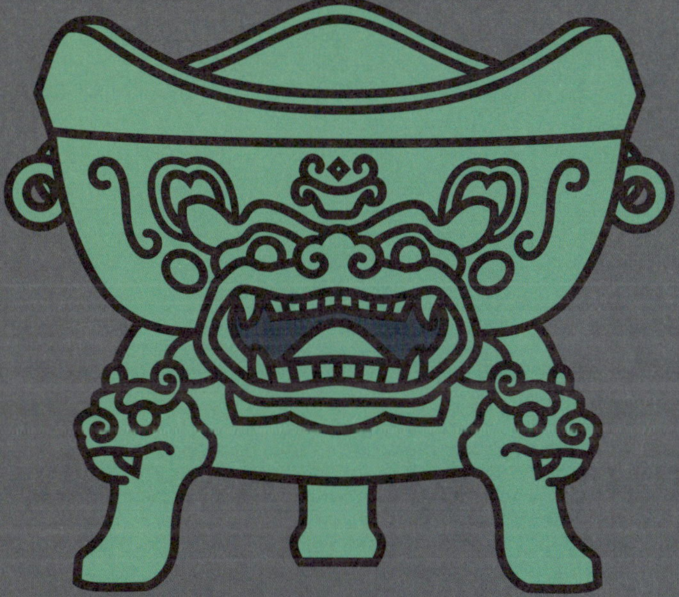

솥 모양의 몸체 훈구부 를 받침부 기대부 가 받치고 있는 모습이며,
몸체에 도깨비 얼굴을 형상화시켜 놓았다.

서울 용산구 국립중앙박물관

H 12.9cm

146 전 논산 청동방울 일괄 1973

Bronze Bells from Nonsan (Presumed)

傳 論山 靑銅鈴 一括

BC3-4
청동기

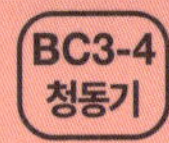

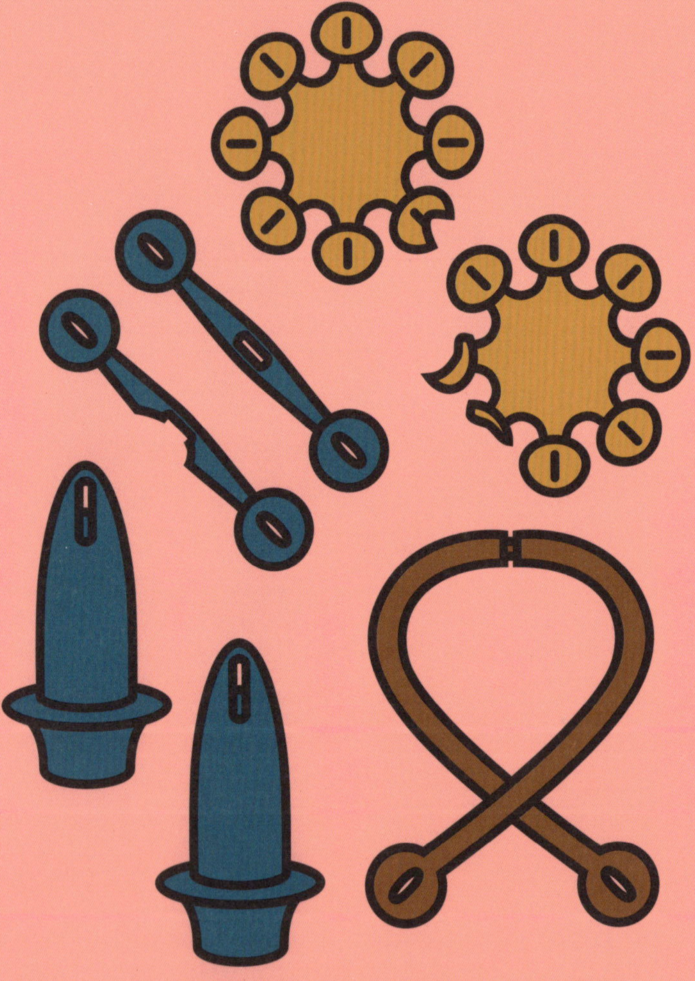

청동기시대 의식을 행할 때 흔들어 소리를 내던 청동방울로
팔주령, 간두령, 조합식쌍두령, 쌍두령 등이 있다.

서울 용산구 국립중앙박물관

W 15-17cm

147 울주 천전리 각석 1973

Petroglyphs of Cheonjeon-ri, Ulju

蔚州 川前里 刻石

? 청동기

경남 울주 태화강 물줄기인 내곡천 중류의 기슭에
각종 도형과 글, 그림이 새겨진 암석이다.

울산 울주군 두동면

W 10m / H 3m

148 148-1 십칠사찬고금통요 권16 / 148-2 권17 1973

Sipchil sachan gogeum tongyo (Essentials of Seventeen Dynastic Histories), Volume 16,17

十七史纂古今通要 卷十六, 卷十七

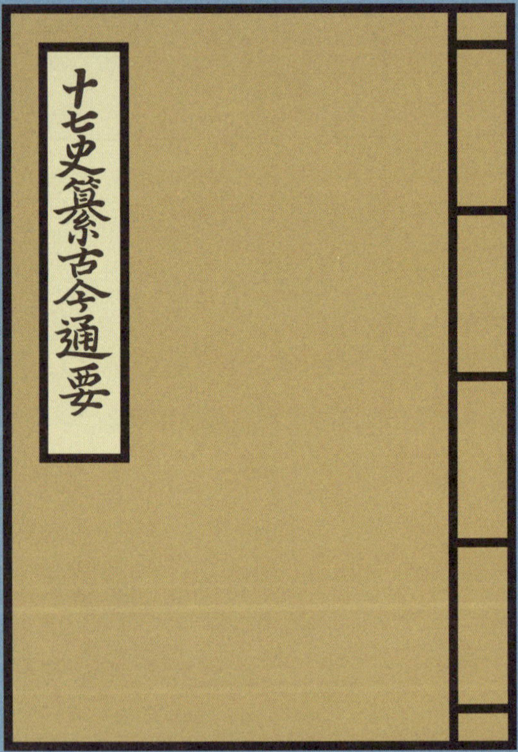

원나라 학자 호정방이 중국 역대의 17정사 正史 를 간추려 모은 책이다.
태종 3년 1403 에 주조한 계미자 癸未字 를 사용하여 태종 12년 1412 에 인쇄, 발행한 것으로 추정된다.

148-1 서울 관악구 서울대학교 규장각한국학연구원
148-2 서울 서초구 국립중앙도서관

W 18.7cm / H 25.6cm

149-1 동래선생교정북사상절 권4, 5 / 149-2 권6 1973

Dongnae seonsaeng gyojeong buksa sangjeol (Commentary on the History of the Northern Dynasties), Volumes 4, 5 and 6

東萊先生校正北史詳節 卷四, 五, 六

15C
조선

송나라 여조겸의 교편 校編 으로, 조선 태종 3년 1403 에 주조한 동활자인 계미자를 사용하여 태종년간에 간행한 것이다.

149-1 서울 성북구 간송미술관
149-2 서울 중구 개인소장

W 10.7cm / H 29.7cm

150 송조표전총류 권7 1973

15C
조선

Songjo pyojeon chongnyu (Collection of Appeals and Letters to the Emperors of the Song Dynasty), Volume 7

宋朝表牋總類 卷七

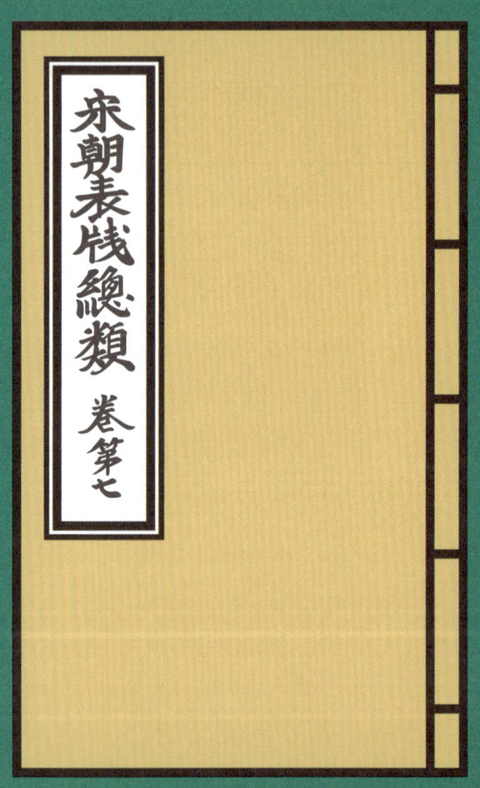

송나라의 명신 名臣 들이 황제에게 올린 시정 施政 에 관한 각종 표문 表文 과 전문 牋文 중에서 뛰어난 것을 뽑아 편찬한 책으로, 편찬자는 미상이다.

서울 관악구 서울대학교 규장각한국학연구원

W 19cm / H 29cm

151 조선왕조실록

151-1 정족산사고본 1973 / 151-2 태백산사고본 1973
151-3 오대산사고본 1973 / 151-4 적상산사고본 2019
151-5 봉모당본 2019 / 151-6 낙질 및 산엽본 1973
Joseon wangjo sillok (Annals of the Joseon Dynasty)
朝鮮王朝實錄

14-19C
조선

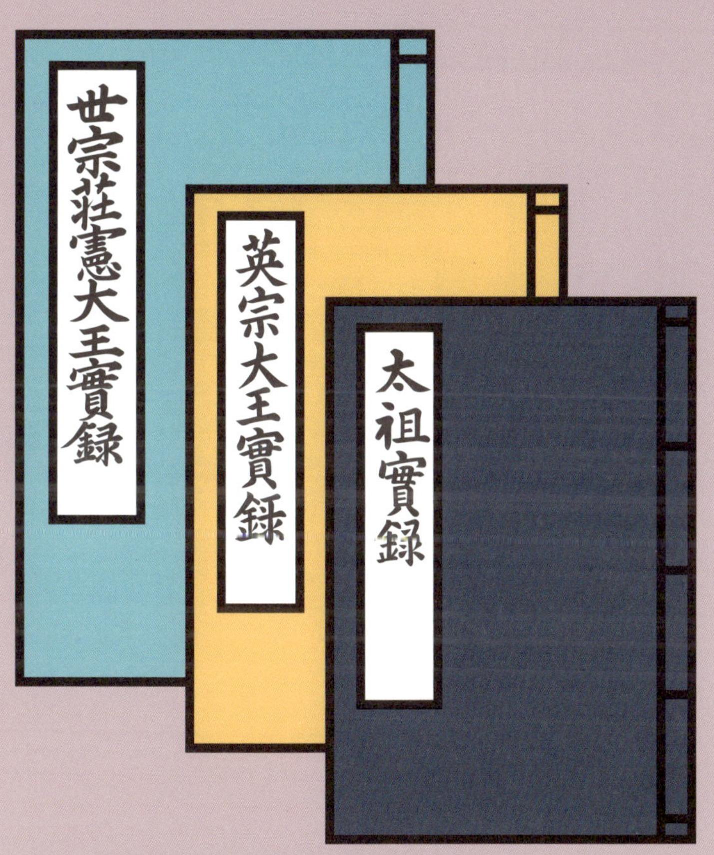

조선 태조에서부터 조선 철종 때까지 25대 472년간 1392-1863 의 역사를 편년체 編年體:역사적 사실을 일어난 순서대로 기술하는 역사서술의 한 방식 로 기록한 책이다.

1, 6 서울대학교 규장각한국학연구원 / 2 부산 연제구 국가기록원 / 3 서울 종로구 국립고궁박물관
4 서울 용산구 국립중앙박물관 등 / 5 경기 성남시 한국학중앙연구원

152 **비변사등록** 1973

Bibyeonsa deungnok (Records of the Border Defense Council)

備邊司謄錄

17-19C 조선

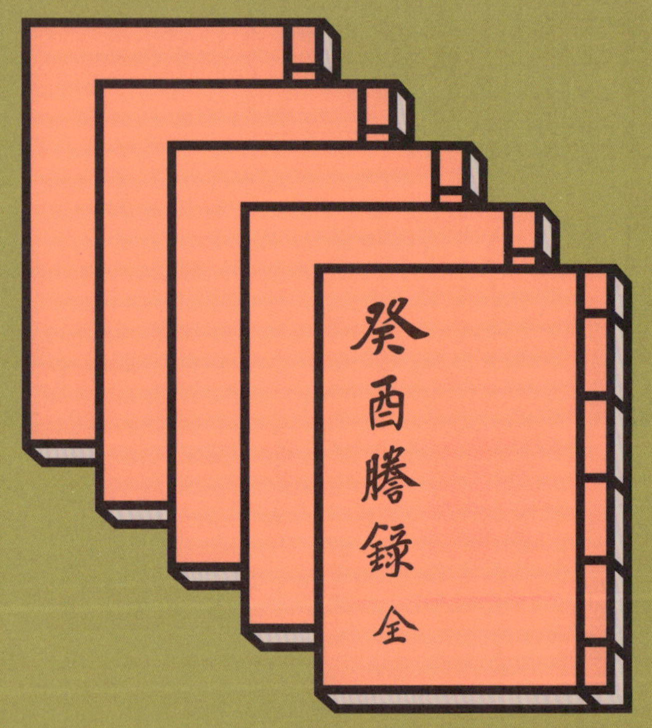

조선중기 이래 국정의 핵심 업무를 담당했던 최고 의결기관인 비변사 備邊司 에서
매일매일의 업무 내용을 기록한 책이다.

서울 관악구 서울대학교 규장각한국학연구원

153 일성록 1973

Ilseongnok (Daily Records of the Royal Court and Important Officials)

日省緑

18-20C
조선

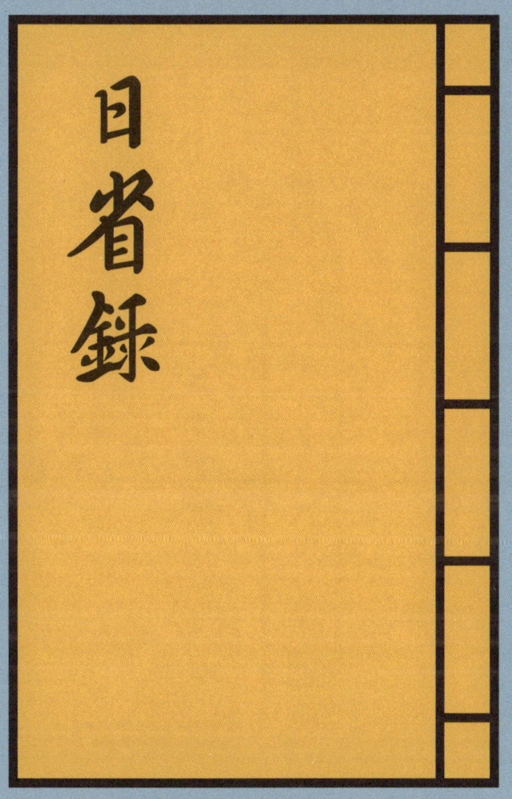

1760년 영조 36년 1월부터 1910년 융희 4년 8월까지 조선후기 151년간의 국정에 관한 제반 사항들이 기록되어 있는 일기체의 연대기이다.

서울 관악구 서울대학교 규장각한국학연구원

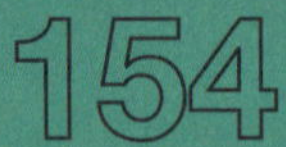

154 무령왕 금제관식 1974

Gold Diadem Ornaments of King Muryeong

武寧王 金製冠飾

6C
백제

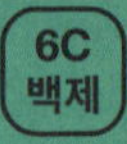

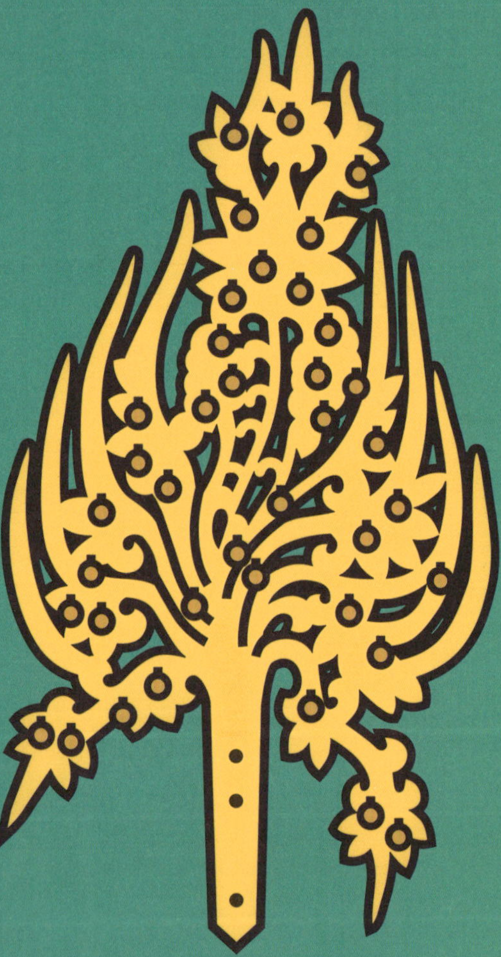

충남 공주 무령왕릉 백제 25대 무령왕(재위 501-522)과 왕비의 벽돌무덤 에서
출토된 금으로 만든 왕관 꾸미개 한쌍이다.

충남 공주시 국립공주박물관

H 30.7cm

155 무령왕비 금제관식 1974

Gold Diadem Ornaments of the Queen Consort of King Muryeong

武寧王妃 金製冠飾

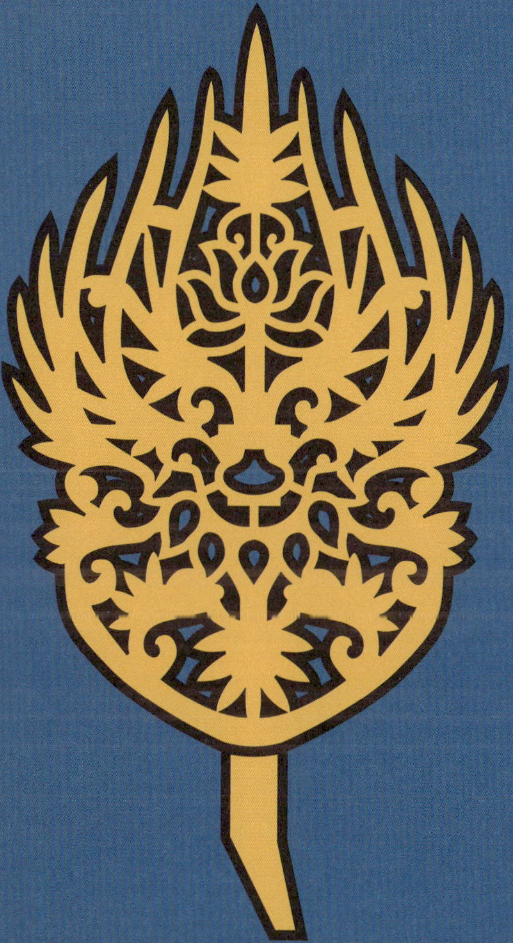

무령왕릉에서 출토된 백제의 금으로 만든 관장식으로, 모양과 크기가 같은 한 쌍으로 되어 있다. 6세기 전반 백제문화의 수준을 보여준다.

서울 용산구 국립중앙박물관

H 22.6cm

156 무령왕 금귀걸이 1974
Gold Earrings of King Muryeong
武寧王 金製耳飾

6C
백제

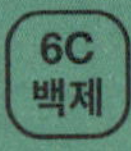

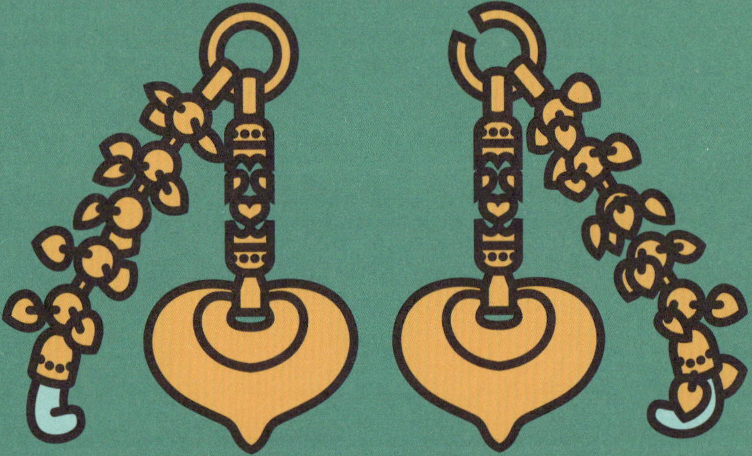

무령왕릉에서 출토된 백제시대의 금 귀고리 한 쌍으로
호화로운 장식이 달려있다.

충남 공주시 국립공주박물관

H 8.3cm

157 무령왕비 금귀걸이 1974

Gold Earrings of the Queen Consort of King Muryeong

武寧王妃 金製耳飾

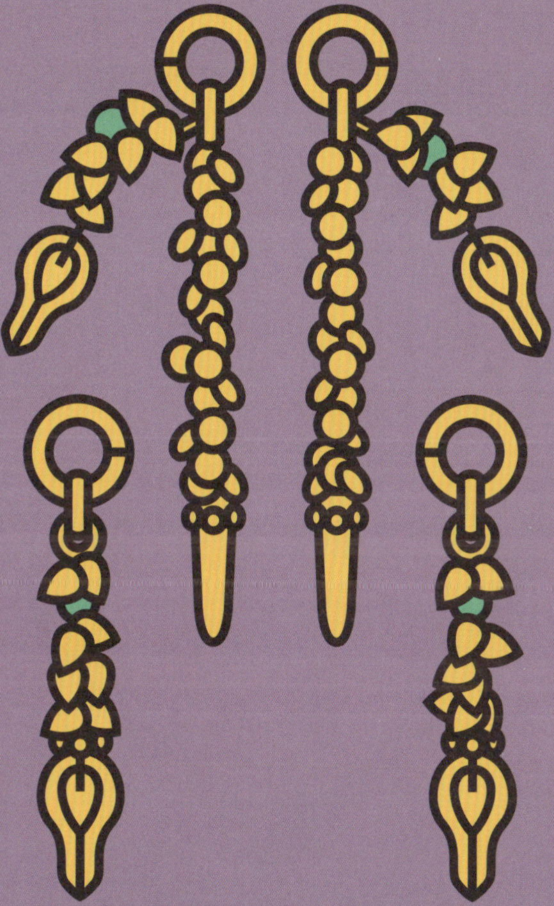

충남 공주 무령왕릉에서 출토된 백제 때 귀고리 2쌍으로
굵은 고리를 중심으로 작은 장식들을 연결하여 만들었다.

충남 공주시 국립공주박물관

H 11.8cm, 8.8cm

158 무령왕비 금목걸이 1974

Gold Necklaces of the Queen Consort of King Muryeong

武寧王妃 金製頸飾

6C
백제

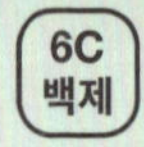

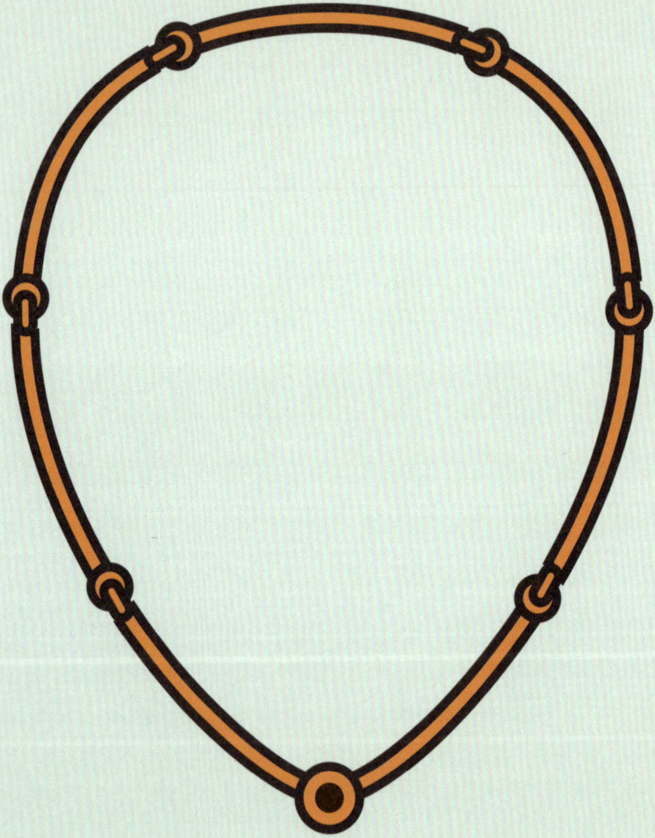

무령왕릉에서 발견된 백제 무령왕비의 목걸이로
9마디로 된 것과 7마디로 된 것 2종류가 있다.

충남 공주시 국립공주박물관

H 14cm, 16cm

159 무령왕 금제 뒤꽂이 1974

Gold Hairpin of King Muryeong

武寧王 金製釵

6C
백제

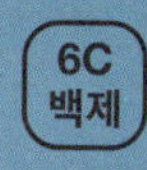

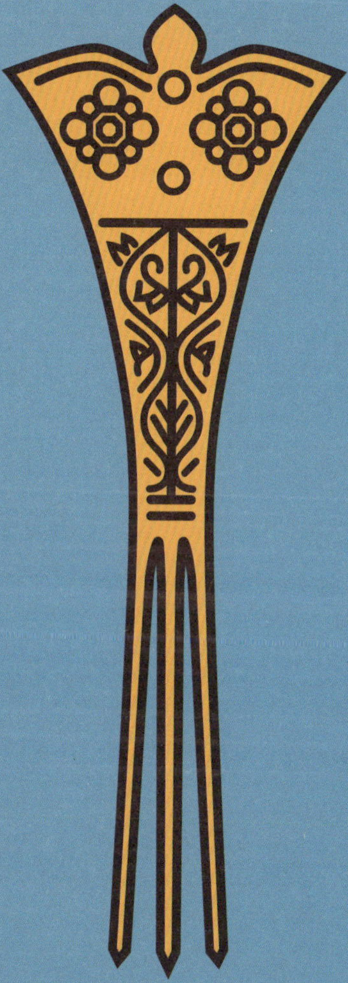

무령왕릉에서 발견된 금으로 만든 뒤꽂이 일종의 머리 장신구 이다.

충남 공주시 국립공주박물관

H 18.4cm

160 무령왕비 은팔찌 1974

Silver Bracelets of the Queen Consort of King Muryeong

武寧王妃 銀製釧

무령왕릉에서 발견된 왕비의 은제 팔찌로 바깥면에는 발이 셋 달린 2마리의 용을 새겼다.
만든시기와 작가, 중량까지 기록된 삼국시대 유일한 팔찌이다.

충남 공주시 국립공주박물관

Ø 8cm

161 무령왕릉 청동거울 일괄 1974

6C
백제

Bronze Mirrors from the Tomb of King Muryeong

武寧王陵 銅鏡一括

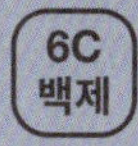

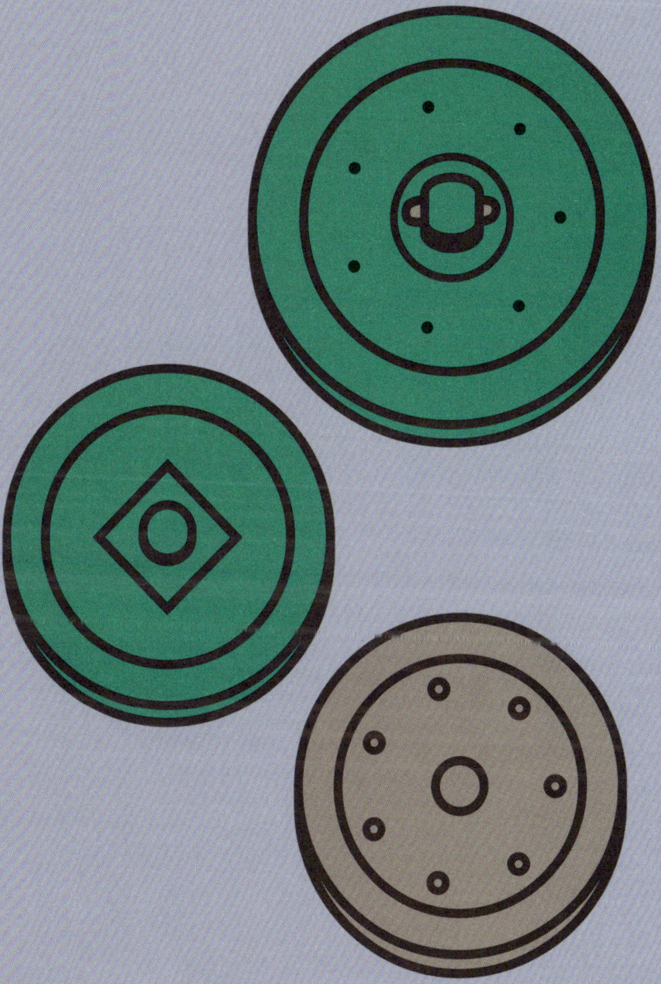

무령왕릉에서 발견된 청동거울로
의자손수대경, 청동신수경, 수대경 위에서 아래로 3점이다.

충남 공주시 국립공주박물관

Ø 18~23cm

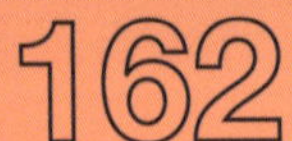

162 무령왕릉 석수 1974

Stone Guardian from the Tomb of King Muryeong

武寧王陵 石獸

6C
백제

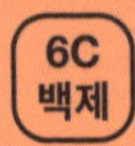

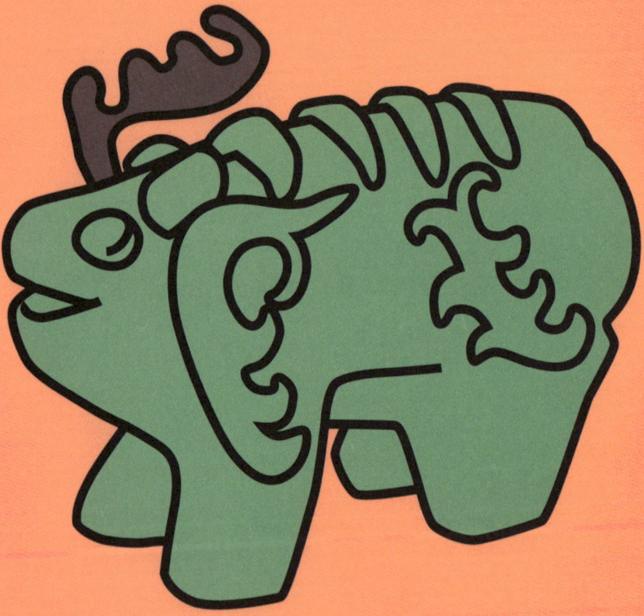

석수 石獸 란 돌로 만든 동물의 상 像 으로 좁게는 궁전이나 무덤 앞에 세워두거나 무덤 안에 놓아두는 돌로 된 동물상을 말한다. 우리나라에서는 처음 발견되었다.

충남 공주시 국립공주박물관

H 30.8cm

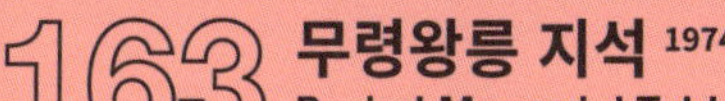

163 무령왕릉 지석 1974

Buried Memorial Tablet from the Tomb of King Muryeong

武寧王陵 誌石

寧東大將軍百濟斯
麻王年六十二歲癸
卯年五月丙戌朔七
日壬辰崩到乙巳年八月
癸酉朔十二日甲申安厝
登冠大墓立志如左

백제 무령왕과 왕비의 지석 죽은 사람의 인적 사항이나 무덤의 소재를 기록하여 묻은 판석 2매로 삼국시대의 능에서 발견된 유일한 매지권 죽은 사람이 묻힐 땅을 매매한 증서 이다.

충남 공주시 국립공주박물관

W 41.5cm / H 35.2cm

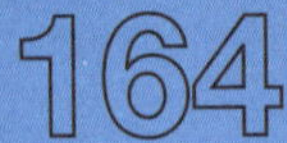

164 무령왕비 베개 1974

Headrest of the Queen Consort of King Muryeong

武寧王妃 頭枕

6C
백제

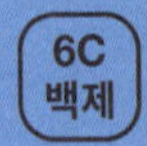

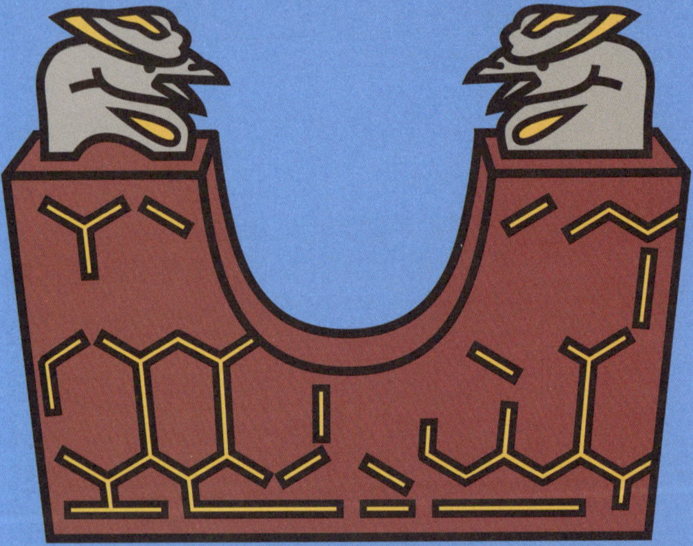

무령왕릉 목관 안에서 발견된 왕비의 나무 베개로,
실제로 사용한 것은 아니고 장의용으로 제작된 것이다.

충남 공주시 국립공주박물관

H 33.7cm

165 무령왕 발받침 1974

Footrest of King Muryeong

武寧王 足座

6C
백제

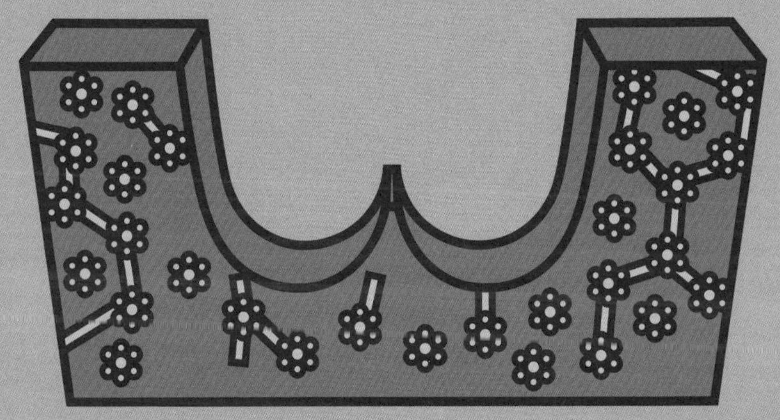

무령왕릉 목관 안에서 발견된 왕의 장의용 나무 발받침대이다.

충남 공주시 국립공주박물관

H 19.5cm

166 백자 철화매죽문 항아리 1974

16C 조선

White Porcelain Jar with Plum and Bamboo Design in Underglaze Iron

白磁 鐵畵梅竹文 壺

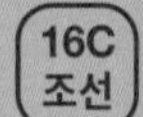

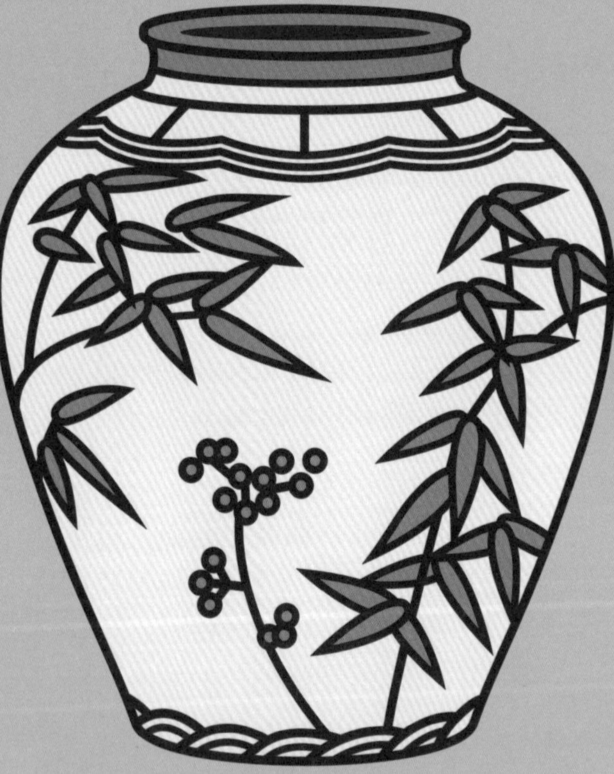

초기의 철화백자 산화철 안료를 이용해 흑갈색 무늬를 그려넣은 백자 항아리로
능숙한 솜씨로 매화와 대나무를 표현하였다.

서울 용산구 국립중앙박물관

H 41.3cm

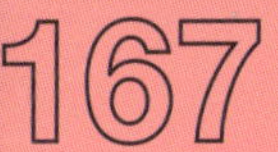

청자 인물형 주전자 1974

Celadon Ewer in the Shape of a Human Figure

青磁 人物形 注子

13C
고려

고려시대 만들어진 상형청자로 머리에 관을 쓰고
도포를 입은 사람이 복숭아를 얹은 그릇을 들고 있는 모습이다.

서울 용산구 국립중앙박물관

H 28cm

169 청자 양각죽절문 병 1974

Celadon Bottle with Bamboo Design in Relief

青磁 陽刻竹節文 瓶

12C
고려

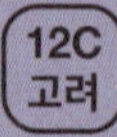

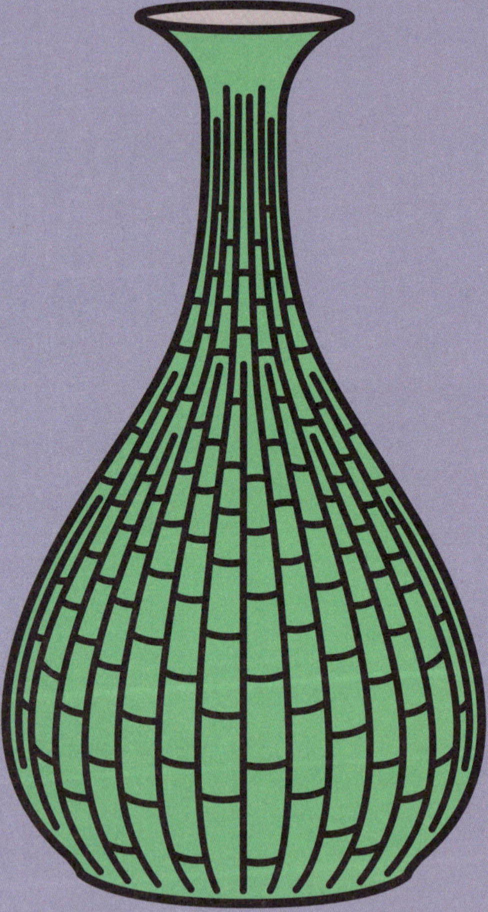

조형미가 뛰어난 고려청자 병으로 아가리는 나팔처럼 넓게 벌어졌고, 목은 길며 몸통 아랫부분은 풍만하다.

서울 용산구 리움미술관

H 33.8cm

170 백자 청화매조죽문 유개항아리 1974

White Porcelain Lidded Jar with Plum, Bird and Bamboo Design in Underglaze Cobalt Blue

白磁 靑畫梅鳥竹文 有蓋壺

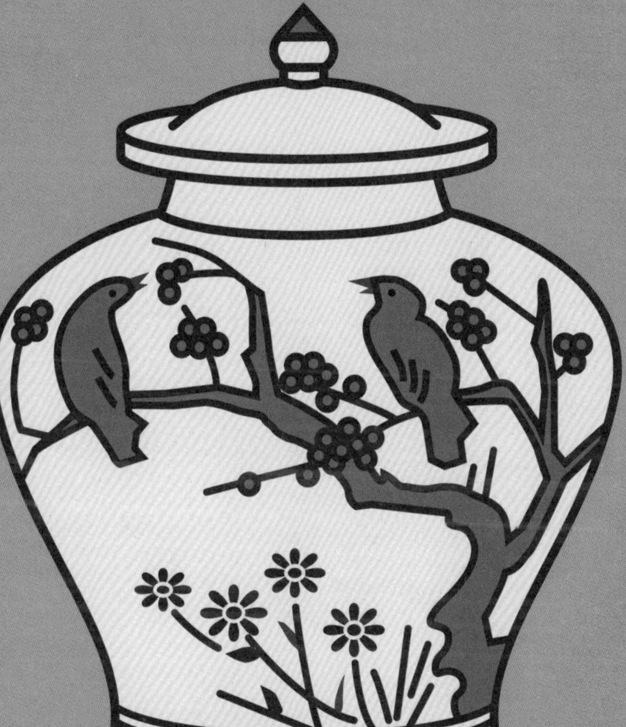

조선시대 만들어진 뚜껑있는 백자 항아리로 뚜껑의 손잡이는 연꽃봉오리 모양이며
청화 靑華 안료로 매화나무에 앉아 있는 새 모습을 그렸다.

서울 용산구 국립중앙박물관

H 16.8cm

171 청동 은입사 봉황문 합 1974

11-12C
고려

Bronze Lidded Bowl with Silver-inlaid Phoenix Design

靑銅 銀入絲 鳳凰文 盒

고려시대에 만들어진 뚜껑이 있는 그릇 합 으로
은입사 은실을 박아 장식하는 기법 를 사용하였고, 사찰에서 사용된 향합으로 추측된다.

서울 용산구 리움미술관

H 9.9cm / Ø 18.3cm

172 진양군 영인정씨묘 출토 유물 1974

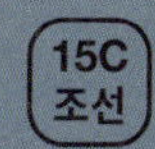

Relics Excavated from the Tomb of Lady Jeong

晉陽郡 令人鄭氏墓 出土 遺物

15C
조선

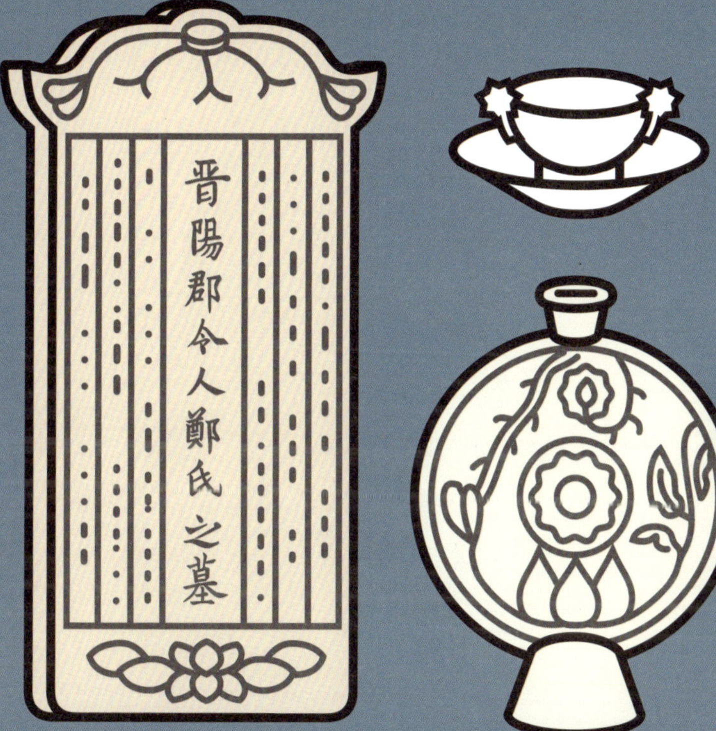

경남 거창 북상에 있는 진양군 영인정씨의 무덤에서 출토된 편병·접시·대접·잔·묘지 죽은 사람의 이름·신분·행적들을 새겨서 무덤 옆에 묻는 돌 등 조선백자 10점이다.

서울 용산구 리움미술관

H 22.1cm

173 청자 퇴화점문 나한좌상 1974
Celadon Seated Arhat with Paste-on-paste White Dot Design
青磁 堆花點文 羅漢坐像

12C
고려

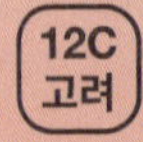

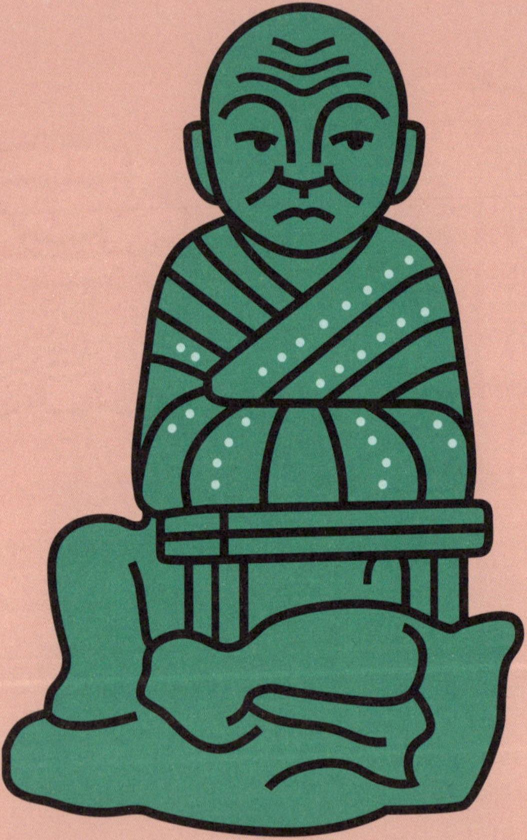

사색하듯 숙연히 아래를 내려다보는
나한 일체번뇌를 끊고 깨달음을 얻은 불교의 성자 을 표현한 청자이다.

서울 강남구 개인소장

H 22.3cm

174 금동 수정 장식 촛대 1974

Gilt-bronze Candlesticks with Inlaid Crystal Ornaments

金銅 水晶 裝飾 燭臺

9C
통일신라

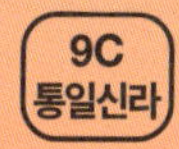

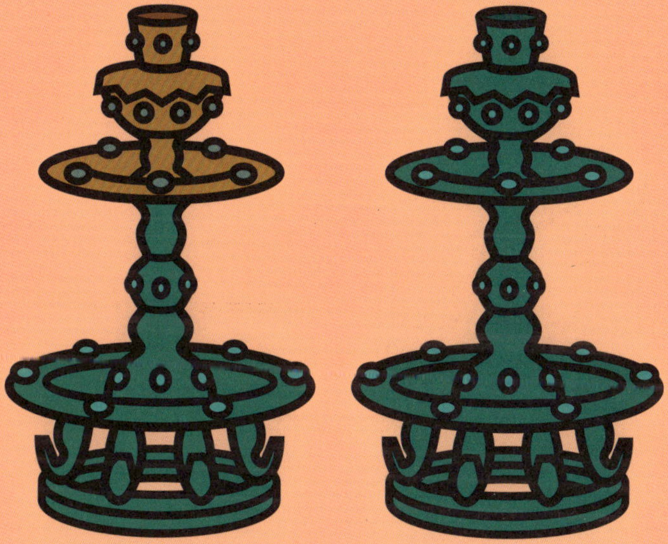

수정이 박힌 통일신라시대의 금동제 촛대 한 쌍이다.

서울 용산구 리움미술관

H 36.8cm

175 백자 상감연화당초문 대접 1974

White Porcelain Bowl with Inlaid Lotus and Scroll Design

白磁 象嵌蓮花唐草文 大楪

15C
조선

고려 백자의 전통을 이은 조선 전기의 백자 대접으로, 벽이 얇은 그릇이다.
연꽃과 넝쿨무늬를 상감기법으로 장식하였다.

서울 용산구 국립중앙박물관

H 7.6cm

176 백자 청화'홍치2년'명 송죽문 항아리 1974

15C
조선

White Porcelain Jar with Pine and Bamboo Design and Inscription of "The Second Hongchi Year" in Underglaze Cobalt Blue

白磁 靑畵'弘治二年'銘 松竹文 立壺

소나무와 대나무의 회화적인 효과가 두드러지는 청화백자 항아리로
고려시대 매병의 형태를 가졌다.

서울 중구 동국대학교박물관

H 48.7cm

177 분청사기 인화국화문 태항아리 1974

15C
조선

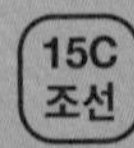

Buncheong Placenta Jars with Stamped Chrysanthemum Design

粉靑沙器 印花菊花文 胎壺

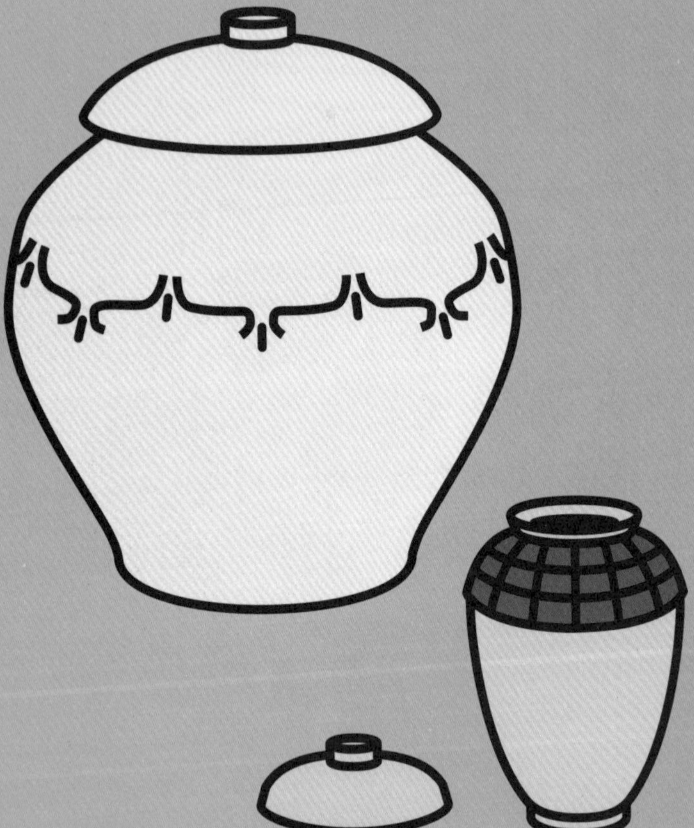

왕실에서 태 胎 를 담기 위해 사용된 분청사기 항아리로
인화문 도장을 찍듯 표현한 무늬 분청사기 중 가장 뛰어나다.

서울 성북구 고려대학교박물관

H 26.5cm

178 분청사기 음각어문 편병 1974

Buncheong Flat Bottle with Incised Fish Design

粉青沙器 陰刻魚文 扁甁

15C
조선

조선시대 전기에 제작된 분청사기 편병으로 앞·뒤 양면에
조화수법 백토 그릇에 선으로 무늬를 새겨넣고 백토를 긁어내어 하얀 문양으로 만듦 으로 표현되어 있다.

서울 용산구 국립중앙박물관

H 22.6cm

179 분청사기 박지연화어문 편병 1974
Buncheong Flat Bottle with Sgraffito Lotus and Fish Design
粉青沙器 剝地蓮花魚文 扁甁

조선 전기

조선 전기의 분청사기 편병으로 물고기를
박지기법 백토로 분장한 뒤에 무늬 이외의 지면을 긁어내는 방법 으로 표현하였다.

서울 관악구 호림박물관

H 22.5cm

180 김정희 필 세한도 1974

Sehando (Winter Scene) by Kim Jeong-hui

金正喜 筆 歲寒圖

19C
조선

실학자이자 예술가인 추사 김정희가 제주 귀양살이 중 제자 이상적에게 보낸 그림과 글이다. 조선 후기 대표적인 문인화로 평가되고 있다.

서울 용산구 국립중앙박물관

W 69.2cm / H 23cm

181 장양수 홍패 1975

Red Certificate Issued to Jang Yang-su

張良守 紅牌

13C
고려

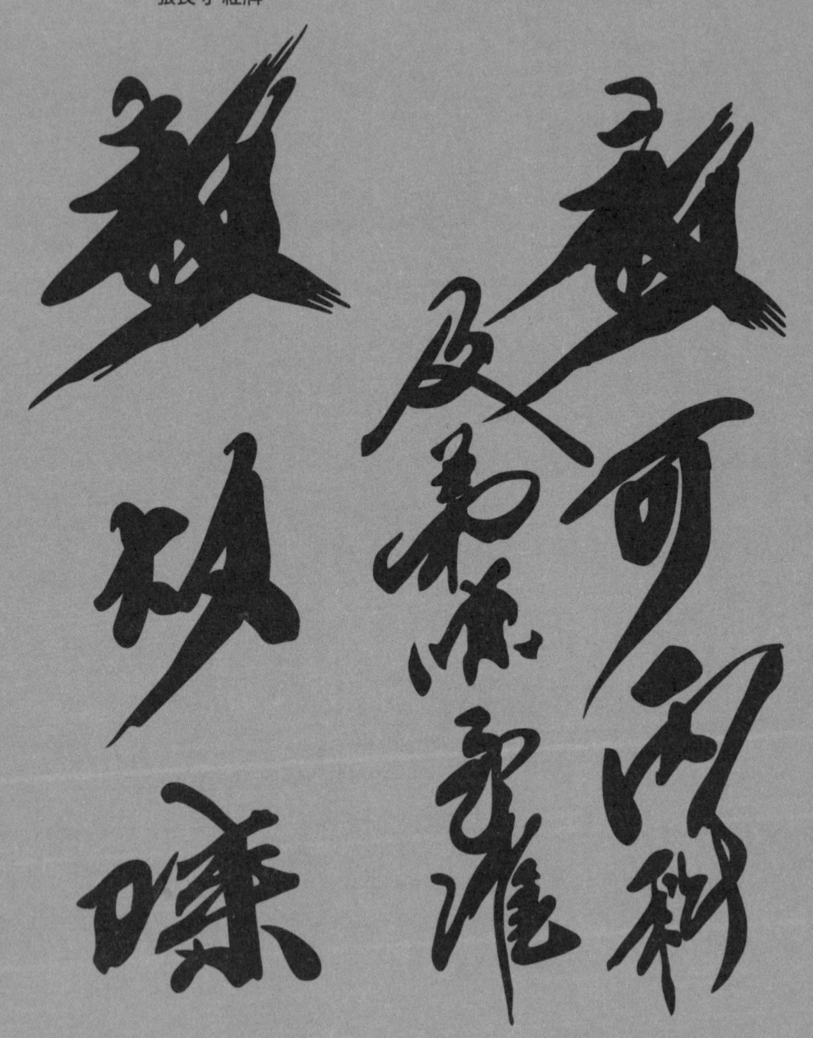

이 문서는 고려 희종 원년 1205 에 진사시에 급제한 장양수에게 내린 교지이다.

경북 울진군 울진읍

W 93.5cm / H 45.2cm

구미 선산읍 금동여래입상 1976

Gilt-bronze Standing Buddha from Seonsan-eup, Gumi

龜尾 善山邑 金銅如來立像

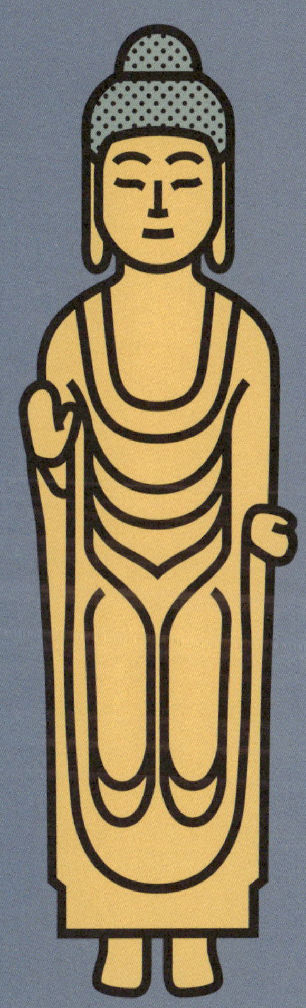

1976년 공사 현장에서 금동관음보살입상 2구 국보 와 함께 출토된 불상으로 단아한 인상을 준다.

대구 수성구 국립대구박물관

H 40.3cm

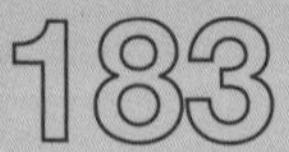

183 구미 선산읍 금동보살입상 1976-1

Gilt-bronze Standing Bodhisattva from Seonsan-eup, Gumi

7C 신라

龜尾 善山邑 金銅菩薩立像

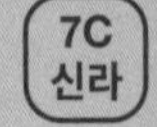

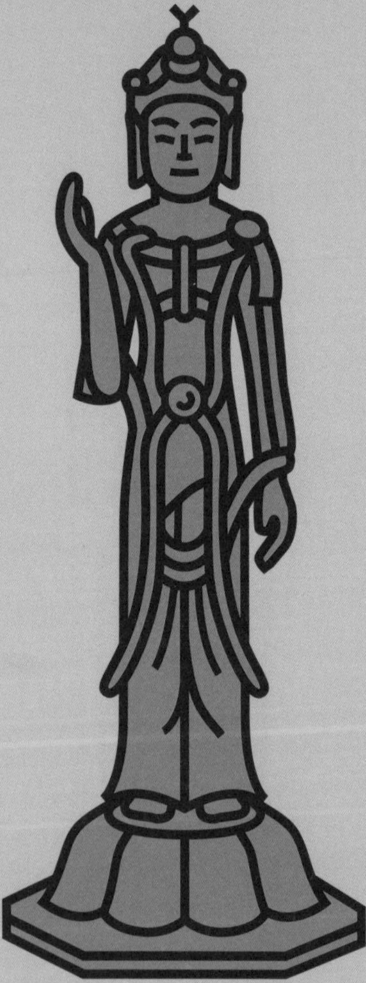

국보 3구가 함께 출토되었고, 균형미와 조각수법이 뛰어난
삼국시대 후기의 전형적인 보살상이다.

대구 수성구 국립대구박물관

H 32cm

구미 선산읍 금동보살입상 1976-2

Gilt-bronze Standing Bodhisattva from Seonsan-eup, Gumi

龜尾 善山邑 金銅菩薩立像

국보 3구가 함께 출토되었고, 근엄하고 당당한 모습이다.
중국적인 요소가 강한 7세기 전반의 보살상이다.

대구 수성구 국립대구박물관 **H 32cm**

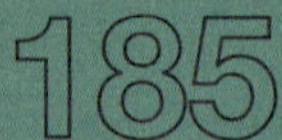

185 상지은니 묘법연화경 1976

14C
고려

Transcription of Saddharmapundarika Sutra (The Lotus Sutra) in Silver on Oak Paper

橡紙銀泥 妙法蓮華經

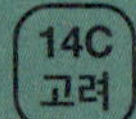

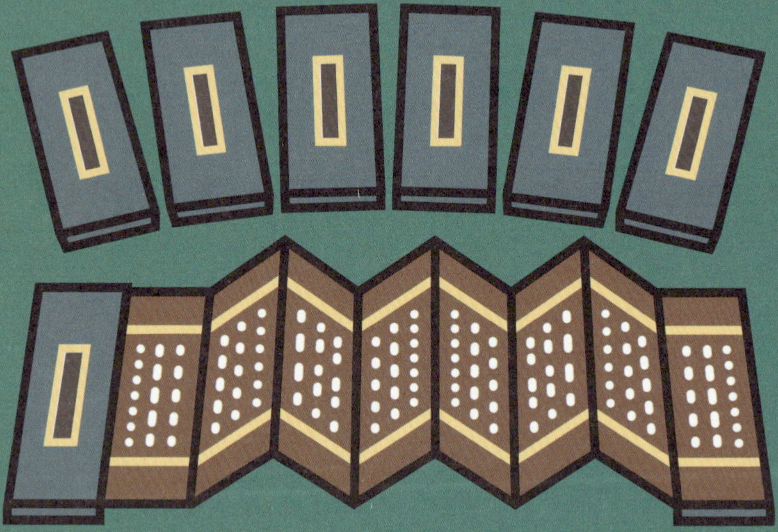

묘법연화경을 줄여서 법화경 이라고 부르기도 하는데, 우리나라 천태종의 근본경전으로 부처가 되는 길이 누구에게나 열려 있음을 기본 사상으로 하고 있다. 이 책은 후진의 구마라습 鳩摩羅什 이 번역한 묘법연화경 7권을 고려 공민왕 22년 1373 에 옮겨 쓴 것이다.

서울 용산구 국립중앙박물관

W 11.7cm / H 31.4cm

양평 신화리 금동여래입상 1976

Gilt-bronze Standing Buddha from Sinhwa-ri, Yangpyeong

楊平 新花里 金銅如來立像

양평 신화리에서 발견된 불상으로 대좌와 광배를 잃었으나 보존 상태가 매우 좋다.
원통형 몸체와 U자형 주름은 중국 수나라의 영향을 받은 것으로 보인다.

서울 용산구 국립중앙박물관

H 30cm

187 영양 산해리 오층모전석탑 1977

10C
통일신라

Five-story Stone Brick Pagoda in Sanhae-ri, Yeongyang

英陽 山海里 五層模塼石塔

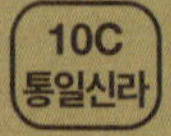

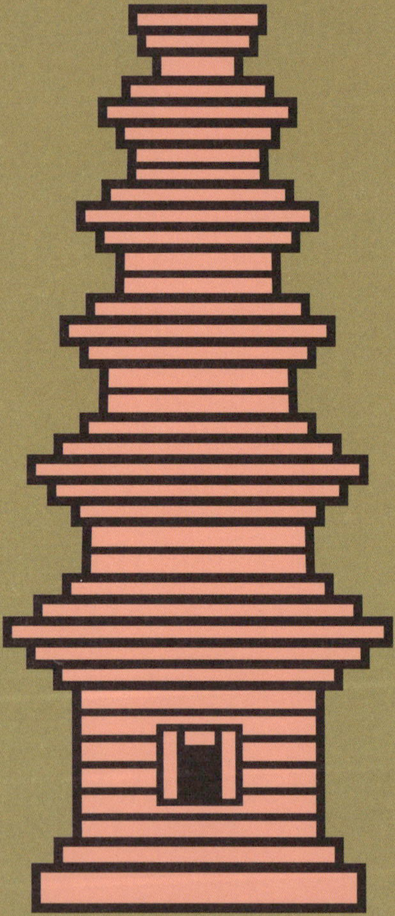

벽돌 모양으로 돌을 다듬어 쌓아올린 모전석탑 模塼石塔 으로
기단과 돌을 다듬은 솜씨, 감실 불상 등을 모셔 놓는 곳 로 볼 때 통일신라 것으로 추정된다.

경북 영양군 입암면

H 11.42m

188 천마총 금관 1978

Gold Crown from Cheonmachong Tomb

天馬塚 金冠

6C
신라

출토된 무덤에서 천마도가 함께 발견되어 천마총 금관으로 부르게 되었다.
금관 안에 쓰는 내관이나 관을 쓰는데 필요한 물건들이 함께 발견되었다.

경북 경주시 국립경주박물관

H 32.5cm

189 천마총 관모 1978

Gold Cap from Cheonmachong Tomb

天馬塚 冠帽

6C
신라

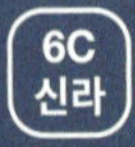

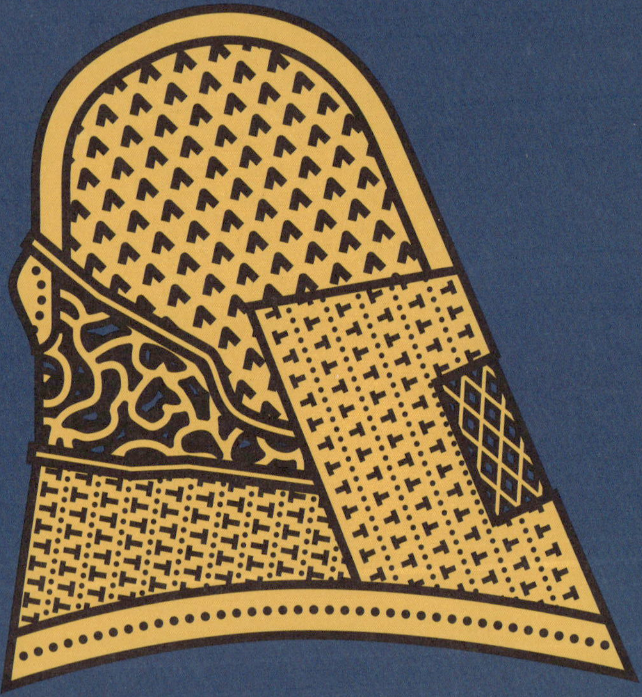

천마총 금관 국보 와 함께 발견된 금모 금으로 만든 관안에 쓰는 모자 이다.
금판 4매를 뚫어서 무늬를 내고 이어 붙였다.

경북 경주시 국립경주박물관

H 19cm

천마총 금제 허리띠 1978

Gold Waist Belt from Cheonmachong Tomb

天馬塚 金製銙帶

6C
신라

천마총에서 발견된 신라 때 허리띠. 직물로 된 띠의 표면에 사각형의 금속판을 붙인 허리띠 과대 125cm 와 띠드리개 요패 75cm 로 되어있다.

경북 경주시 국립경주박물관

H 125cm

191 황남대총 북분 금관 1978

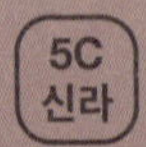

Gold Crown from the North Mound of Hwangnamdaechong Tomb

皇南大塚 北墳 金冠

5C
신라

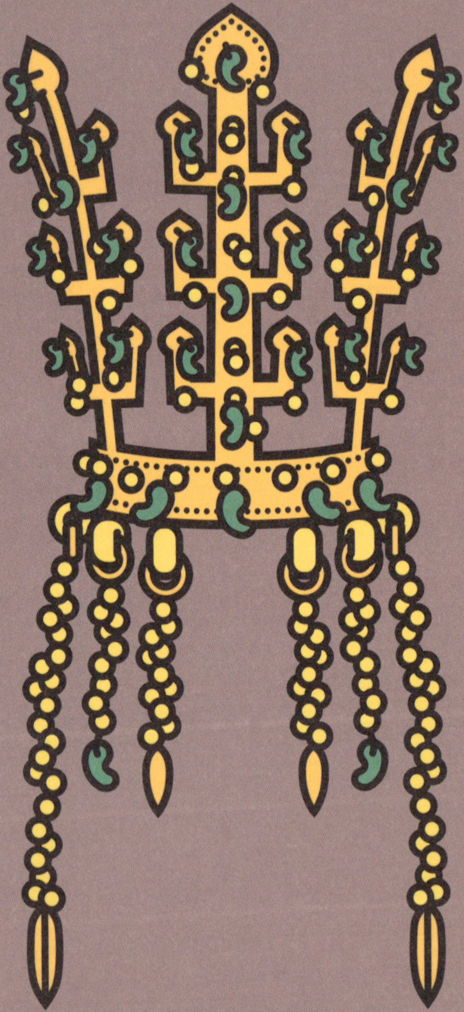

경주 미추왕릉 지구에 있는 황남대총에서 발견되었으며 신라 금관을 대표한다.

서울 용산구 국립중앙박물관

H 27.5cm

192 황남대총 북분 금제 허리띠 1978

Gold Waist Belt from the North Mound of Hwangnamdaechong Tomb

皇南大塚 北墳 金製銙帶

5C 신라

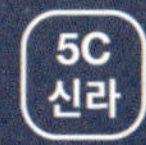

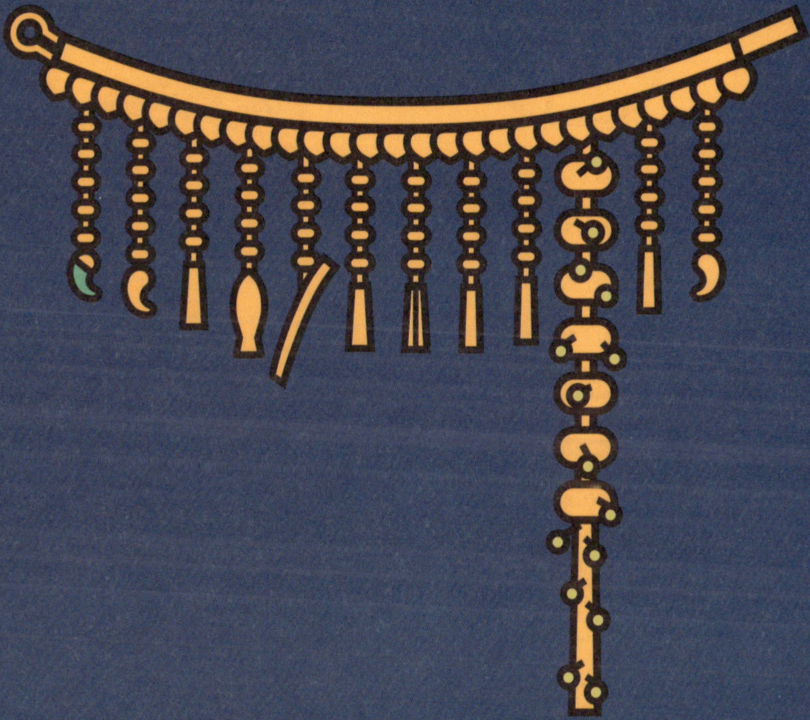

황남대총의 북쪽 무덤에서 발견된 금 허리띠 과대 와 띠드리개 요패 이다.

서울 용산구 국립중앙박물관

W 120cm

193 경주 98호 남분 유리병 및 잔 1978

Glass Ewer and Cups from the South Mound of the Tomb No. 98, Gyeongju

慶州 九十八號 南墳 琉璃甁 및 盞

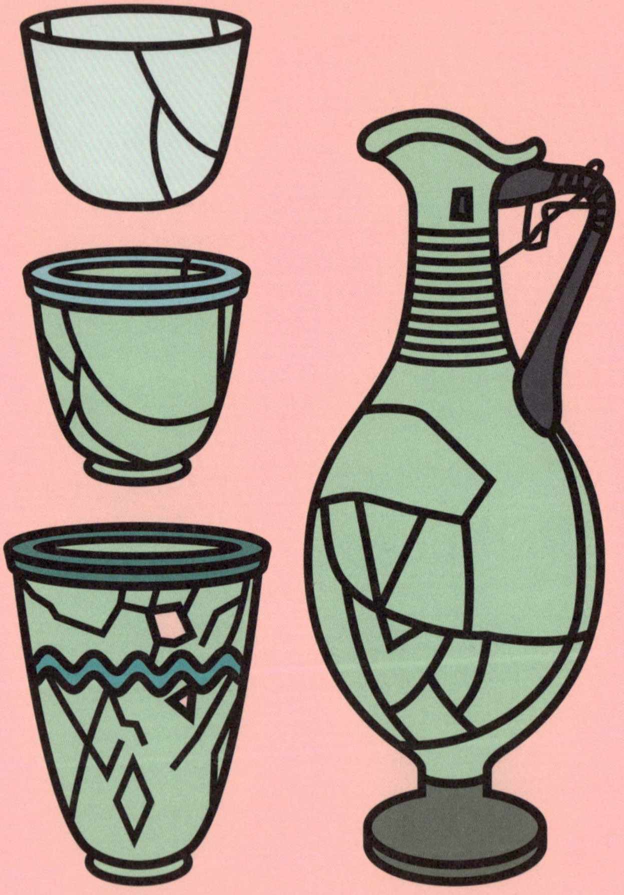

황남대총에서 발견된 병 1점과 잔 3점의 유리제품으로
서역에서 수입된 것으로 추정된다.

서울 용산구 국립중앙박물관

병 H 25cm

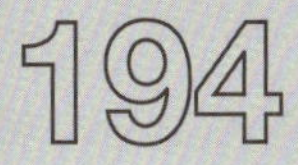

194 황남대총 남분 금목걸이 1978

5C
신라

Gold Necklace from the South Mound of Hwangnamdaechong Tomb

皇南大塚南墳 金製頸飾

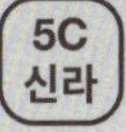

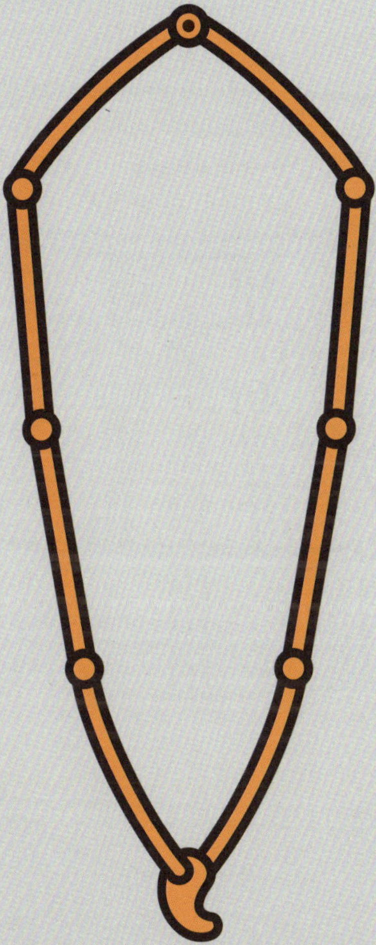

황남대총에서 발견된 금 목걸이이다. 금실로 만든 금 사슬에 금 구슬을 교대로 연결하고, 늘어지는 곳에는 금으로 만든 굽은 옥을 달았다.

서울 용산구 국립중앙박물관

W 33.2cm

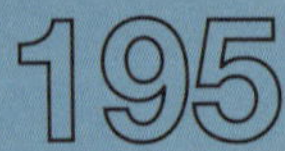

195 토우장식 장경호 1978
Long-necked Jar with Clay Figurines
土偶裝飾 長頸壺

5-6C
신라

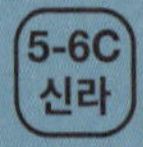

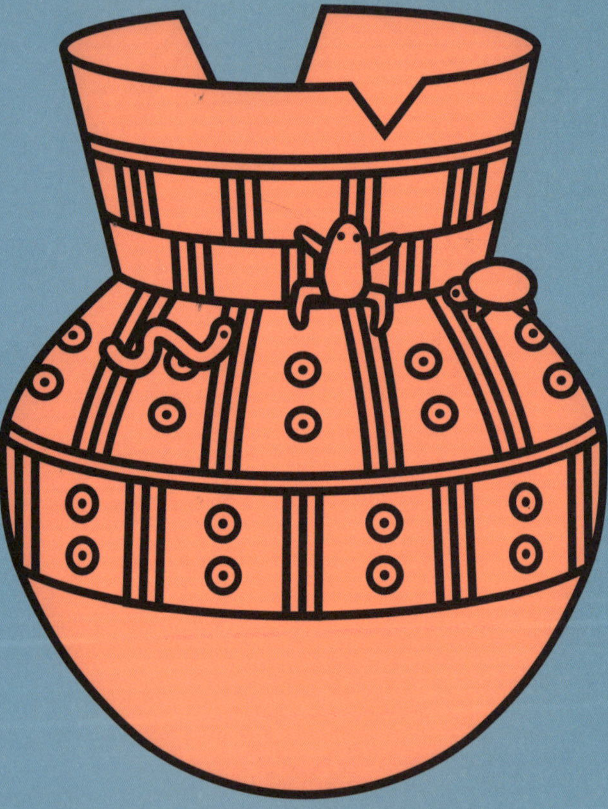

목부분에 토우 흙으로 만든 인형 로 장식된 2점의 목이 긴 항아리 장경호 로
계림로 30호와 노동동 11호 무덤에서 출토되었다.

경북 경주시 국립경주박물관, 서울 용산구 국립중앙박물관

H 34cm

196 신라백지묵서대방광불화엄경 주본 권1~10, 44~50 1979

Silla Transcription of Avatamsaka Sutra (The Flower Garland Sutra), Zhou Version, in Ink on White Paper, Volumes 1-10 and 44-50

新羅白紙墨書大方廣佛華嚴經 周本 卷一~十, 四十四~五十

8C
통일신라

우리나라에서 가장 오래된 사경 寫經:경문을 쓰고 그림을 그려 장엄하게 꾸민 불경 으로
화엄사를 창건한 연기법사가 간행한 것이다.
신라 화엄사상을 알 수 있는 자료 중 신라시대 문헌으로는 유일한 것이다.

서울 용산구 리움미술관

W 1390.6cm / H 29cm

197 충주 청룡사지 보각국사탑 1979

14C 조선

Stupa of State Preceptor Bogak at Cheongnyongsa Temple Site, Chungju

忠州 青龍寺址 普覺國師塔

청계산 청룡사에 보각국사 1320-1392 의 사리를 모셔놓은 탑이다.
8각을 이루고 있으며 목조건축 양식도 엿볼 수 있는 귀중한 유물이다.

충북 충주시 소태면

H 2.63m

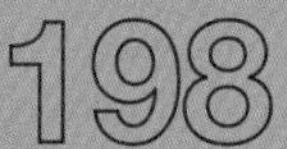

198 단양 신라 적성비 1979

6C
신라

Jeokseongbi Monument of Silla, Danyang

丹陽 新羅 赤城碑

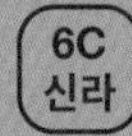

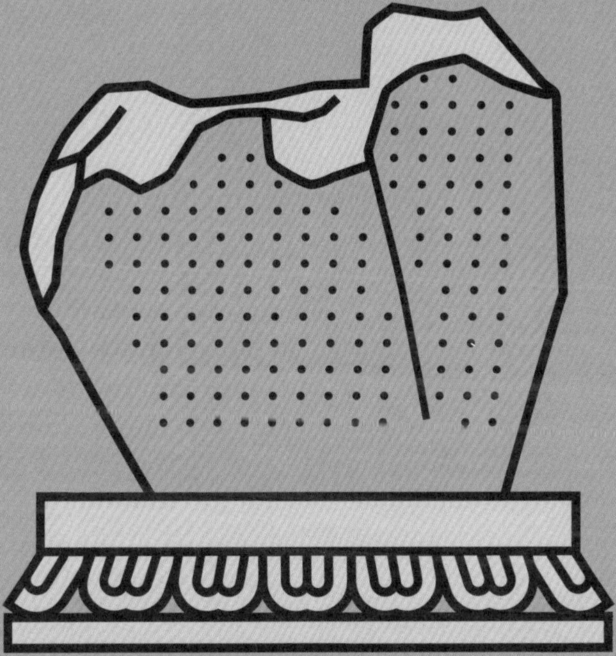

성재산 적성산성 내에 위치한 신라시대의 비로, 신라가 고구려의 영토인
적성 **충북 단양 지역** 을 점령한 후에 민심을 안정시키기 위해 세워놓은 것이다.

충북 단양군 단성면

H 93cm

199 경주 단석산 신선사 마애불상군 1979

Rock-carved Buddhas of Sinseonsa Temple in Danseoksan Mountain, Gyeongju

慶州 斷石山 神仙寺 磨崖佛像群

경주 단석산의 ㄷ자 모양의 석실 石室 에 새겨진 10구의 불상과 보살상이다.
우리나라 석굴사원의 시원 始原 을 보여준다는 점에서 의의가 크다.

경북 경주시 건천읍

본존 H 8.2m

200 금동보살입상 1979

Gilt-bronze Standing Bodhisattva

金銅菩薩立像

8C
통일신라

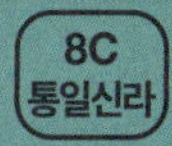

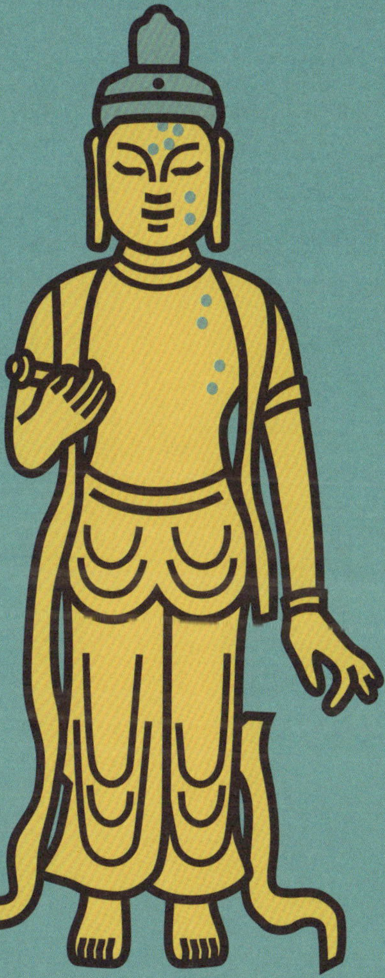

정면을 향해 가슴을 펴고 당당하게 서 있는 보살상으로,
신체를 탄력성있게 묘사하였고 곡선이 아름다운 작품이다.

부산 남구 부산시립박물관

H 34cm

201 봉화 북지리 마애여래좌상 1980

7C 신라

Rock-carved Seated Buddha in Bukji-ri, Bonghwa

奉化 北枝里 磨崖如來坐像

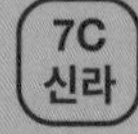

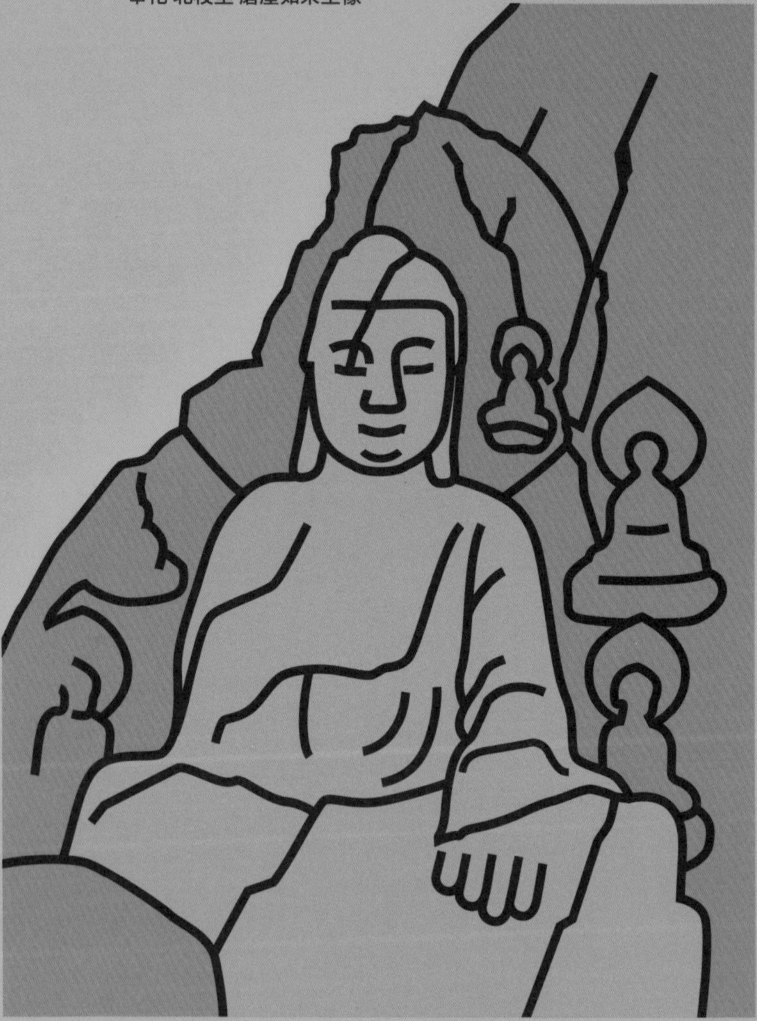

자연암벽을 파서 불상이 들어앉을 거대한 방모양의
공간을 만들고, 그 안에 마애불을 새겼다.

경북 봉화군 물야면

H 4.3m

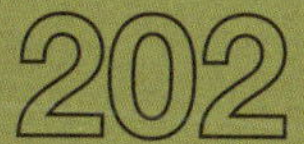

202 대방광불화엄경 진본 권37 1981

Avatamsaka Sutra (The Flower Garland Sutra), Jin Version, Volume 37

大方廣佛華嚴經 晋本 卷三十七

11C
고려

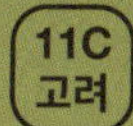

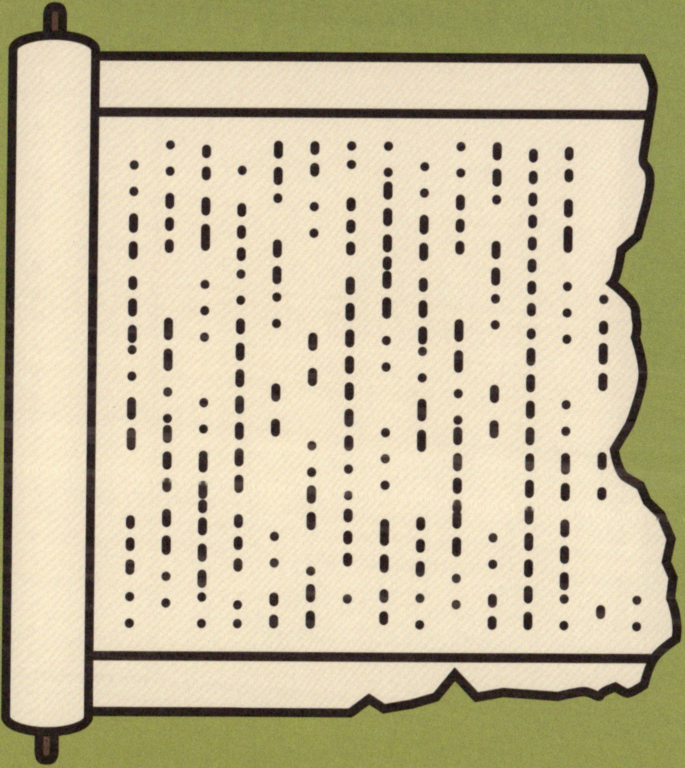

대방광불화엄경은 줄여서 화엄경이라고 부르기도 한다.
부처와 중생이 둘이 아니라 하나라는 것을 기본사상으로 하고 있다.
이 책은 동진의 불타발타라가 번역한 화엄경 진본 60권 중 권 제37의 내용이다.

서울 서대문구 (재)현담문고

W 768.3cm / H 26cm

203 대방광불화엄경 주본 권6 1981

Avatamsaka Sutra (The Flower Garland Sutra), Zhou Version, Volume 6

大方廣佛華嚴經 周本 卷六

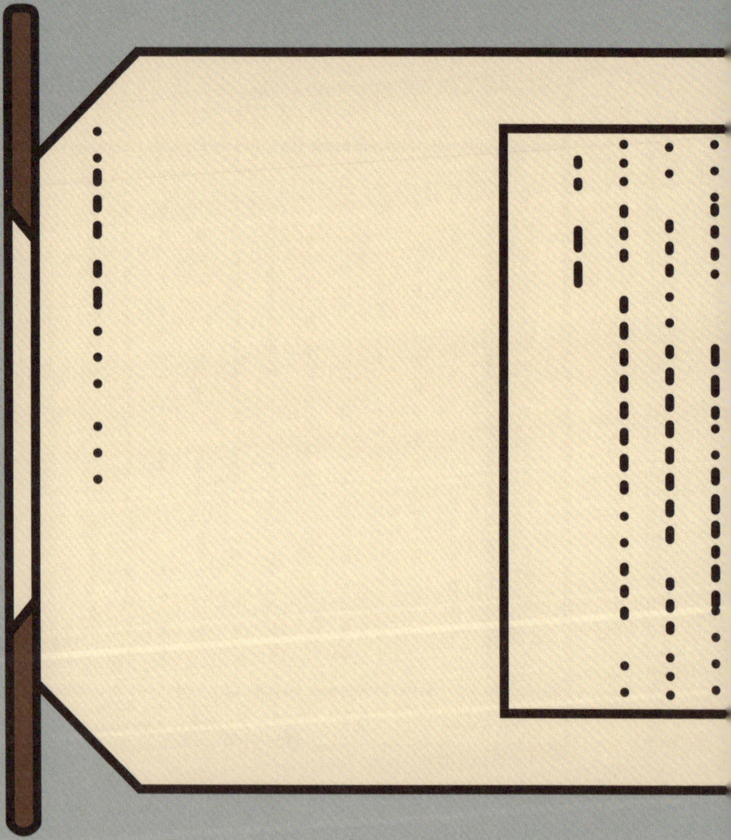

당나라의 실차난타가 번역한 화엄경 주본 80권 중 권6에 해당하는 이 책은 전라남도 담양에 사는 전순미 田洵美 가 어머니의 극락왕생을 기원하기 위하여 찍어낸 것이다.

서울 중구 개인 소장

W 649.2cm / H 30.8cm

대방광불화엄경 주본 권36 1981

Avatamsaka Sutra (The Flower Garland Sutra), Zhou Version, Volume 36

大方廣佛華嚴經 周本 卷三十六

13C
고려

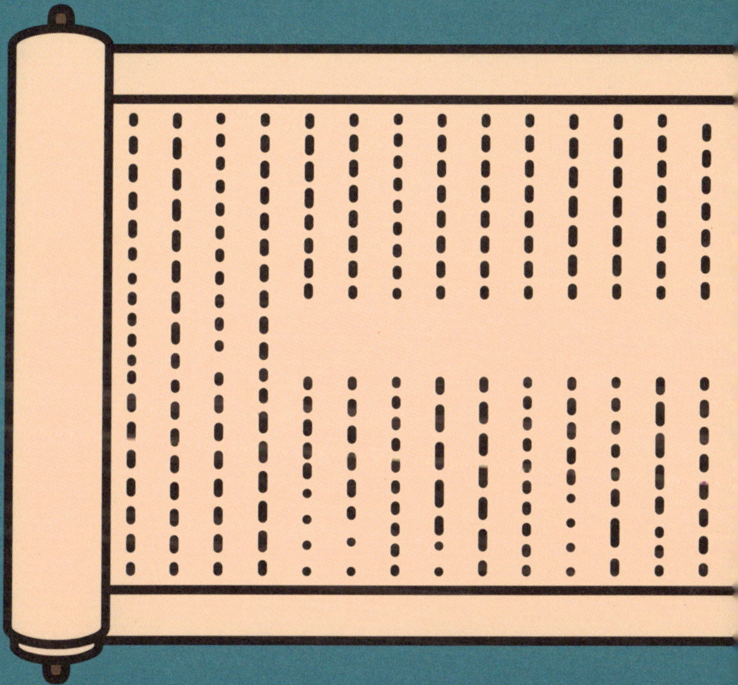

당나라 실차난타가 번역한 화엄경 주본 80권 중 권36이다.
닥종이에 찍은 목판본으로 두루마리처럼 말아서 보관할 수 있도록 되어 있다.

서울 중구 개인 소장

W 1253.3cm / H 29.8cm

충주 고구려비 1981

Goguryeo Monument, Chungju

忠州 高句麗碑

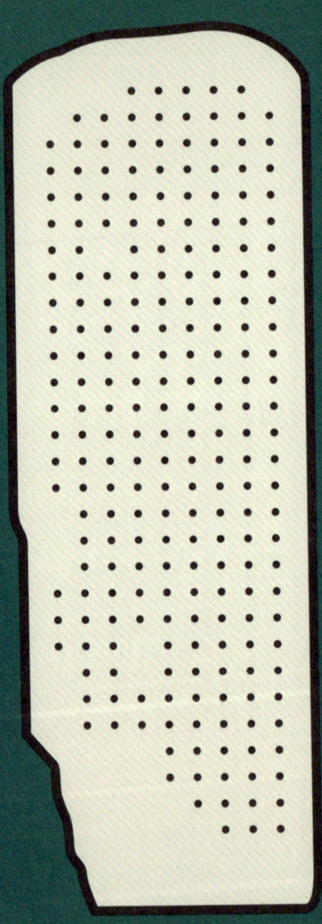

국내에 유일하게 남아 있는 고구려 석비로, 장수왕 재위 413-491 이 남한강 유역의 여러 성을 공략하여 개척한 후 세운 기념비로 추정된다.

충북 충주시 중앙탑면

H 2.03m

206 합천 해인사 고려목판 1982

Printing Woodblocks of Miscellaneous Buddhist Scriptures in Haeinsa Temple, Hapcheon

陜川 海印寺 高麗木板

11-14C
고려

해인사에 소장된 고려시대의 불교경전, 고승의 저술, 시문집 등이 새겨진 목판이다.
국가기관 대장도감에서 새긴 합천 해인사 대장경판 국보과는 달리, 지방관청이나 절에서 새긴 것이다.

경남 합천군 해인사

W 50cm / H 24cm

207

경주 천마총 장니 천마도 1982

Jangni cheonmado (Painting of Heavenly Horse on a Saddle Flap) from Cheonmachong Tomb, Gyeongju

慶州 天馬塚 障泥 天馬圖

말의 안장 양쪽에 달아 늘어뜨리는 장니에 그려진 말 천마 그림으로 천마총에서 발견되었다.
신라회화로서 현재까지 남아있는 거의 유일한 작품이다.

경북 경주시 국립경주박물관

W 75cm / H 53cm

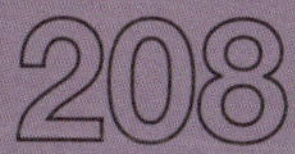

208 도리사 세존사리탑 금동 사리기 1982

Gilt-bronze Reliquary from Sakyamuni Stupa of Dorisa Temple

桃李寺 世尊舍利塔 金銅舍利器

통일신라 말기

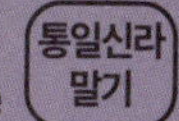

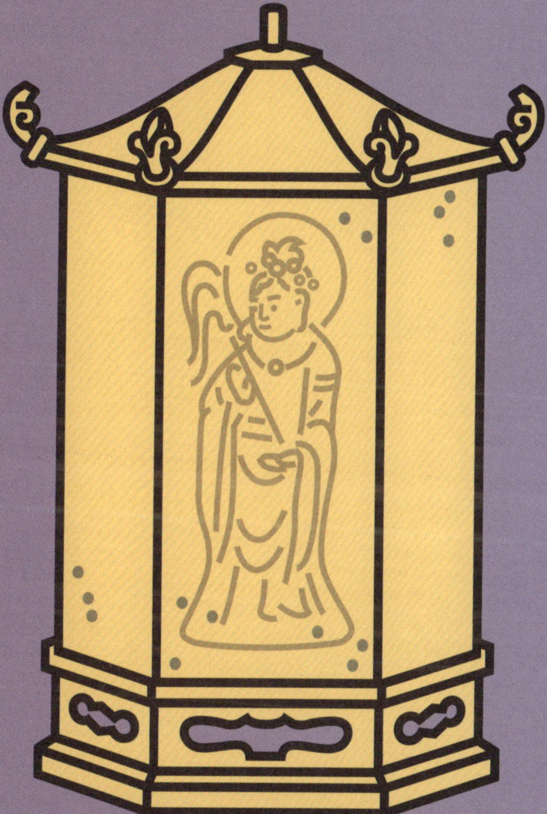

경북 선산 도리사에 있는 종 모양의 세존사리탑
안에서 발견된 6각의 사리함이다.

경북 김천시 직지사

H 17cm

보협인석탑 1982
Stone Pagoda of Casket Seal Dharani
寶篋印石塔

고려시대에 건립된 것으로 보여지며
우리나라에 하나밖에 없는 보협인석탑 보협인다라니경이 들어있는 탑 이다.

서울 중구 동국대학교박물관

H 1.9m

210 감지은니불공견삭신변진언경 권13 1984

13C 고려

Transcription of Amoghapasha kalparaja Sutra (Infallible Lasso's Mantra and Supernatural Transformations: King of Ritual Manuals) in Silver on Indigo Paper, Volume 13

紺紙銀泥不空羂索紳變眞言經 卷十三

검푸른 색의 종이에 은가루를 사용해서 직접 불경의 내용을 옮겨 적은 것으로, 두루마리처럼 말아서 보관할 수 있도록 되어 있다. 전체 30권 중 권13에 해당한다.

서울 용산구 국립중앙박물관

W 905cm / H 30.4cm

211 백지묵서 묘법연화경 1984

Transcription of Saddharmapundarika Sutra (The Lotus Sutra) in Ink on White Paper

白紙墨書 妙法蓮華經

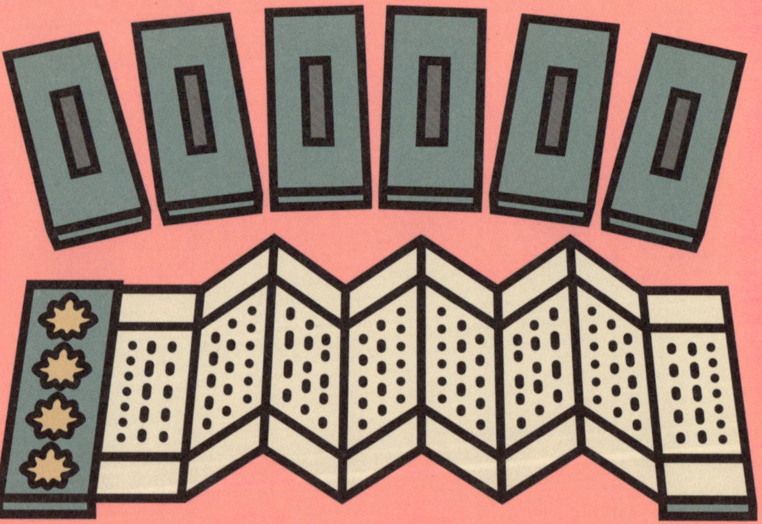

후진의 구마라습이 번역한 법화경 7권을, 고려 우왕 3년 1377 에 하덕란이 죽은 어머니의 명복과 아버지의 장수를 빌기 위해 정성 들여 옮겨 쓴 것이다. 묘법연화경은 줄여서 법화경이라고 부르기도 한다.

서울 관악구 호림박물관

W 10.9cm / H 31.8cm

212 대불정여래밀인수증요의제보살만행수능엄경(언해) 1984

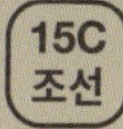

Shurangama Sutra (The Sutra of the Heroic One), Korean Translation

大佛頂如來密因修證了義諸菩薩萬行首楞嚴經(諺解)

간경도감 刊經都監:세조 7년 1461 에 불경을 한글로 풀이하여 간행하기 위해 설치한 기구 을 설치한 다음 해에 만든 책으로, 당시 찍어낸 판본이 모두 완전하게 남아 전해지는 유일한 예이다. 간경도감에서 최초로 간행한 한글 해석판이다.

서울 중구 동국대학교박물관

W 22cm / H 35.7cm

213 금동탑 1984
Gilt-bronze Miniature Pagoda
金銅塔

10-11C
고려

법당 내에 모셔두기 위해 제작된 공예탑으로 사리탑의 일종으로 추측된다.

서울 용산구 리움미술관

H 155cm

214 흥왕사명 청동 은입사 향완 1984

13C
고려

Bronze Incense Burner with Inscription of "Heungwangsa Temple" and Silver-inlaid Design

興王寺銘 青銅 銀入絲 香垸

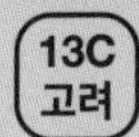

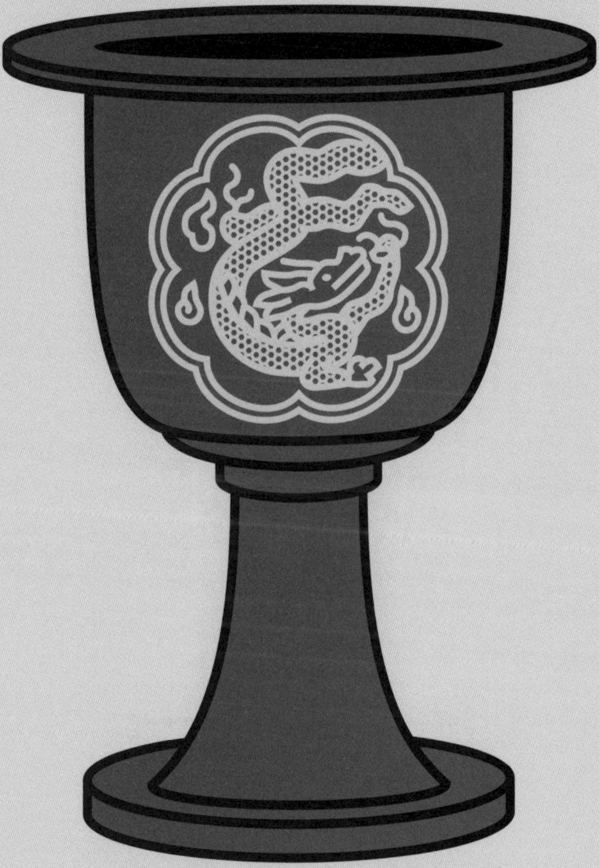

충렬왕 15년 1289 에 제작, 개풍군 흥왕사에 있었던 것으로 세련된 은입사기법과 연대 등을 알 수 있는 향완이다.

서울 용산구 리움미술관

H 40.1cm

215 감지은니 대방광불화엄경 정원본 권31 1984

14C 고려

Transcription of Avatamsaka Sutra (The Flower Garland Sutra), Zhenyuan Version, in Silver on Indigo Paper, Volume 31

紺紙銀泥 大方廣佛華嚴經 貞元本 卷三十一

당나라 반야 般若 가 번역한 화엄경 정원본 40권 중 권 제31을 옮겨 쓴 것이다. 고려 충숙왕 복위 6년 1337 에 최안도 부부가 복을 기원하여 교연 皎然 스님의 도움을 받아 만든 것이다.

서울 용산구 리움미술관

W 881.7cm / H 31cm

216 정선 필 인왕제색도 1984

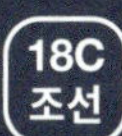

Inwang jesaekdo (Scene of Inwangsan Mountain After Rain) by Jeong Seon

鄭敾 筆 仁王霽色圖

18C
조선

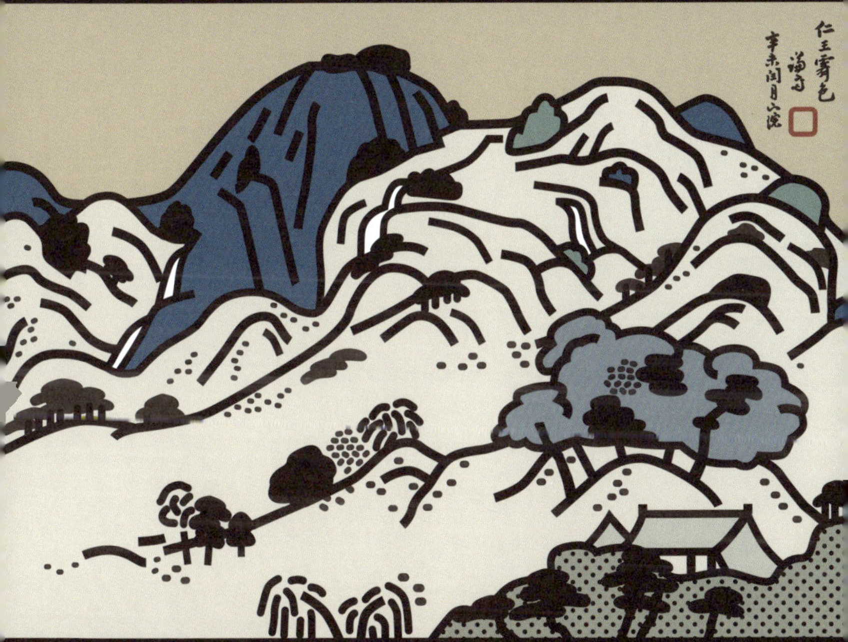

조선 영조 27년 1751 에 화가인 겸재 정선 1676-1759 이
비온 뒤의 인왕산 모습을 그린 그림이다.

서울 용산구 국립중앙박물관

W 138.2cm / H 79.2cm

217

정선 필 금강전도 1984

Geumgang jeondo (Complete View of Geumgangsan Mountain) by Jeong Seon

鄭敾 筆 金剛全圖

18C
조선

겸재 정선이 내금강의 실경을 수묵담채로 그린 진경산수화이다.

서울 용산구 리움미술관

W 94.1cm / H 130.7cm

218 아미타삼존도 1984
Painting of Amitabha Buddha Triad
阿彌陀三尊圖

14C
고려

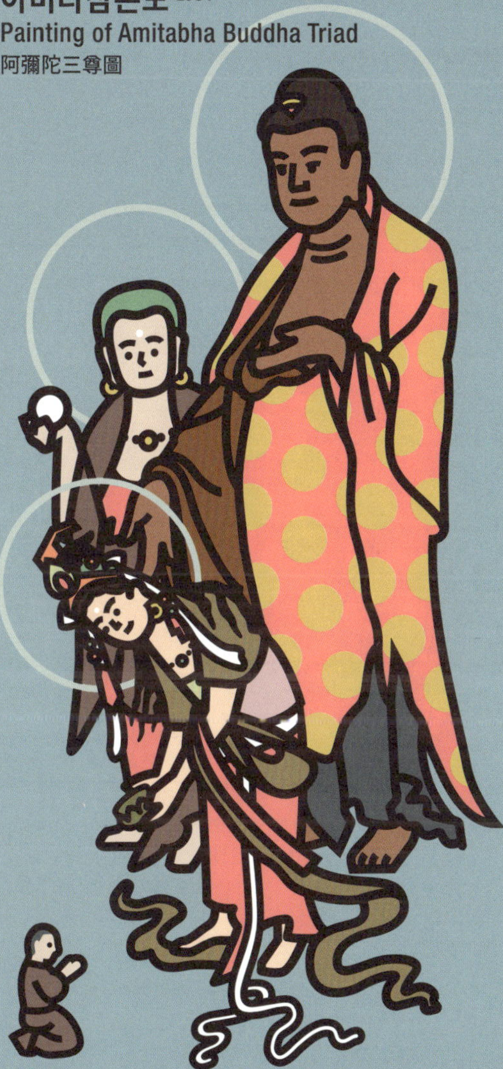

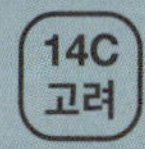

아미타여래와 지장보살, 관음보살이 왕생자를 극락으로 맞이하는 장면을 그린 불화이다.

서울 용산구 리움미술관

W 51cm / H 110cm

219 백자 청화매죽문 항아리 1984

15C
조선

White Porcelain Jar with Plum and Bamboo Design in Underglaze Cobalt Blue

白磁 靑畫梅竹文 立壺

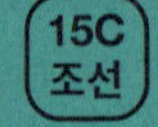

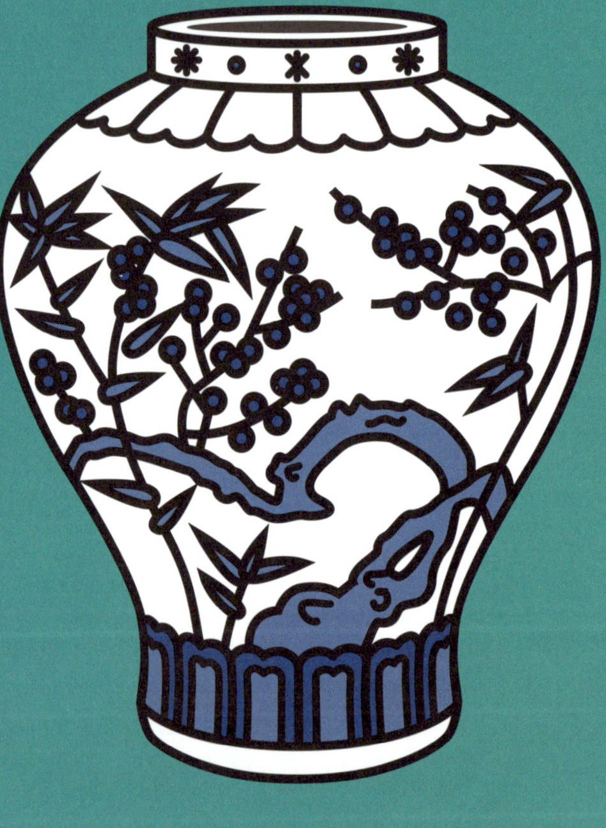

조선 전기에 제작된 청화백자 항아리이다.
15세기 중엽 중국의 영향을 받아 경기도 광주에서 제작된 것으로 추정된다.

서울 용산구 리움미술관 H 41cm

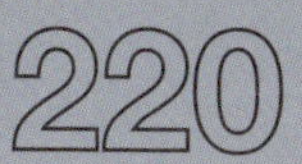

220 청자 상감용봉모란문 합 및 탁 1984

Celadon Lidded Bowl and Saucer with Inlaid Dragon, Phoenix, and Peony Design

青磁 象嵌龍鳳牡丹文 盒 및 托

13C
고려

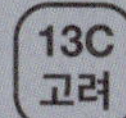

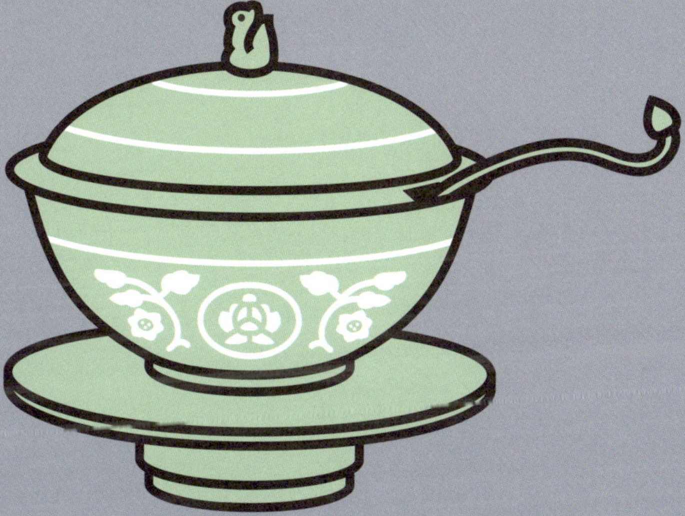

뚜껑과 대접, 받침으로 이루어진 청자대접으로
조형미가 뛰어나며 상감무늬 표현이 아름답다.

서울 용산구 리움미술관

H 19.3cm

평창 상원사 목조문수동자좌상 1984

Wooden Seated Child Manjusri of Sangwonsa Temple, Pyeongchang

平昌 上院寺 木造文殊童子坐象

15C
조선

조선 세조가 문수동자를 만나 질병을 치료했다는 전설을 토대로 만든 문수동자상이다.
예배의 대상으로서 만들어진 국내 유일의 동자상이다.

강원 평창군 진부면 상원사

H 98cm

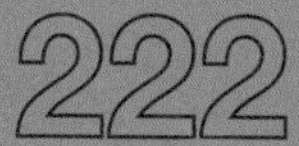

222 백자 청화매죽문 유개항아리 1984

15C
조선

White Porcelain Lidded Jar with Plum and Bamboo Design in Underglaze Cobalt Blue

白磁 青畵梅竹文 有蓋立壺

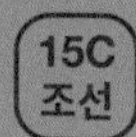

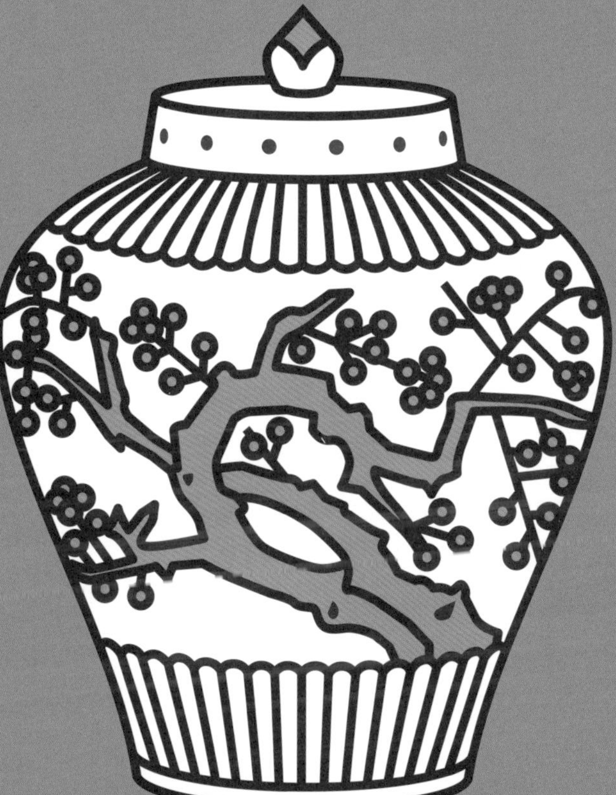

조선 전기에 만들어진 뚜껑이 있는 청화백자 항아리로,
문양을 과감히 간략화하여 여백을 살린 것이 특징이다.

서울 관악구 호림박물관

H 29.2cm

223 경복궁 근정전 1985

Geunjeongjeon Hall of Gyeongbokgung Palace

景福宮 勤政殿

19C
조선

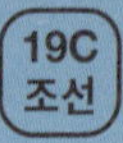

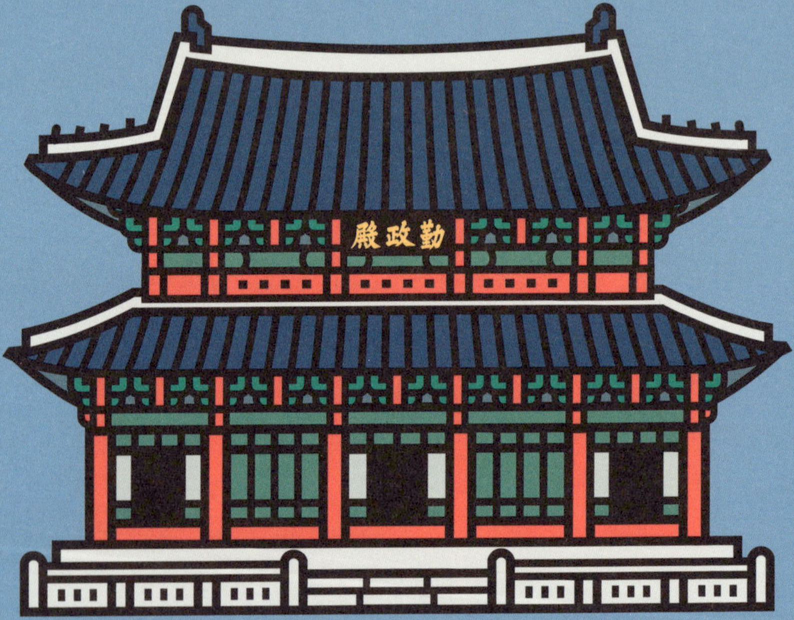

경복궁의 정전으로 신하들이 임금에게 새해 인사를 드리거나 국가의식을 거행하던 곳이다. 태조4년 1395 에 지었으나 임진왜란 때 불탄 것을 고종 4년 1867 다시 지었다.

서울 종로구 경복궁

H 22.5m

224 경복궁 경회루 1985

Gyeonghoeru Pavilion of Gyeongbokgung Palace

景福宮 慶會樓

19C 조선

경복궁 근정전 서북쪽 연못 안에 세운 경회루는 나라에 경사가 있거나 사신이 왔을 때 연회를 베풀던 곳이다.

서울 종로구 경복궁

H 21.5m

225 창덕궁 인정전 1985

Injeongjeon Hall of Changdeokgung Palace

昌德宮 仁政殿

19C
조선

창덕궁의 정전으로 왕의 즉위식, 결혼식 등 공식적인 국가 행사 때 사용된 곳이다.
광해군 때 중건된 이후 순조 3년 1803 에 재건한 것으로 순종이 이어 移御 한 후
부분적으로 서양식 인테리어가 들어왔다.

서울 종로구 창덕궁

창경궁 명정전 1985

Myeongjeongjeon Hall of Changgyeonggung Palace

昌慶宮 明政殿

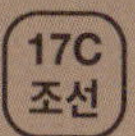

明政殿

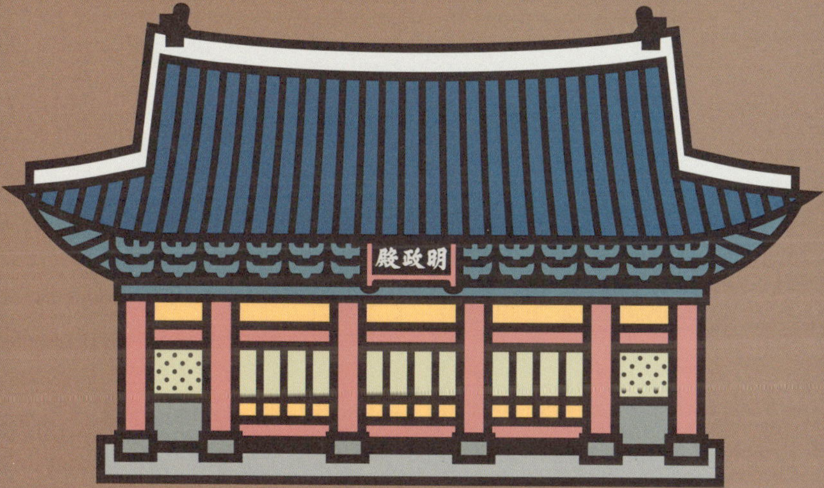

창경궁의 정전으로 국가의 큰 행사를 치르던 장소이다.
성종 15년 1484 에 지었으나 임진왜란 때 불에 탄 것을 광해군 8년 1616 에 다시 지었다.

서울 종로구 창경궁

227 종묘 정전 1985

Main Hall of Jongmyo Shrine

宗廟 正殿

조선왕조 역대 왕과 왕비에게 제사를 올리는 곳으로 최고의 격식을 갖추고 있다.
유네스코 세계문화유산 1995 로 지정되었다.

서울 종로구 종묘

17C
조선
W 101m

228 천상열차분야지도 각석 1985
Celestial Chart Stone
天象列次分野之圖 刻石

14C
조선

직육면체의 돌에 천체의 형상을 새겨 놓은 것으로, 조선을 건국한 태조의 권위를 드러내고자 권근, 유방택 등이 만들었다.

서울 종로구 국립고궁박물관

W 122.5cm / H 211cm / D 12cm

창경궁 자격루 누기 1985

Clepsydra of Changgyeonggung Palace

昌慶宮 自擊漏 漏器

16C
조선

세종 16년 1434 장영실에 의해 처음 만들어지고, 중종 31년 1536 에 다시 제작되었다.
물의 흐름에 따라 일정 간격으로 시간을 알려주며 복원한 것은 국립고궁박물관에 있다.

서울 종로구 국립고궁박물관

H 196cm

230 혼천의 및 혼천시계 1985
Celestial Globe and Armillary Clock
渾天儀 및 渾天時計

17C
조선

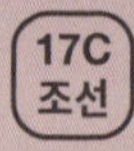

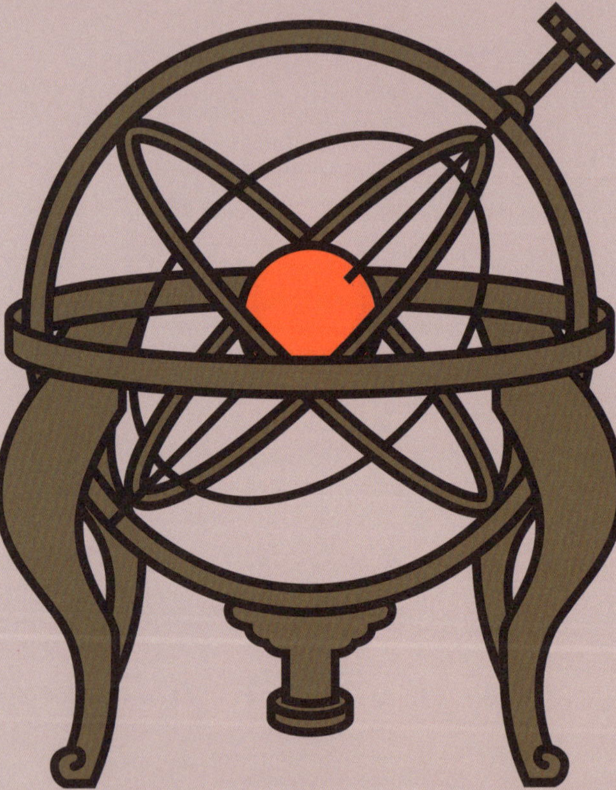

조선 현종 10년 1669 천문학 교수였던 송이영이 만든 천문 天文 시계이다.
조선시대에 만든 천문시계 중에서 유일하게 남아있는 유물이다.

서울 성북구 고려대학교박물관

H 99cm

231 **전 영암 거푸집 일괄** 1986

Bronze Age Moulds from Yeongam (Presumed)

傳 靈巖 鎔范一括

BC3 청동기

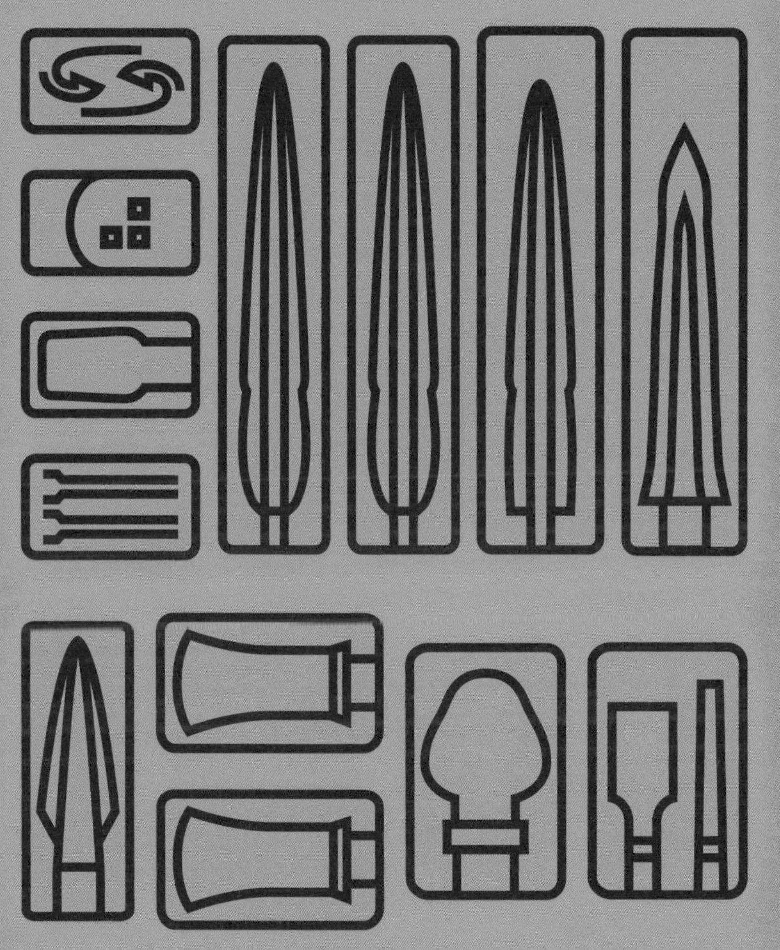

활석으로 만들어진 거푸집 **청동을 녹인 물을 붓는 틀** 으로,
전남 영암에서 발굴된 것으로 전해지고 있다.

서울 동작구 한국기독교박물관 **W 35cm**

232 이화 개국공신녹권 1986

Certificate of Meritorious Subject Issued to Yi Hwa

李和 開國功臣錄券

14C
조선

吏曹
賜給田地丁歸申
閑乙良戶曹奴婢花名申
閑乙良都官殿中寺丘史把領及入仕乙良兵
曹爲等如使內向事出納各掌官爲良如敎

공신녹권은 나라에 공이 있는 인물에게 공신으로 임명하는 증서로, 이 문서는 조선 태조 1년 1392 나라를 세우는 데 공을 세운 이화에게 내린 녹권이다.

전북 전주시 국립전주박물관

W 604.9cm / H 35.3cm

233

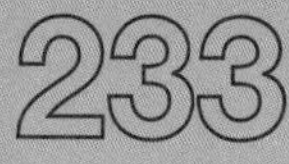

233-1 산청 석남암사지 석조비로자나불좌상 2016
Stone Seated Vairocana Buddha from Seongnamam Hermitage Site, Sancheong

山淸 石南巖寺址 石造毘盧遮那佛坐像

8C
통일신라

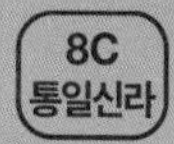

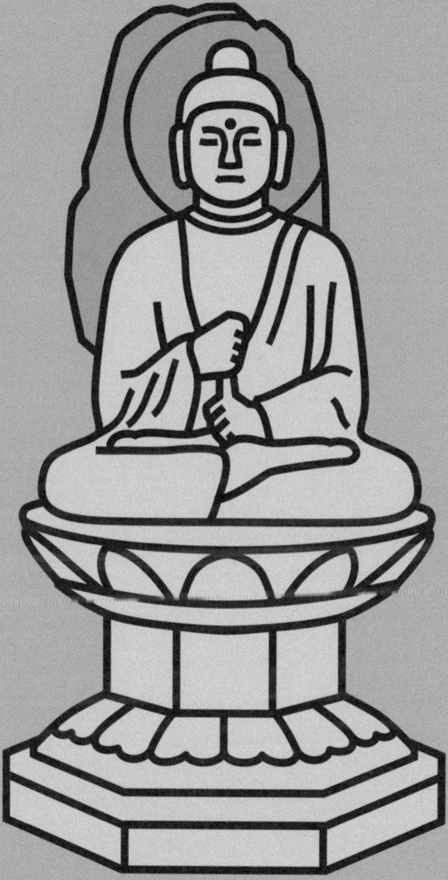

명문이 밝혀진 최초의 지권인 智拳印 비로자나불상으로서
도상적, 양식적으로 불교미술사 연구에 매우 귀중하고 획기적인 자료이다.

233-1 경남 산청군 덕산사

H 279cm

233-2 산청 석남암사지 석조비로자나불좌상 납석사리호 1986

8C
통일신라

Agalmatolite Reliquary from Seongnamam Hermitage Site, Sancheong (Presumed)

山淸 石南巖寺址 石造毘盧遮那佛坐像 蠟石舍利壺

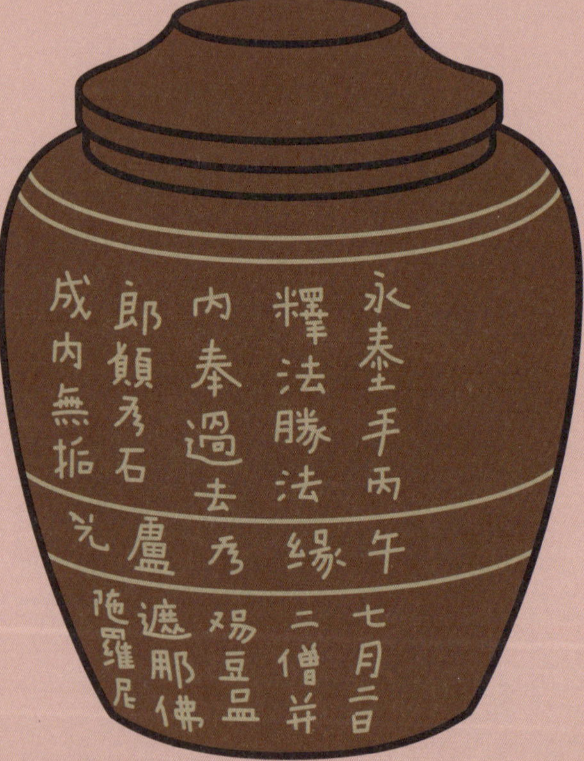

사리호 표면에 766년에 비로자나불상을 조성하여 석남암사에 봉안한다는 내용이 있어, 비로자나불상의 조성과 조각사 편년, 사상사 연구에 중요한 작품이다.

233-2 부산 남구 부산시립박물관

H 14.5cm

234 감지은니 묘법연화경 1986

14C
고려

Transcription of Saddharmapundarika Sutra (The Lotus Sutra) in Silver on Indigo Paper

紺紙銀泥 妙法蓮華經

묘법연화경은 줄여서 법화경 이라고 부르기도 하는데, 우리나라 천태종의 근본경전이다.
이 책은 후진의 구마라습 鳩摩羅什 이 번역한 것을 고려 충숙왕 17년 1330 에
이신기가 옮겨 쓴 것이다.

서울 용산구 국립중앙박물관

W 10.1cm / H 28.3cm

감지금니 대방광불화엄경보현행원품 1986

Transcription of Avatamsaka Sutra (The Flower Garland Sutra) in Gold on Indigo Paper

紺紙金泥 大方廣佛華嚴經普賢行願品

고려의 이야선불화 李也先不花 가 자신과 일가친족의 평안을 빌기 위해 간행한 것으로 보현행원품은 화엄경 가운데 깨달음의 세계로 들어가기 위한 방법을 보현보살이 설법한 부분이다.

서울 용산구 국립중앙박물관

W 9.6cm / H 26.4cm

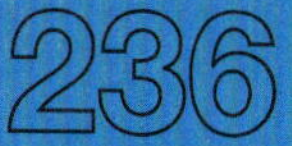

236 경주 장항리 서 오층석탑 1987

8C 통일신라

West Five-story Stone Pagoda in Janghang-ri, Gyeongju

慶州 獐項里 西 五層石塔

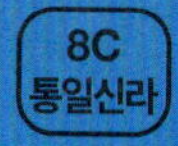

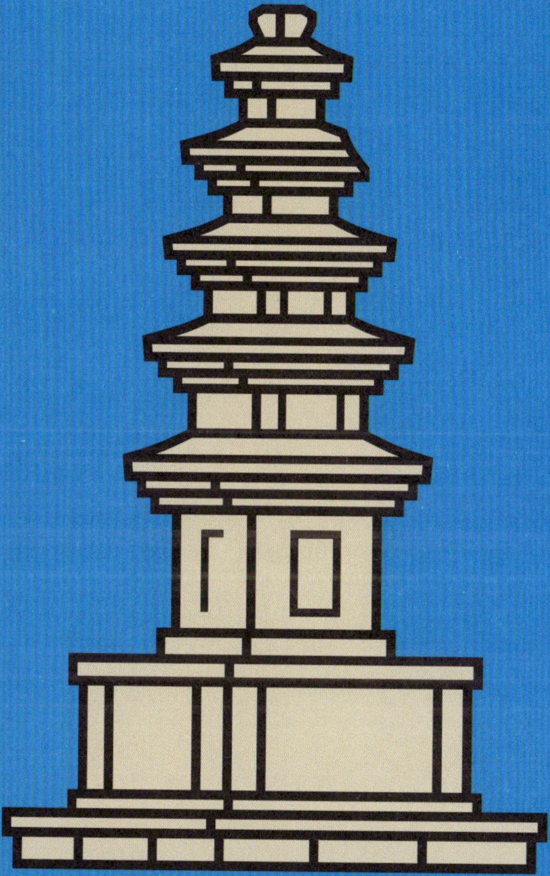

토함산 동쪽 기슭에 마련된 절터에 2단의 기단 基壇 위에 5층의 탑신 塔身 을 갖추고 있는 석탑이다.

경북 경주시 양북면

H 9.1m

237

고산구곡시화도 병풍 1987

Folding Screen of Gosan gugok sihwado
(Poems and Paintings of the Nine Scenic Valleys of Gosan)

高山九曲詩畵圖 屛風

19C
조선

1803년의 작품으로, 율곡 이이 **李珥, 1536-1584** 가 은거하던 황해도 고산의 아홉 경치를 궁중화가 및 문인들이 그림을 그린 후 문신들이 시를 적은 것을 모은 12폭 병풍이다.

서울 종로구 개인소장

W 562cm / H 138cm

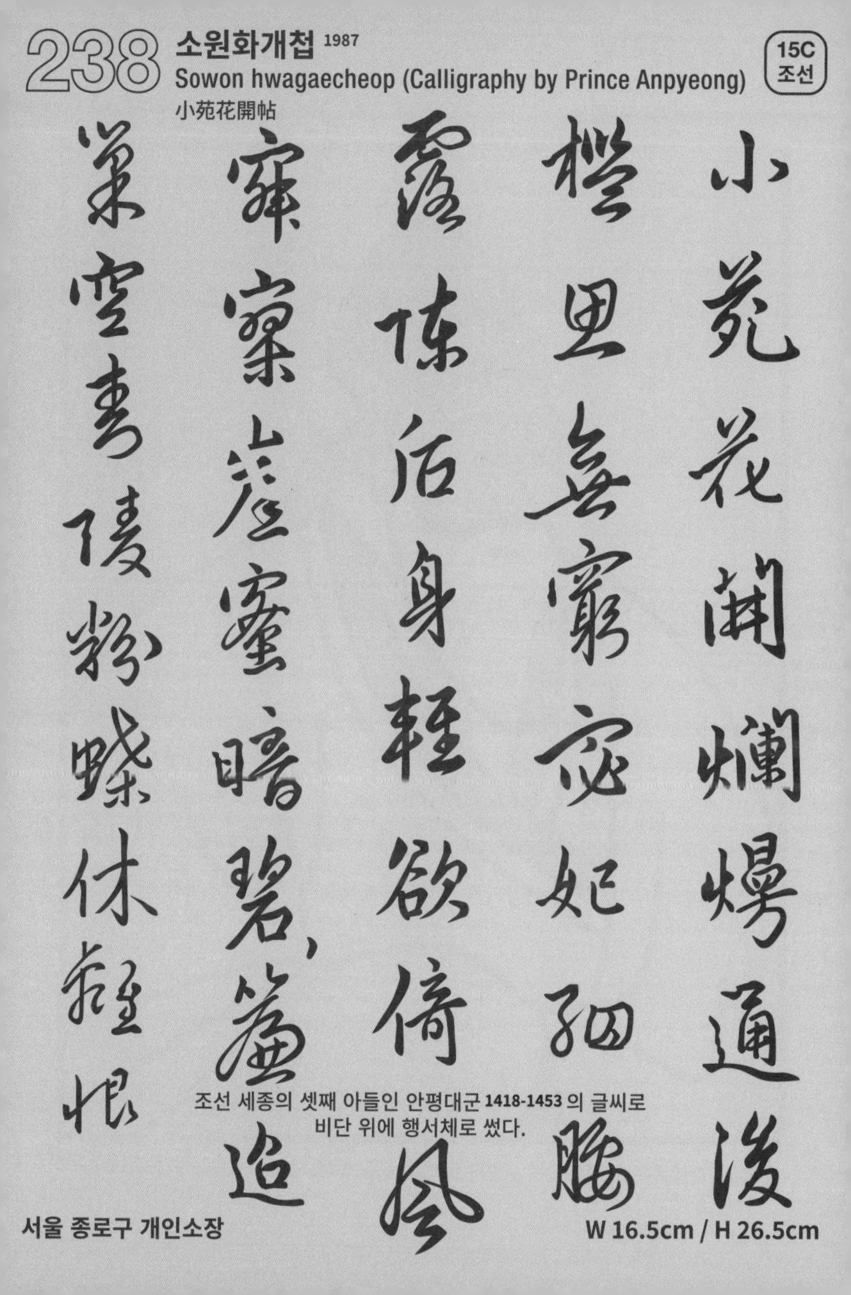

238 소원화개첩 1987

Sowon hwagaecheop (Calligraphy by Prince Anpyeong)

小苑花開帖

15C
조선

조선 세종의 셋째 아들인 안평대군 1418-1453 의 글씨로
비단 위에 행서체로 썼다.

서울 종로구 개인소장

W 16.5cm / H 26.5cm

239 송시열 초상 1987
Portrait of Song Si-yeol
宋時烈 肖像

17C
조선

조선 중기의 대표적인 유학자인 우암 송시열 1607-1689 의 초상화이다.

서울 용산구 국립중앙박물관

W 67.3cm / H 89.7cm

윤두서 자화상 1987
Self-portrait by Yun Du-seo
尹斗緖 自畫像

18C
조선

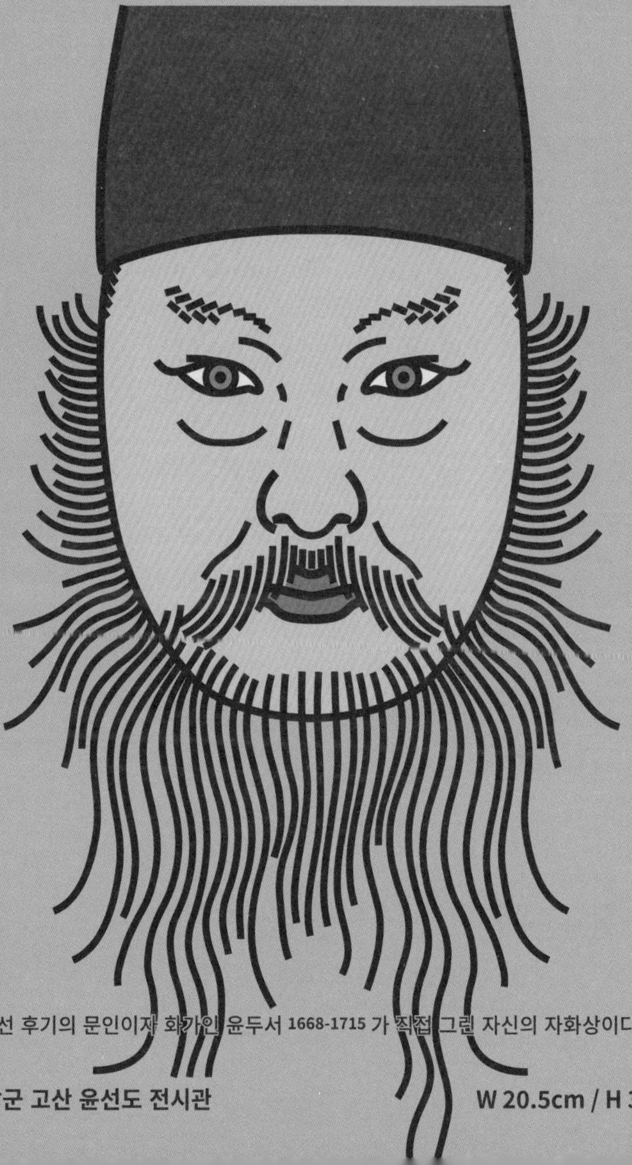

조선 후기의 문인이자 화가인 윤두서 1668-1715 가 직접 그린 자신의 자화상이다.

전남 해남군 고산 윤선도 전시관

W 20.5cm / H 38.5cm

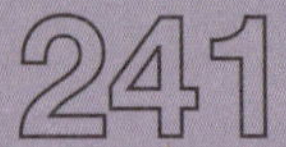

초조본 대반야바라밀다경 권249 1988

Maha prajnaparamita Sutra (Perfection of Transcendental Wisdom), the First Tripitaka Koreana Edition, Volume 249

初雕本 大般若波羅蜜多經 卷二百四十九

11C
고려

공 空 사상을 기본사상으로 하고 있는 경전으로 우리나라에서는 흔히 '반야심경'이라고 불린다. 거란의 침입을 극복하고자 만든 초조대장경 중 하나로, 대반야경 600권 가운데 249권이다.

서울 용산구 국립중앙박물관

W 49.5~51cm / H 29.1cm 크기가 23장 연결

울진 봉평리 신라비 1988

Silla Monument in Bongpyeong-ri, Uljin

蔚珍 鳳坪里 新羅碑

6C 신라

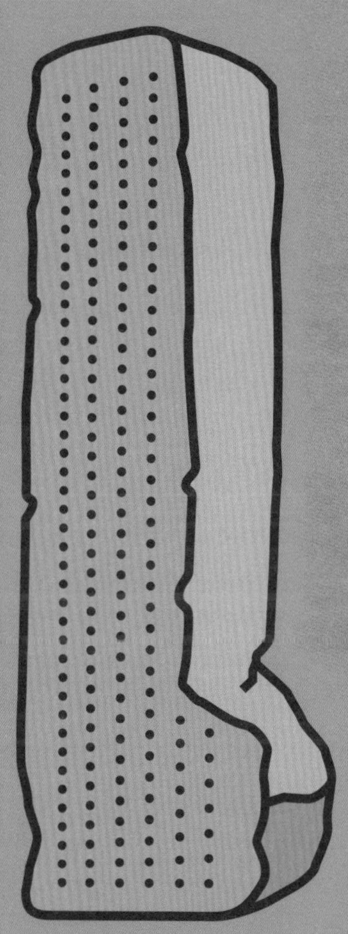

신라가 동북방면으로 진출하면서 건립한 비로, 법흥왕 재위 514-540 때의 율령반포와 육부제의 실시, 왕권의 실태 등을 파악할 수 있는 석비이다.

경북 울진군 죽변면

H 2.04m

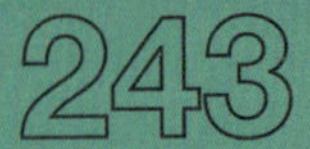

초조본 현양성교론 권11 1988

11C
고려

Prakaranaryavaca Sastra (Acclamation of the Holy Teaching), the First Tripitaka Koreana Edition, Volume 11

初雕本 顯揚聖敎論 卷十一

인도 무착보살이 지은 글을 당나라 현장이 번역하여 천자문의 순서대로 20권을 수록한 책으로, 고려대장경 가운데 처음 만든 본의 하나이다.

서울 용산구 국립중앙박물관

W 46.5cm / H 28.6cm

초조본 유가사지론 권17 1988

Yogacarabhumi Sastra (Discourse on the Stages of Yogic Practice), the First Tripitaka Koreana Edition, Volume 17

初雕本 瑜伽師地論 卷十七

11C
고려

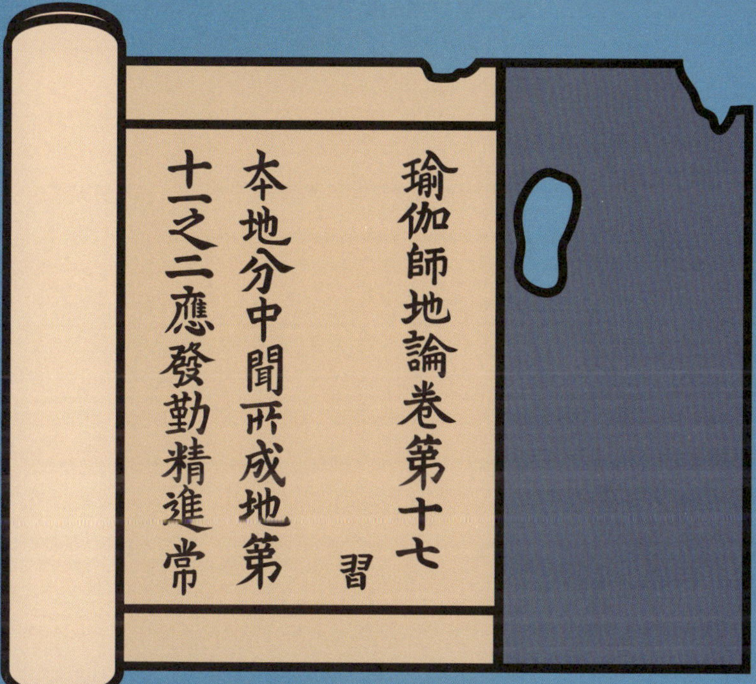

瑜伽師地論卷第十七 習
本地分中聞所成地第
十一之二應發勤精進常

유가사지론은 인도의 미륵보살이 지은 글을 당나라의 현장 602-664 이 번역하여 천자문의 순서대로 100권을 수록한 것으로, 11세기에 간행한 초조대장경 가운데 하나이다.

경기 용인시 명지대학교박물관

W 45cm / H 28.6cm

초조본 신찬일체경원품차록 권20 1988

Index of Tripitaka, the First Tripitaka Koreana Edition, Volume 20

初雕本 新纘一切經源品次錄 卷二十

11C 고려

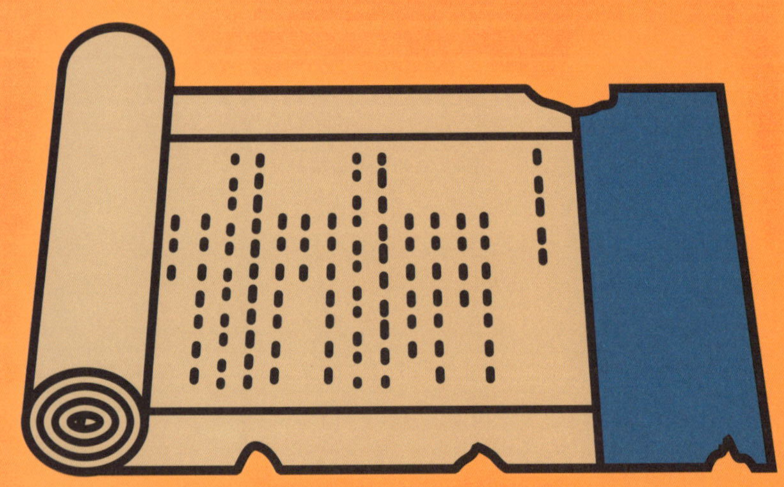

일체경원품차록은 당나라 종범이 정원석교대장록에 의거하여 여러 경권 經卷 을 대조하여 정리하고, 경명 經名 , 번역한 사람, 총지면수와 권질 그리고 각 경 經 의 차례를 권별로 시작하는 본문에 이어 종이수, 행수를 자세히 차례대로 적어 30권으로 편입시킨 것이다.

서울 용산구 국립중앙박물관

초조본 대보적경 권59 1988

Maharatnakuta Sutra (Sutra of the Great Accumulation of Treasures), the First Tripitaka Koreana Edition, Volume 59

初雕本 大寶積經 卷五十九

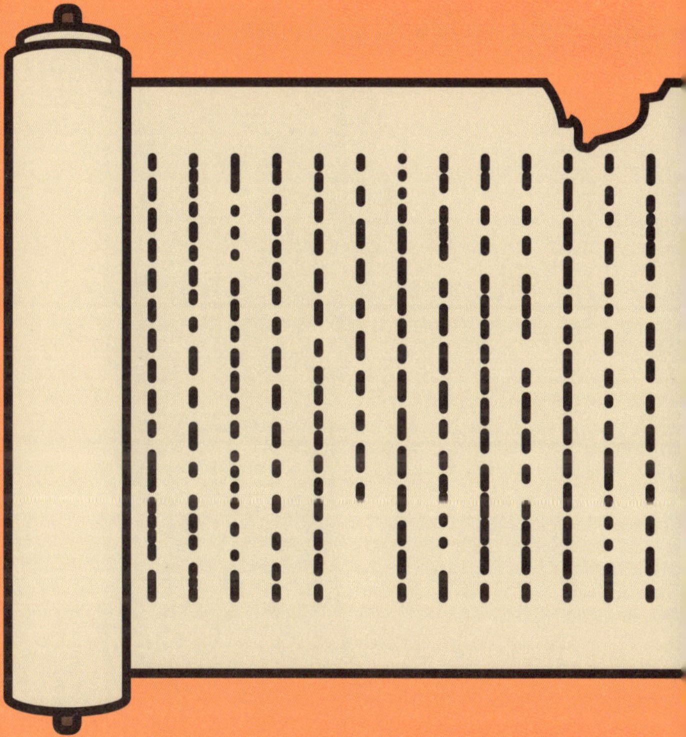

11C 고려

대보적경은 대승불교의 여러 경전을 한데 묶어 정리한 것으로, 보살이 여러가지 수행방법을 통해서 불법을 터득하고 깨달음을 얻어 마침내 부처가 되어야 함을 강조하고 있다.

서울 용산구 국립중앙박물관

W 47cm / H 30cm 크기가 23장 연결

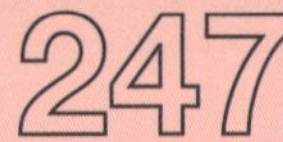

공주의당금동보살입상 1989

Gilt-bronze Standing Bodhisattva from Uidang-myeon, Gongju

公州儀堂金銅菩薩立像

7C
백제

1974년 충남 공주 의당 송정리의 한 절터에서 출토된 보살상으로,
7세기 백제 때의 작품으로 추정된다.

충남 공주시 국립공주박물관

H 25cm

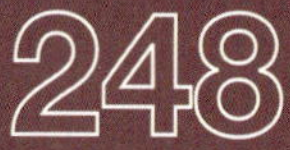

248 조선방역지도 1989

Joseon Bangyeok Jido (Map of the Korean Territory)

朝鮮方域之圖

16C 조선

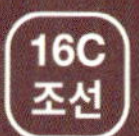

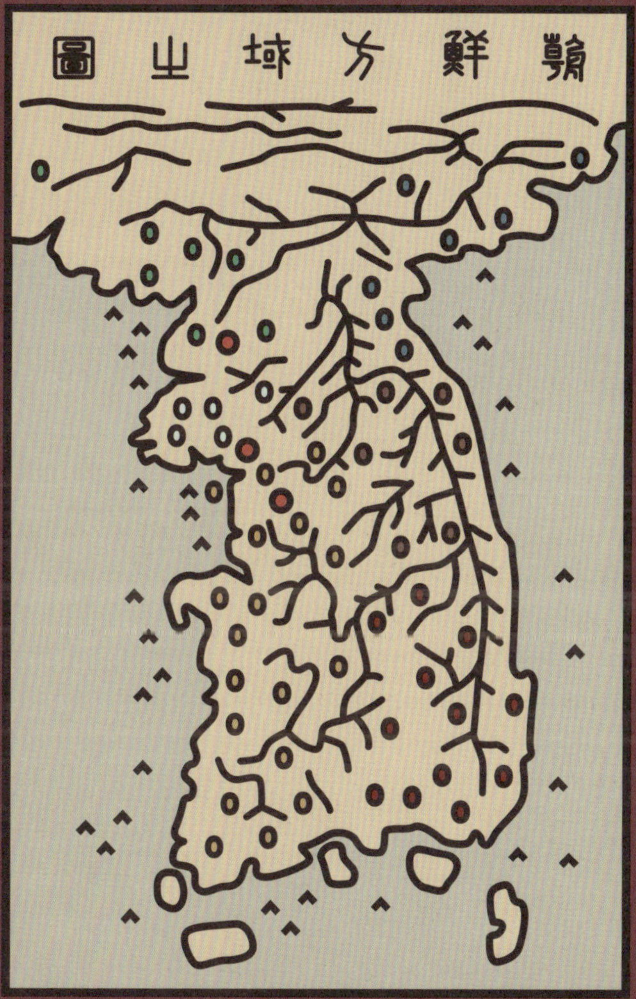

조선 전기에 제작된 우리나라 지도로
명종 12년·13년 1557-1558 경에 제작되었다고 추정된다.

경기 과천시 국사편찬위원회

W 61cm / H 132cm

249 동궐도 1989, 1995

Dongwoldo (The Eastern Palaces)

東闕圖

249-1 서울 성북구 고려대학교박물관 W 576cm / H 273cm

249-2 부산 서구 동아대학교박물관 W 561cm / H 273.5cm

본궁인 경복궁 동쪽에 있는 창덕궁과 창경궁을 그린 궁궐그림이다.
순조 30년 1830 이전에 도화서 화원들이 그린 것으로 추정된다.

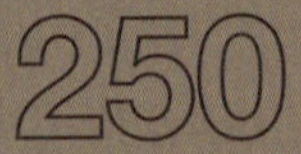

250 이원길 개국원종공신녹권 1989

14C
조선

Certificate of Meritorious Subject Issued to Yi Won-gil

李原吉 開國原從功臣錄券

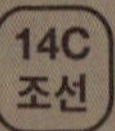

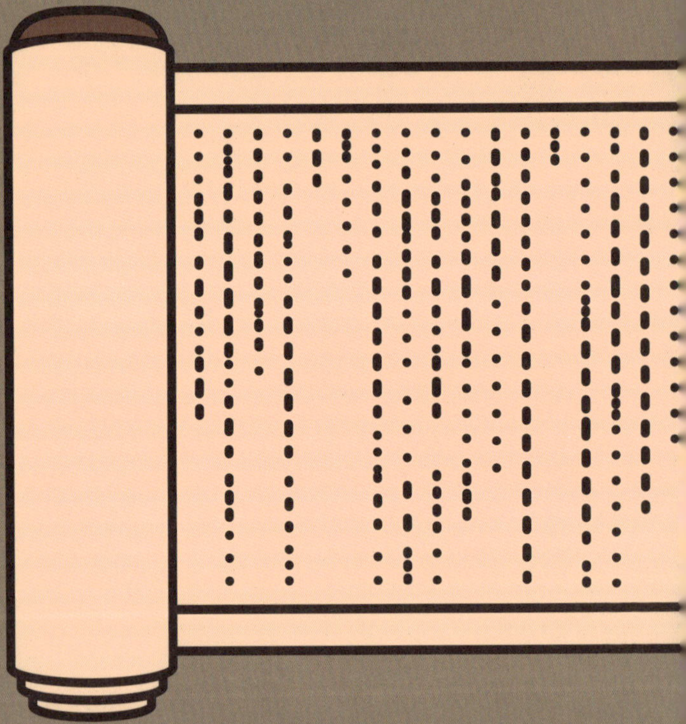

공신녹권은 나라에 공이 있는 인물에게 공신으로 임명하는 증서로,
이 녹권은 조선 태조 4년 1395 이원길에게 발급된 원종공신록권이다.

서울 서대문구 (재)현담문고

W 372cm / H 30.4cm

251 초조본 대승아비달마잡집론 권14 1989

11C 고려

Mahayana abhidharma samucchaya vyakhya (Collection of the Mahayana Abhidharma), the First Tripitaka Koreana Edition, Volume 14

初雕本 大乘阿毗達磨雜集論 卷十四

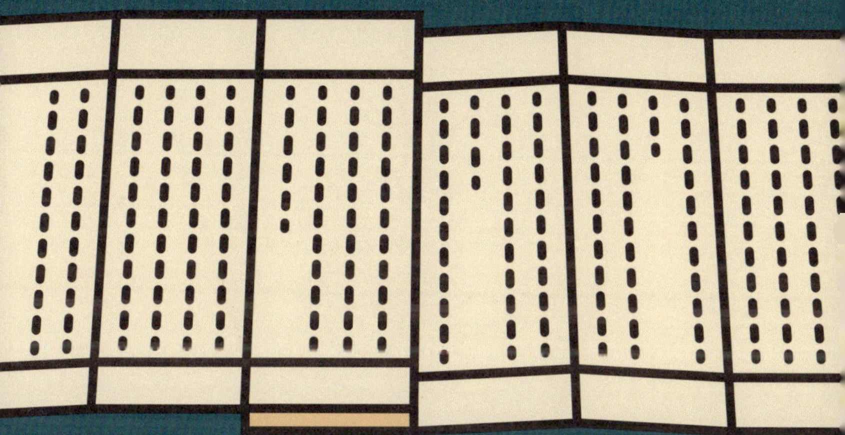

고려 현종 때 만들어진 초조대장경의 일부로, 당나라 현장이 번역한 것이다.
대승아비달마잡집론은 부처님의 지혜를 체계적으로 설명하는 책이다.

서울 서대문구 (재)현담문고

W 12.2cm / H 31cm

청자 음각'효문'명 연화문 매병 1990

12C 고려

Celadon Prunus Vase with Incised Lotus Design and Inscription of "Hyomun"

青磁 陰刻'孝文'銘 蓮花文 梅甁

고려시대의 전형적인 매병으로 팽배하게 벌어진 어깨가
부드럽게 흘러내린 균형 잡힌 모습을 보이고 있다.

서울 용산구 리움미술관

H 27.7cm

253 청자 양각연화당초상감모란문 은테 발 1990

Celadon Bowl with Silver Lip, Lotus and Scroll Design in Relief, and Inlaid Peony Design

青磁 陽刻蓮花唐草象嵌牡丹文 銀테 鉢

고려시대에 만든 청자대접으로 아가리 언저리에 은테두리가 있다.
안쪽과 바깥 면에 서로 다른 기법으로 새기는 방식을 보여 주고 있다.

서울 용산구 국립중앙박물관

H 7.7cm / Ø 18.7cm

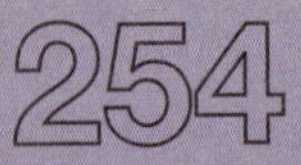

254 **청자 음각연화문 유개매병** 1990

Celadon Lidded Prunus Vase with Incised Lotus Design

青磁 陰刻蓮花文 有蓋梅甁

12C 고려

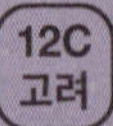

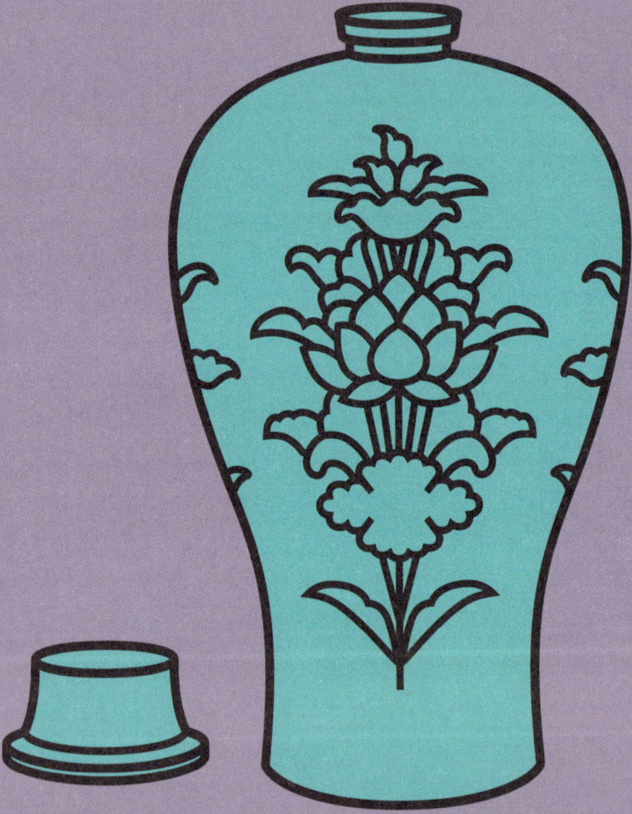

고려시대 만들어진 청자 유개매병으로 뚜껑과
몸체를 한 벌로 갖춘 유일한 것이다.

서울 서초구 개인소장

H 43cm

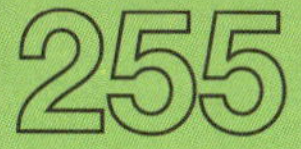

255 전 덕산 청동방울 일괄 1990

Bronze Bells from Deoksan (Presumed)

傳 德山 青銅鈴一括

BC3
청동기

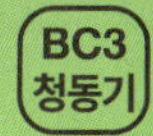

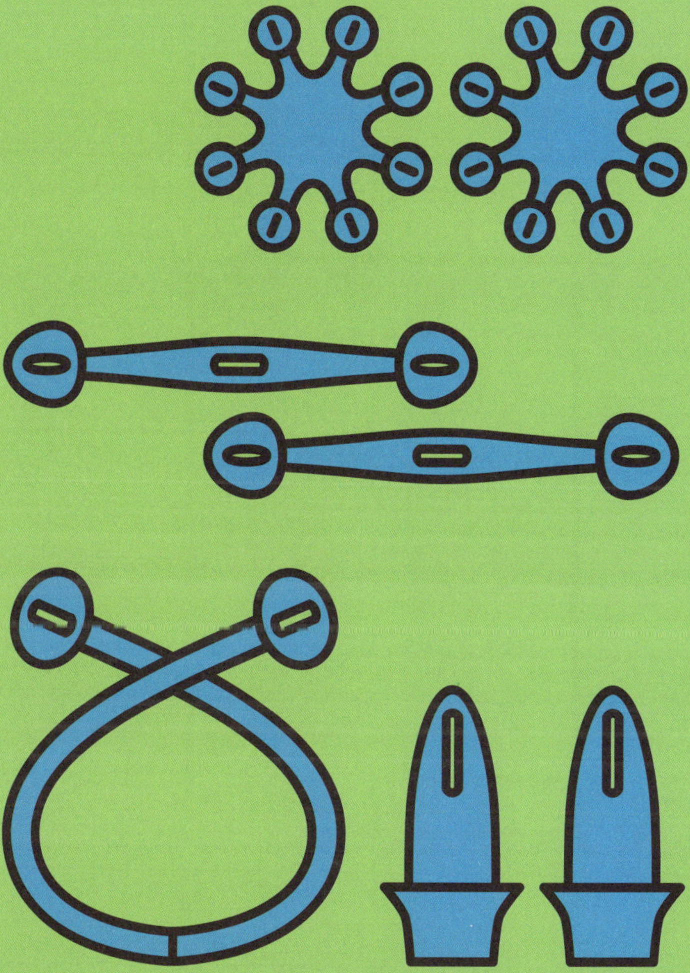

충남 예산에 있는 흥선 대원군 부친의 무덤 근처 구릉에서 출토된 청동 방울들이다.

서울 용산구 국립중앙박물관

팔주령 W 14.4cm

256 초조본 대방광불화엄경 주본 권1 1990

11C
고려

Avatamsaka Sutra (The Flower Garland Sutra), Zhou Version, the First Tripitaka Koreana Edition, Volume 1

初雕本 大方廣佛華嚴經 周本 卷一

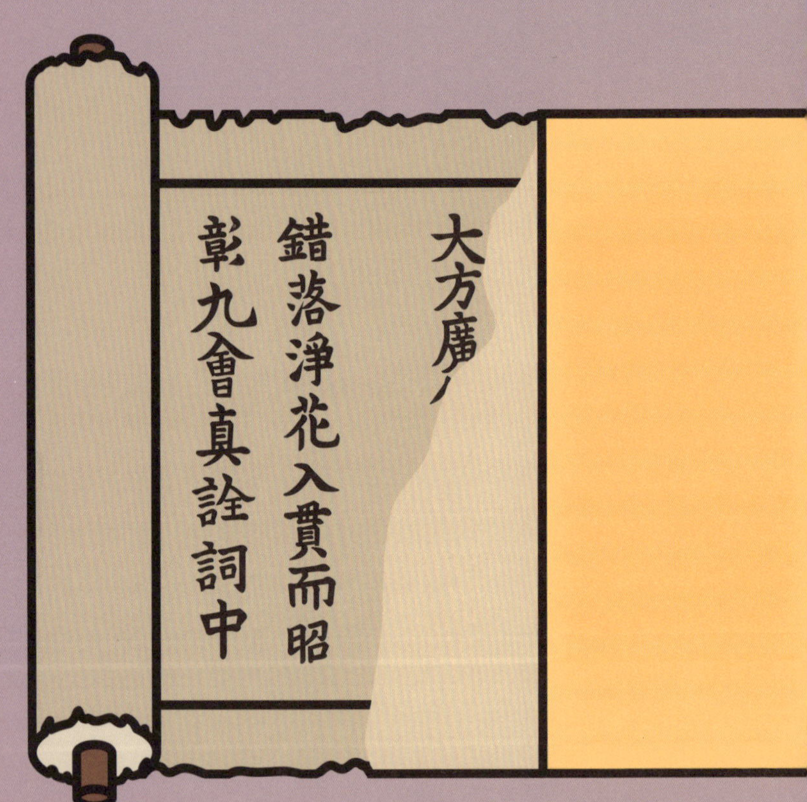

대방광불화엄경은 줄여서 화엄경이라고 부르기도 하며, 부처와 중생이 둘이 아니라 하나라는 것을 기본 사상으로 하고 있다. 우리나라에 전해지는 초조본 대방광불화엄경 중 유일한 권 제1로, 11세기경에 찍어낸 초조대장경의 모습을 살펴볼 수 있다.

경기 용인시 경기도박물관

W 1223.5cm / H 28.5cm

257 초조본 대방광불화엄경 주본 권29 1990

Avatamsaka Sutra (The Flower Garland Sutra), Zhou Version, the First Tripitaka Koreana Edition, Volume 29

初雕本 大方廣佛華嚴經 周本 卷二十九

11C 고려

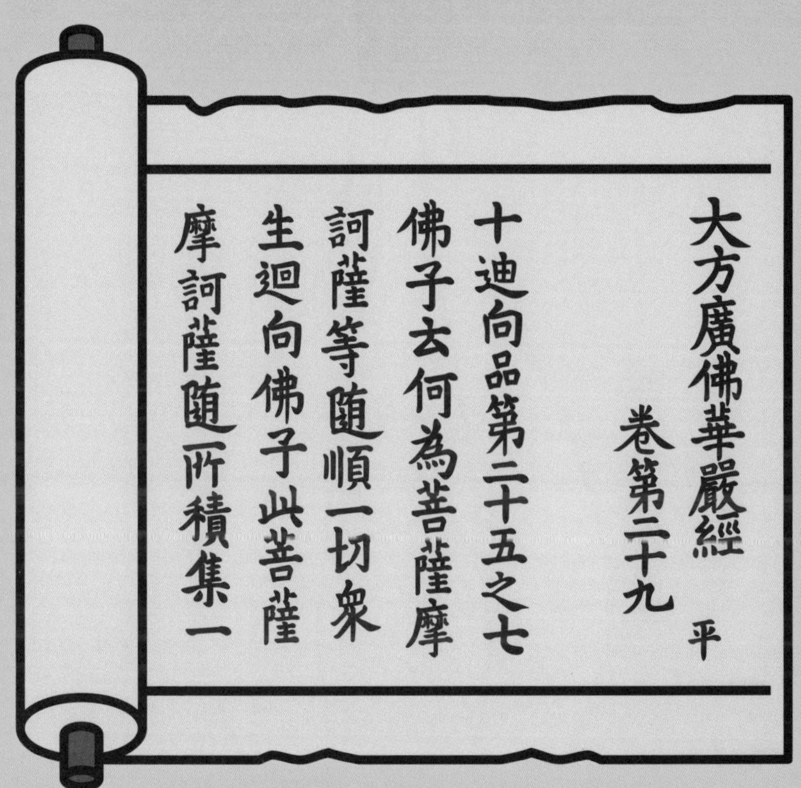

고려 현종 때 재위 1011-1031 부처님의 힘으로 거란의 침입을 극복하고자 만든 초조대장경 가운데 하나로, 당나라 실차난타 實叉難陀 가 번역한 80권 중 권 제 29이다.

충북 단양군 불교천태중앙박물관

W 891cm / H 28.5cm

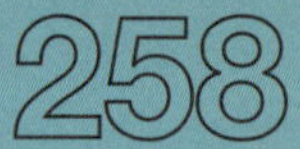

258 백자 청화죽문 각병 1991

White Porcelain Octagonal Bottle with Bamboo Design in Underglaze Cobalt Blue

白磁 靑畵竹文 角甁

18C
조선

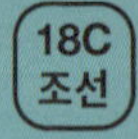

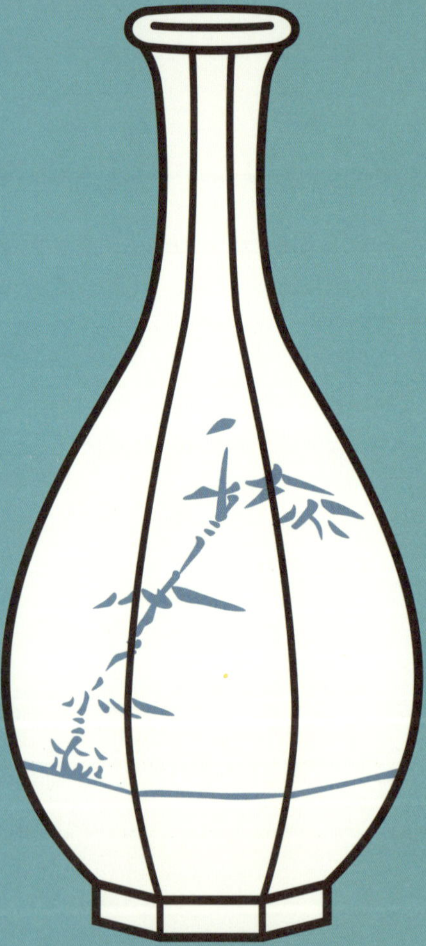

조선시대 만들어진 백자로 몸통 전체를
모깎기 방법을 사용하여 8각의 모를 이룬 병이다.

서울 용산구 국립중앙박물관

H 40.6cm

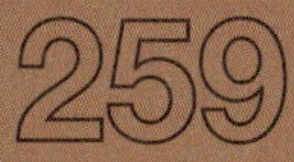

259 분청사기 상감운룡문 항아리 1991

Buncheong Jar with Inlaid Cloud and Dragon Design

粉靑沙器 象嵌雲龍文 立壺

15C
조선

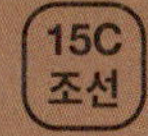

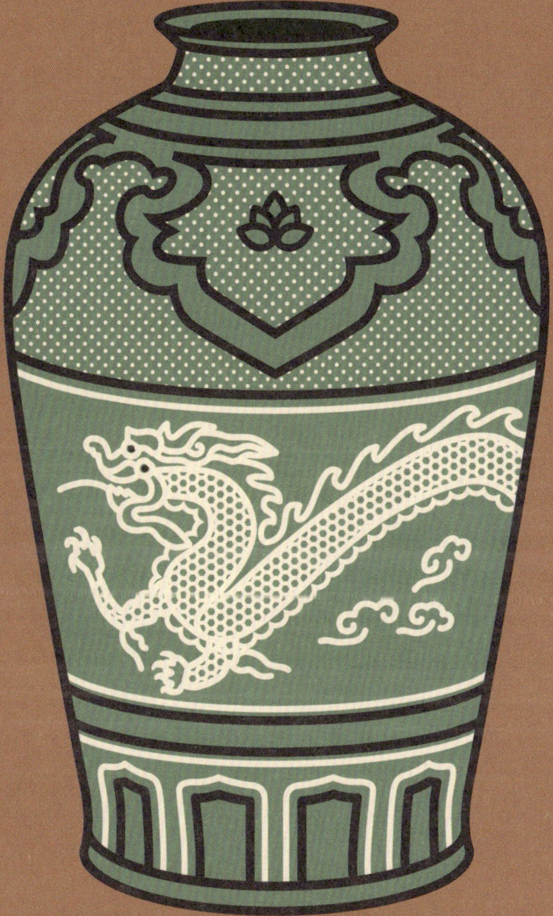

15세기 전반 조선 분청사기 항아리의 전형으로,
안정된 형태와 용 문양 표현이 뛰어나다.

서울 용산구 국립중앙박물관

H 49.7cm

분청사기 박지철채모란문 자라병 1991

Buncheong Turtle-shaped Bottle with Sgraffito Peony Design in Underglaze Iron

粉青沙器 剝地鐵彩牡丹文 扁甁

조선시대 분청사기 병으로 자라와 비슷한 모양을 하고 있는 용기이다.
박지기법 백토로 분장한 뒤에 무늬 이외의 지면을 긁어내는 방법 과 검은 색 안료의 사용이 조화롭다.

서울 용산구 국립중앙박물관

H 9.4cm / Ø 24.1cm

261 백자 유개항아리 1991

White Porcelain Lidded Jar

白磁 有蓋壺

15C
조선

조선 전기의 뛰어난 품격의 백자 항아리로
뚜껑에는 연꽃봉오리모양의 손잡이가 달려있다. 큰 것과 작은 것 두 개이다.

서울 용산구 리움미술관

대 H 34cm, 소 H 12.5cm

262 백자 달항아리 1991

White Porcelain Moon Jar

白磁 壺

18C
조선

조선시대 백자의 특징인 온화한 백색과 유려한 곡선,
넉넉하고 꾸밈없는 형태를 고루 갖춘 항아리이다.

경기 용인시 용인대학교박물관

H 49cm

263 백자 청화산수화조문 항아리 1991

18C
조선

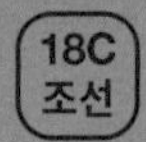

White Porcelain Jar with Landscape, Flower and Bird Design in Underglaze Cobalt Blue

白磁 靑畵山水花鳥文 立壺

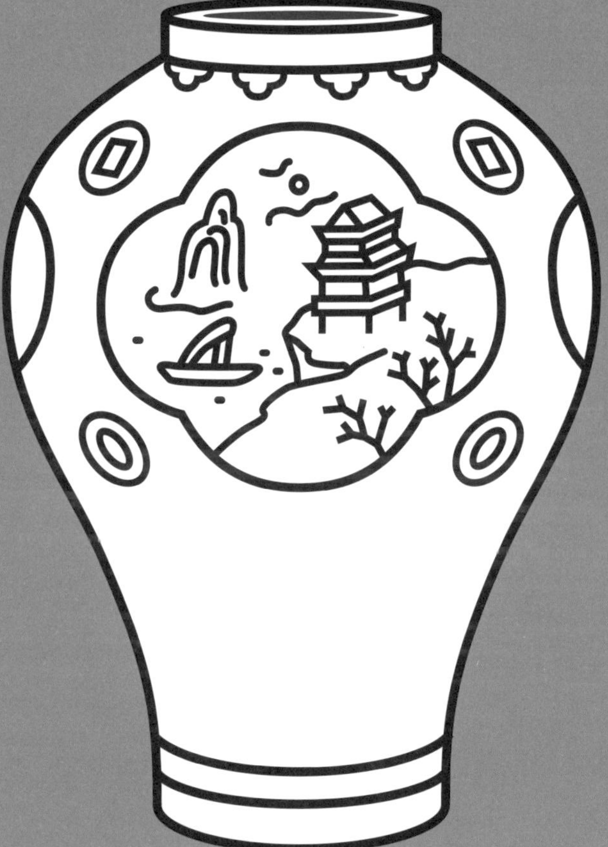

조선 후기에 만들어진 이 무렵 대표적인 백자 항아리로,
형태가 뛰어나고 청화 안료로 그려진 문양들이 우수하다.

경기 용인시 용인대학교박물관

H 54.8cm

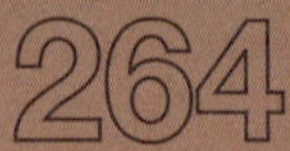

264 **포항 냉수리 신라비** 1991

Sillabi Monument in Naengsu-ri, Pohang

浦項 冷水里 新羅碑

6C
신라

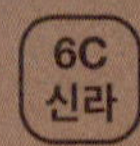

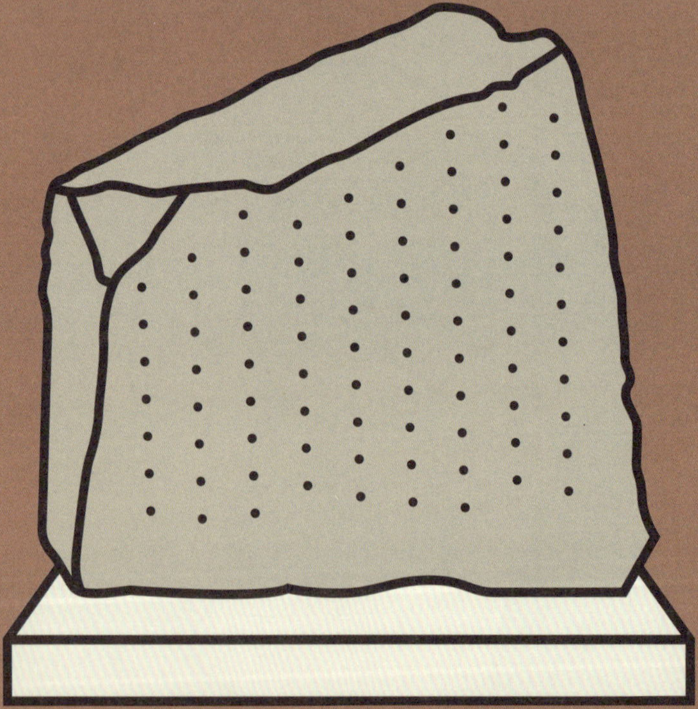

비문은 절거리 節居利 라는 인물의 재산소유와 유산상속문제를
결정한 사실을 기록해 놓은 것으로, 공문서의 성격을 띠고 있다.

경북 포항시 신광면사무소

H 67cm

265 초조본 대방광불화엄경 주본 권13 1991

Avatamsaka Sutra (The Flower Garland Sutra), Zhou Version, the First Tripitaka Koreana Edition, Volume 13

初雕本 大方廣佛華嚴經 周本 卷十三

대방광불화엄경은 줄여서 화엄경이라고 부르며, 화엄종의 근본경전이다.
11세기에 간행된 것으로 몽골의 침입 1232 이후에 만든
해인사의 팔만대장경보다 이전 시기의 초조대장경이다.

서울 종로구 개인소장

W 46.3cm / H 28.5cm 크기가 24장 연결

초조본 대방광불화엄경 주본 권2,75 1991

12C
고려

Avatamsaka Sutra (The Flower Garland Sutra), Zhou Version, the First Tripitaka Koreana Edition, Volumes 2 and 75

初雕本 大方廣佛華嚴經 周本 卷二, 七十五

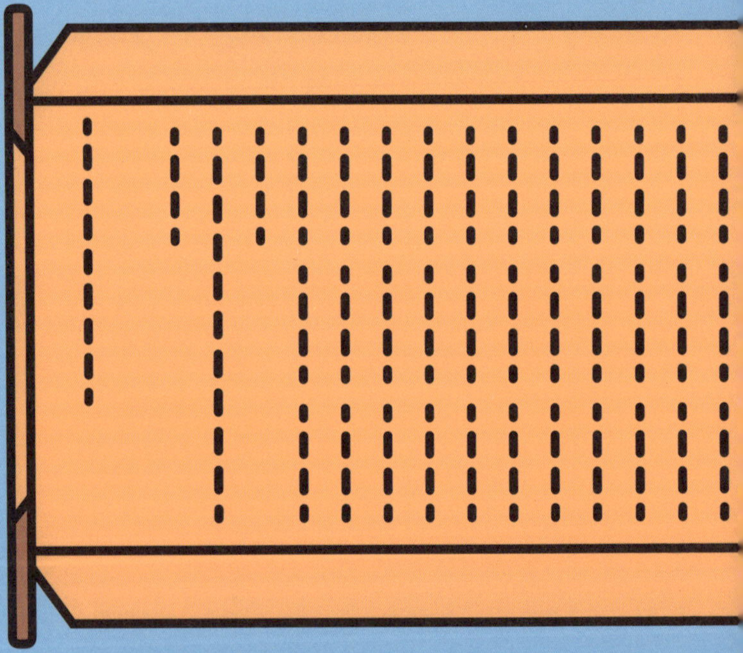

대방광불화엄경은 줄여서 화엄경이라고 부르며, 화엄종의 근본경전이다.
12세기에 찍어낸 것으로 추정되며 닥나무종이에 찍은 목판본으로
종이를 이어붙여 두루마리처럼 만들었다.

서울 관악구 호림박물관

권2 W 46.5cm / H 28.7cm, 권75 W 46.1 / H 29.8

267 초조본 아비달마식신족론 권12 1991

12C
고려

Abhidharma vijnana kaya pada Sastra (Discourse on Consciousness Body), the First Tripitaka Koreana Edition, Volume 12

初雕本 阿毗達磨識身足論 卷十二

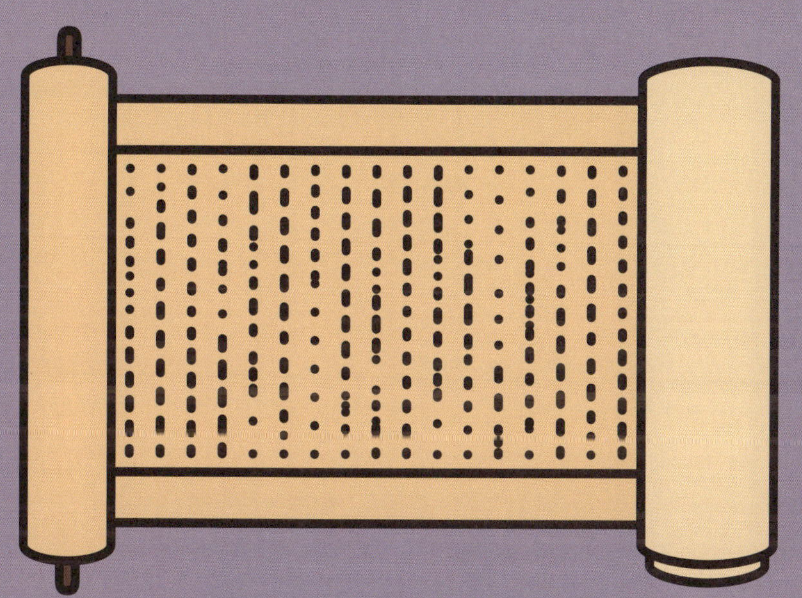

초조대장경은 고려 현종 재위 1011-1031 때 부처님의 힘으로
거란의 침입을 극복하고자 만든 것이다.
이후에 만든 해인사대장경과는 글자 수나 약자 사용 등에서 차이점이 있다.

서울 관악구 호림박물관

W 46.5cm / H 29.5cm 크기가 26장 연결

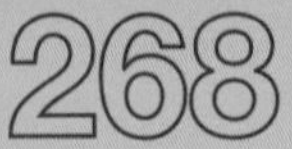

268 초조본 아비담비파사론 권11, 17 1991

12C 고려

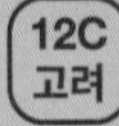

Abhidharma vibhasa Sastra (Explanatory of the Abhidharma), the First Tripitaka Koreana Edition, Volumes 11 and 17

初雕本 阿毗曇毗婆沙論 卷十一, 十七

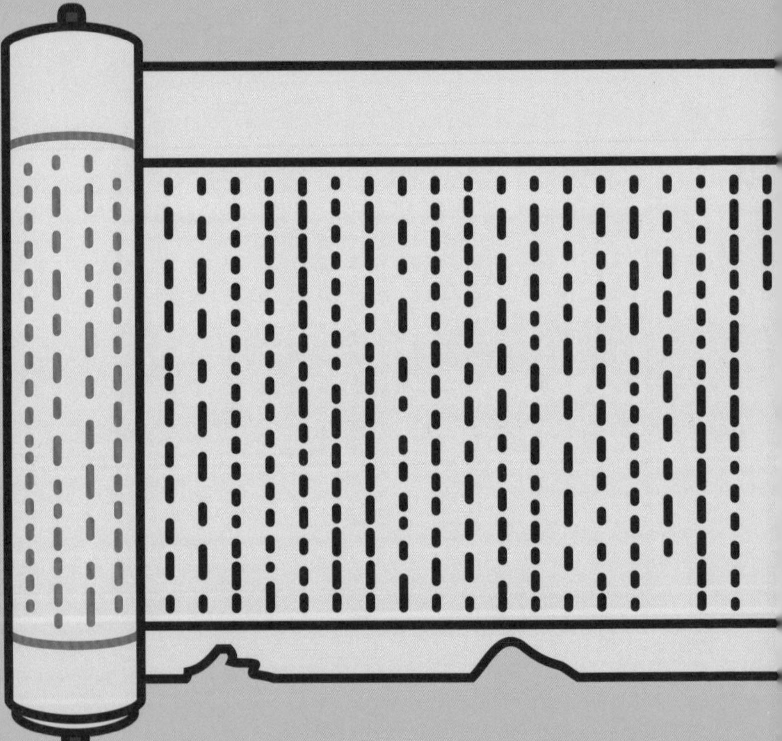

부처님의 지혜를 담은 책으로 12세기에 인쇄된 것으로 추정된다.
초조대장경은 고려 현종 재위 1011-1031 때 부처님의 힘으로
거란의 침입을 극복하고자 만든 것이다.

서울 관악구 호림박물관

권11 W 47.8cm / H 28.9cm 크기가 37장 연결
권17 W 47.4cm / H 29.7cm 크기가 37장 연결

초조본 불설최상근본대락금강불공삼매대교왕경 권6 1991

Ardhasatika prajnaparamita Sutra, the First Tripitaka Koreana Edition, Volume 6

初雕本 佛說最上根本大樂金剛不空三昧大敎王經 卷六

12C
고려

초조대장경은 고려 현종 재위 1011-1031 때 부처님의 힘으로
거란의 침입을 극복하고자 만든 것이다.
이후에 만든 해인사대장경과는 글자 수나 약자 사용 등에서 차이점이 있다.

서울 관악구 호림박물관

W 47.1cm / H 29.8cm 크기가 24장 연결

270 청자 모자원숭이모양 연적 1992

Celadon Water Dropper in the Shape of Mother and Baby Monkeys

青磁 母子猿形 硯滴

12C
고려

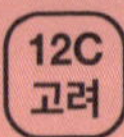

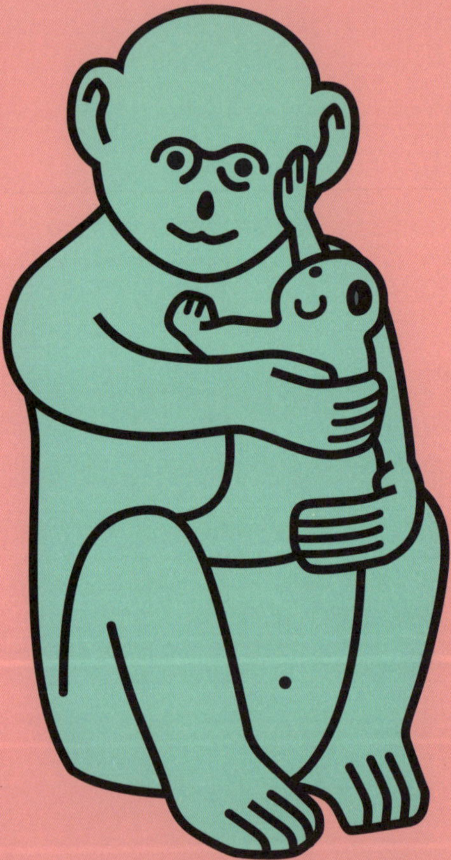

고려시대에 만들어진 어미와 새끼원숭이 모양의 청자 연적이다.

서울 성북구 간송미술관

H 10cm

271 초조본 현양성교론 권12 1992

11C
고려

Prakaranaryavaca Sastra (Acclamation of the Holy Teaching), the First Tripitaka Koreana Edition, Volume 12

初雕本 顯揚聖敎論 卷十二

11세기에 간행된 것으로 몽골의 침입 1232 이후에 만든 해인사의 팔만대장경보다 이전 시기의 초조대장경이다. 간행 당시의 표지, 권을 그대로 지니고 있다.

서울 용산구 국립중앙박물관

W 45.8cm / H 28.6cm

272 초조본 유가사지론 권32 1992

11C
고려

Yogacarabhumi Sastra (Discourse on the Stages of Yogic Practice), the First Tripitaka Koreana Edition, Volume 32

初雕本 瑜伽師地論 卷三十二

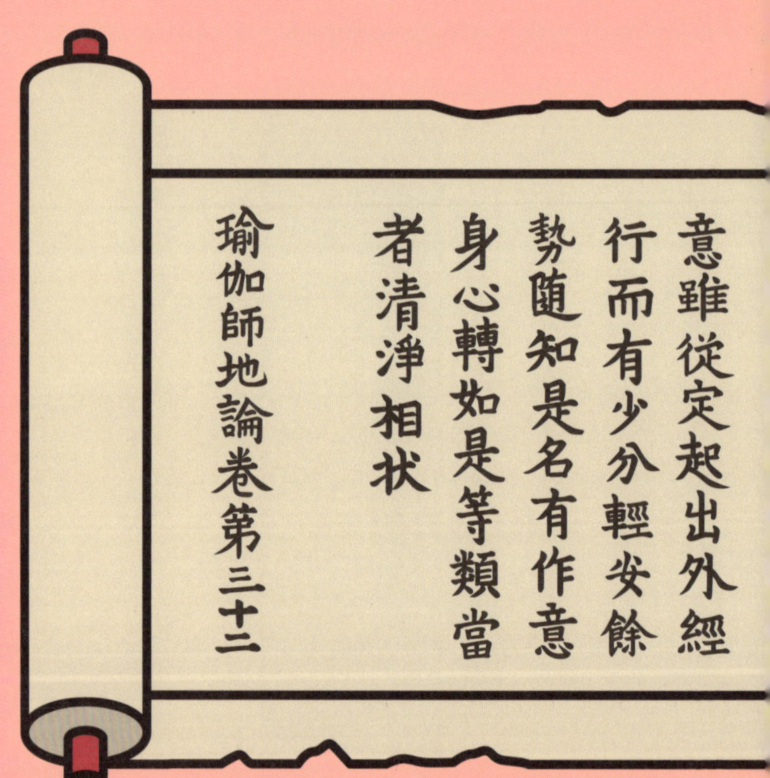

유가사지론은 인도의 미륵보살이 지은 글을 당나라의 현장 602-664 이 번역하여 천자문의 순서대로 100권을 수록한 것으로, 11세기에 간행한 초조대장경 가운데 하나이다. 이것은 100권 가운데 제32권으로, 처음 새긴 본이다.

서울 용산구 국립중앙박물관

W 44.8cm / H 28.8cm

273 초조본 유가사지론 권15 1992

Yogacarabhumi Sastra (Discourse on the Stages of Yogic Practice), the First Tripitaka Koreana Edition, Volume 15

初雕本 瑜伽師地論 卷十五

11C
고려

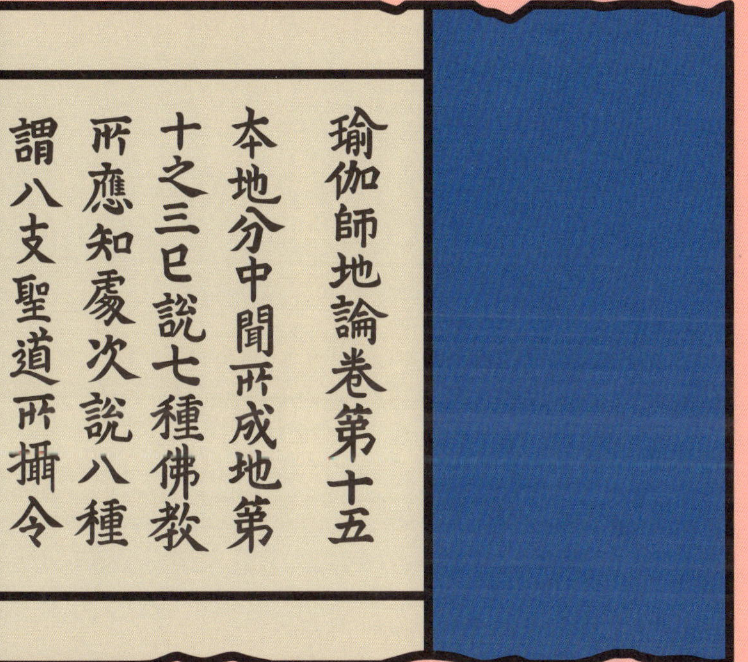

이 책은 100권 가운데 제15권으로, 처음 새긴 본이다.

서울 용산구 국립중앙박물관

W 47.6cm / H 28.6cm

275 도기 기마인물형 뿔잔 1993

Earthenware Horn Cup in the Shape of a Warrior on Horseback

陶器 騎馬人物形 角杯

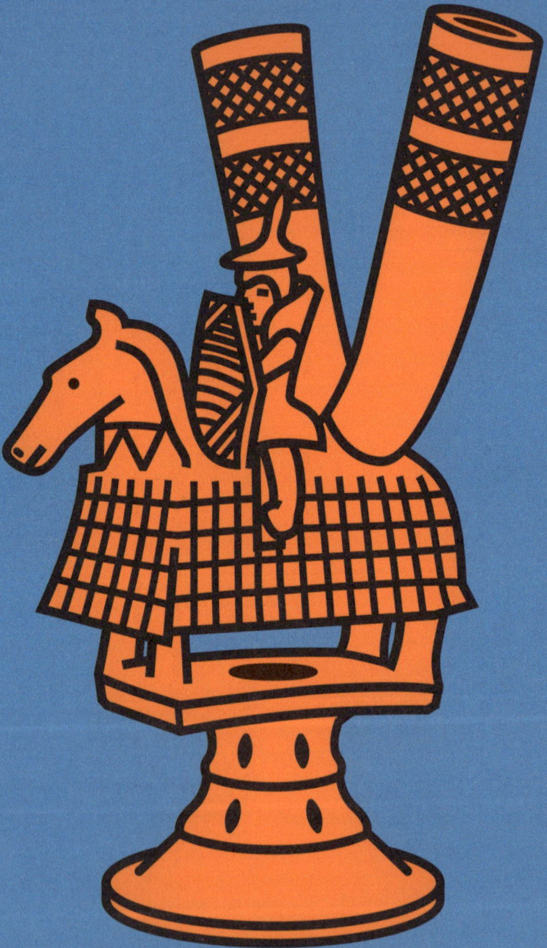

삼국시대 것으로 생각되며 말을 타고 있는 사람의 모습을 한 인물형 토기이다.
가야의 말갖춤 마구 과 무기연구에 귀중한 자료로 평가된다.

경북 경주시 국립경주박물관

H 23.2cm

276 초조본 유가사지론 권53 1993

Yogacarabhumi Sastra (Discourse on the Stages of Yogic Practice), the First Tripitaka Koreana Edition, Volume 53

初雕本 瑜伽師地論 卷五十三

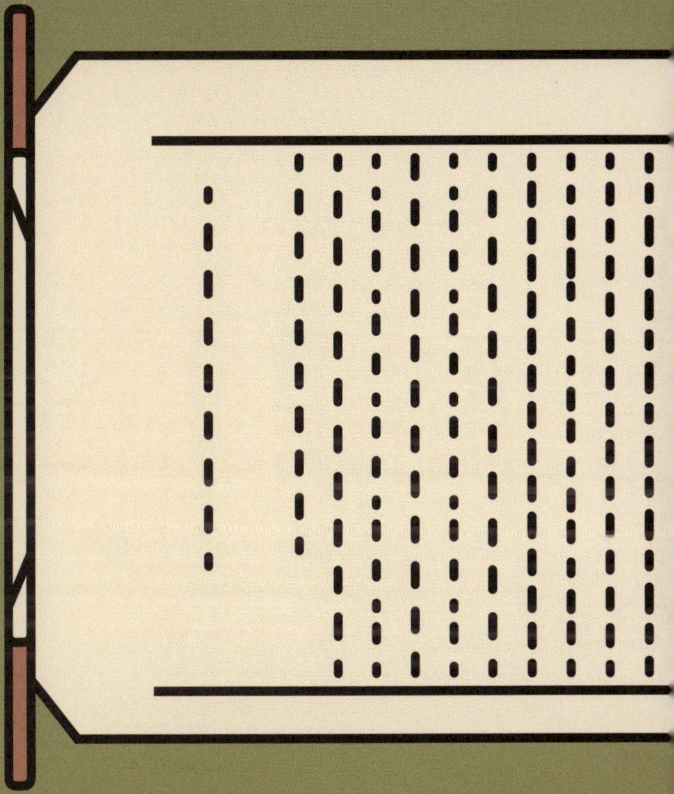

11세기에 간행한 초조대장경 가운데 하나이다.
이 본은 100권 가운데 53권이다.

인천 연수구 가천박물관

W 48cm / H 28.4cm

277 초조본 대방광불화엄경 주본 권36 1993

11C
고려

Avatamsaka Sutra (The Flower Garland Sutra), Zhou Version, the First Tripitaka Koreana Edition, Volume 36

初雕本 大方廣佛華嚴經 周本 卷三十六

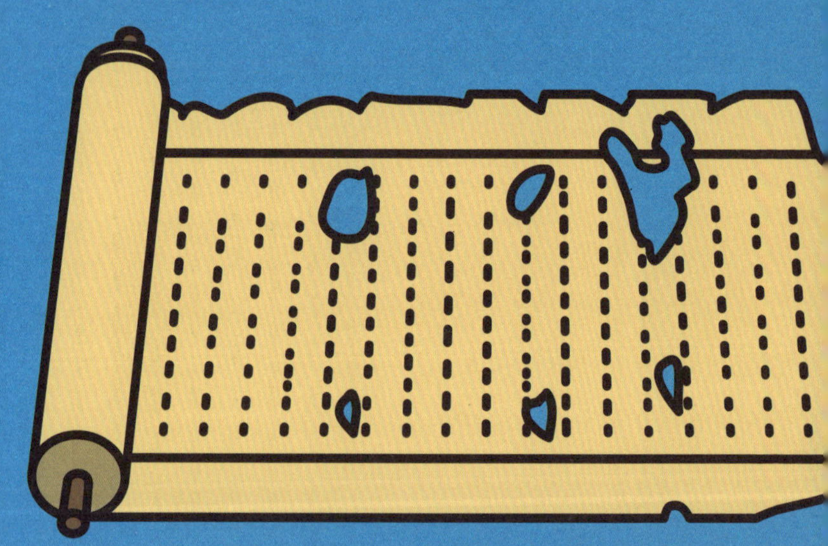

대방광불화엄경은 줄여서 화엄경이라고 부르며,부처와 중생이 둘이 아니라 하나라는 화엄종의 근본경전이다. 11-12세기에 간행된 초조대장경이다.

강원 원주시 뮤지엄 산

W 891cm / H 28.5cm

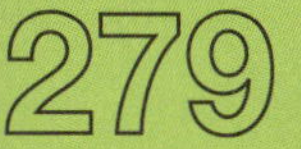

279 초조본 대방광불화엄경 주본 권74 1993

11C
고려

Avatamsaka Sutra (The Flower Garland Sutra), Zhou Version, the First Tripitaka Koreana Edition, Volume 74

初雕本 大方廣佛華嚴經 周本 卷七十四

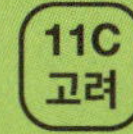

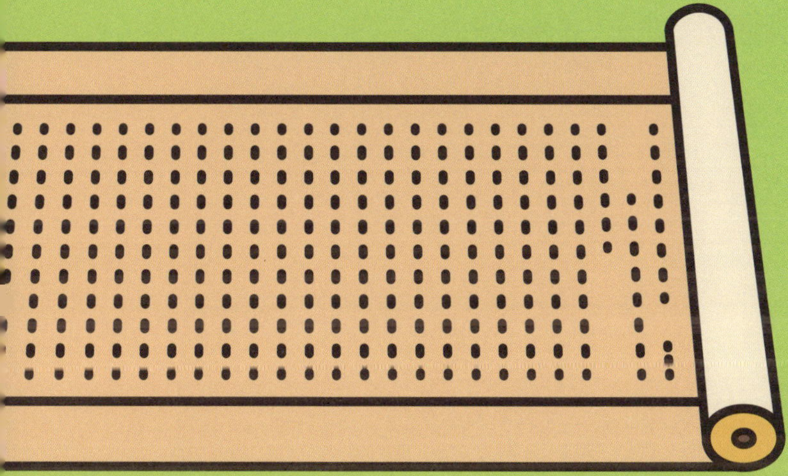

초조대장경은 고려 현종[재위 1011-1031] 때 부처님의 힘으로
거란의 침입을 극복하고자 만든 것이다.
이후에 만든 해인사대장경과는 글자 수나 약자 사용 등에서 차이점이 있다.

충북 단양군 불교천태중앙박물관

W 46cm / H 28.7cm 크기가 연결

성거산 천흥사명 동종 1993

Bronze Bell with Inscription of "Cheonheungsa Temple" in Seonggeosan Mountain

聖居山 天興寺銘 銅鍾

11C
고려

국내에 남아있는 고려시대 종 가운데 가장 커다란 종으로,
고려 현종 원년 1010 에 주조되었다.

서울 용산구 국립중앙박물관

H 128.3cm

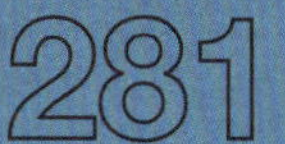

281 백자 병형 주전자 1993

White Porcelain Bottle-shaped Ewer

白磁 甁形 注子

15C
조선

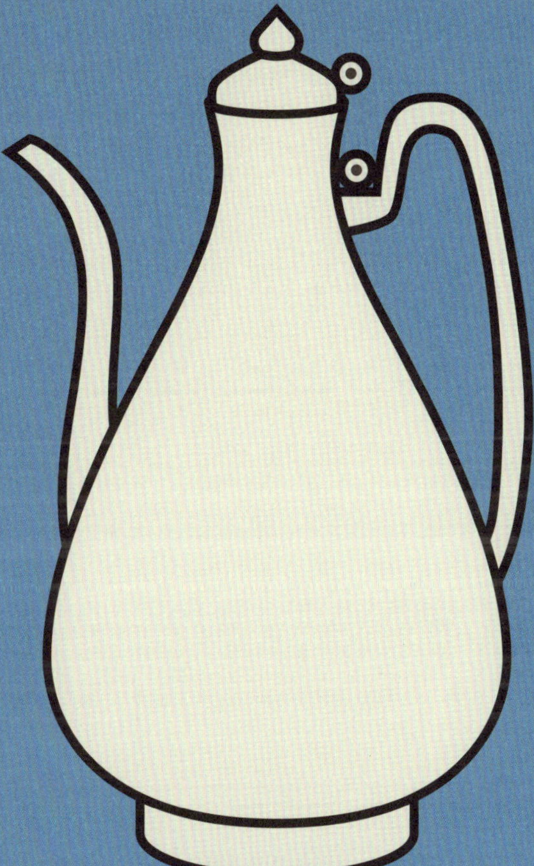

15-16세기 만들어진 백자로
병모양의 주전자로는 유일한 백자 작품이다.

서울 관악구 호림박물관

H 29cm

282 영주 흑석사 목조아미타여래좌상 및 복장유물 1993

Wooden Seated Amitabha Buddha and Excavated Relics of Heukseoksa Temple, Yeongju

榮州 黑石寺 木造阿彌陀如來坐像 및 腹藏遺物

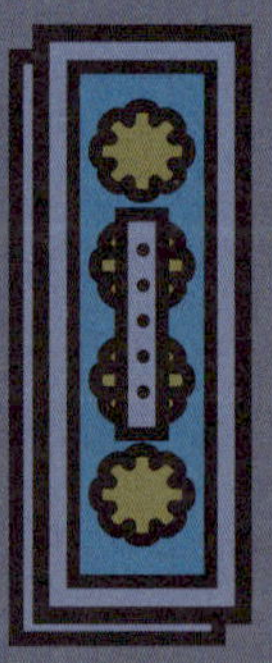

조선 세조 4년 1458 에 만든 법천사 삼존불 가운데 본존불로
이 불상의 몸체 안에서 글과 부적 등 유물들이 함께 발견되었다.

경북 영주시 흑석사 / 대구 수성구 국립대구박물관

불상 H 72cm

통감속편 1995

Tonggam sokpyeon (Supplement to the Comprehensive Mirror for Aid in Government)

通鑑續編

15C
조선

원 元 편으로 중국 고대 반고씨부터 고신씨까지 그리고 당나라 천복 1년 901 에서
송 宋 나라 상흥 2년 1279 까지의 사적을 기록한 역사서이다.

경기 성남시 한국학중앙연구원

W 18.3cm / H 29.2cm

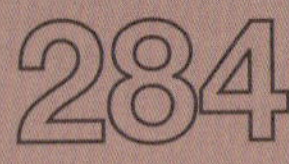

284 초조본 대반야바라밀다경 권162, 170, 463 1995

11C
고려

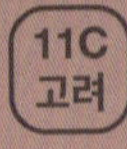

Maha prajnaparamita Sutra (Perfection of Transcendental Wisdom), the First Tripitaka Koreana Edition, Volumes 162, 170, and 463

初雕本 大般若波羅蜜多經 卷一百六十二, 一百七十, 四百六十三

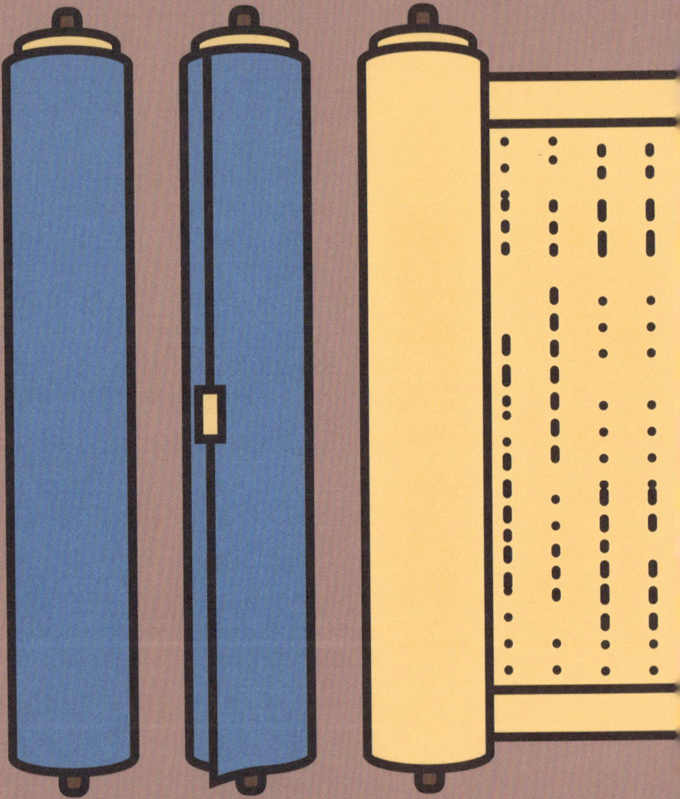

공 空 사상을 기본사상으로 하고 있는 경전으로 우리나라에서는 흔히 '반야심경'이라고 불린다.
거란의 침입을 극복하고자 만든 초조대장경 중 하나이다.

서울 강남구 코리아나 화장박물관

285 울주 대곡리 반구대 암각화 1995

Petroglyphs of Bangudae Terrace in Daegok-ri, Ulju

蔚州 大谷里 盤龜臺 岩刻畫

신석기-청동기

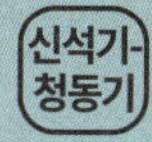

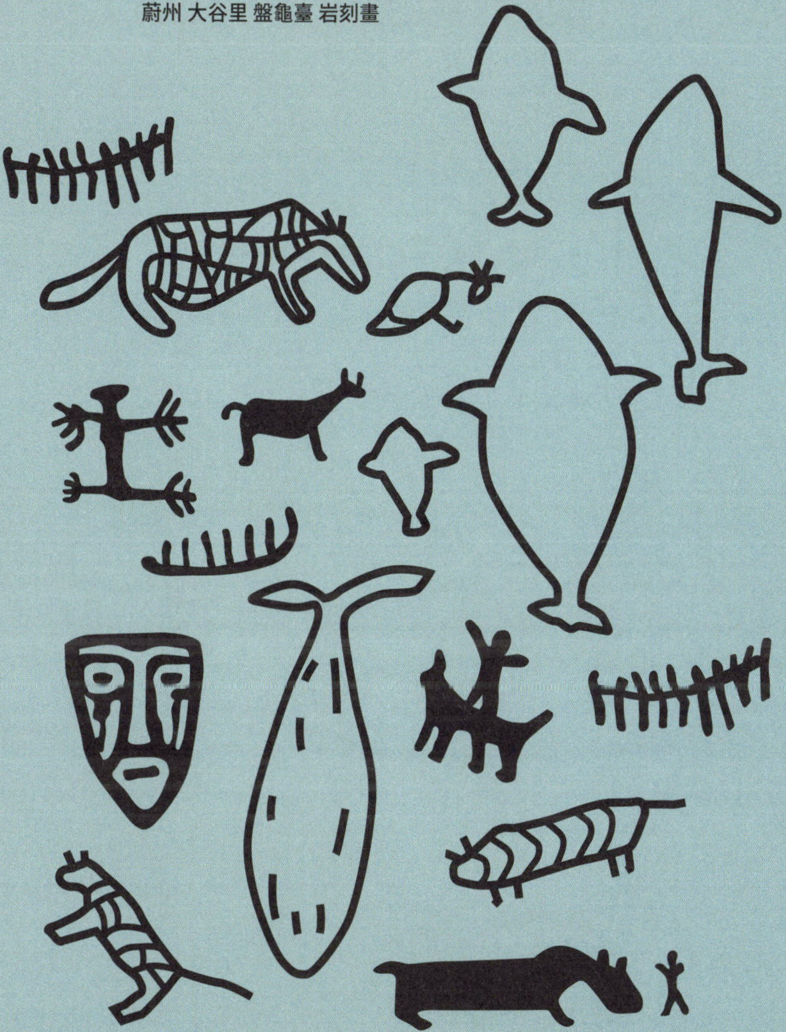

선사시대 사람들의 생활과 풍습을 알 수 있는 암각화이다.
육지동물과 바다고기, 사냥하는 장면 등의 그림이 그려져있다.

울산 울주군 언양읍

W 10m / H 4m

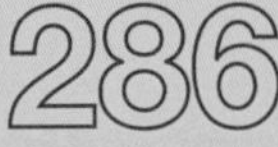

286 백자 '천' '지' '현' '황'명 발 1995

15C
조선

White Porcelain Bowls with Inscription of "Cheon (天)", "Ji (地)", "Hyeon (玄)" and "Hwang (黃)"

白磁 '天''地''玄''黃'銘 鉢

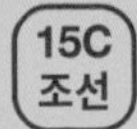

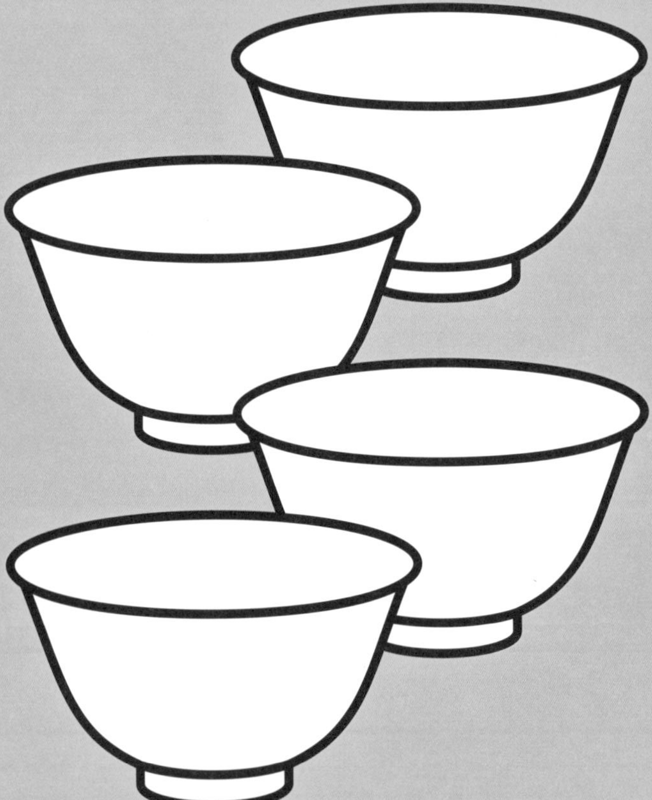

조선 전기에 만들어진 백자발 4점으로 각각의
굽 안쪽 바닥에는 '천, 지, 현, 황'이라는 글자가 새겨져있다.

서울 용산구 국립중앙박물관

H 11.1cm / Ø 21.1cm

287 백제 금동대향로 1996

Great Gilt-bronze Incense Burner of Baekje

百濟 金銅大香爐

백제 금속공예의 최대 걸작품인 대형 향로이다. 뚜껑에는 4-5겹으로 이루어진 첩첩산중에 동물들과 인물들이 어우러져 있으며 꼭대기에는 여의주를 품은 봉황이, 하단에는 연꽃, 받침에는 용이 표현되어 있다.

충남 부여군 국립부여박물관

H 64cm

288 부여 능산리사지 석조사리감 1996

Stone Reliquary from Temple Site in Neungsan-ri, Buyeo

扶餘 陵山里寺址 石造舍利龕

6C
백제

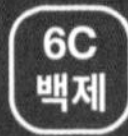

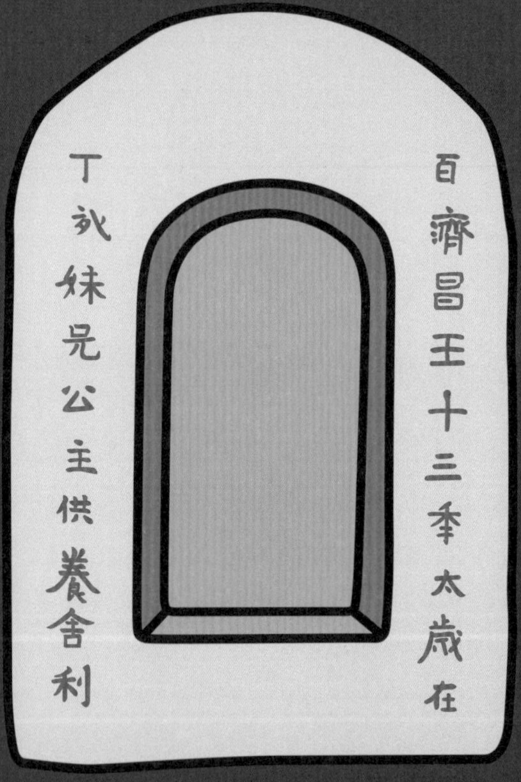
百濟昌王十三季太歲在
丁亥妹兄公主供養舍利

백제 때 사리를 보관하는 용기로, 백제와 중국과의 문화교류의
일면을 파악할 수 있는 자료이다.

충남 부여군 국립부여박물관

H 60cm

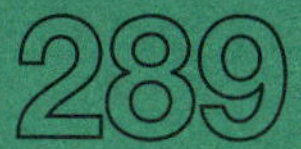

289 익산 왕궁리 오층석탑 1997

10C 고려

Five-story Stone Pagoda in Wanggung-ri, Iksan

益山 王宮里 五層石塔

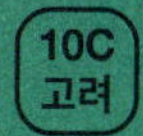

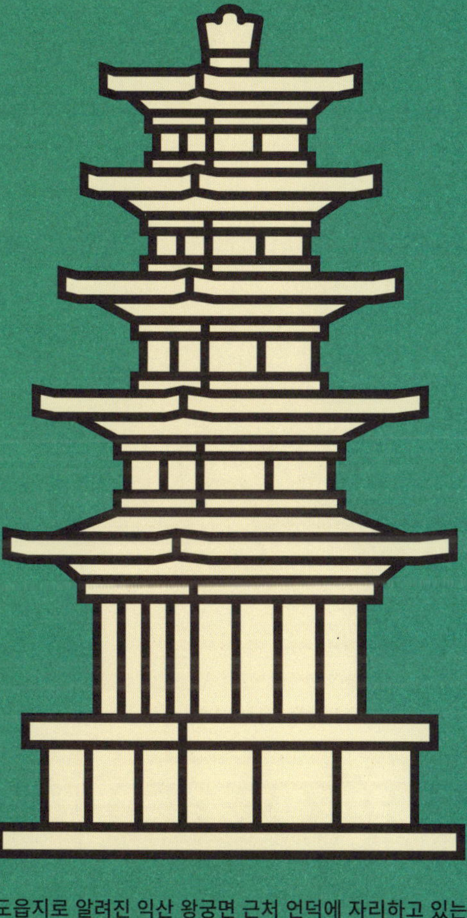

마한시대의 도읍지로 알려진 익산 왕궁면 근처 언덕에 자리하고 있는 석탑이다.
주춧돌에서 사리장치 국보 익산 왕궁리 오층석탑 사리장엄구 가 발견되었다.

전북 익산시 왕궁면

H 8.5m

290 양산 통도사 대웅전 및 금강계단 1997

17C
조선

Daeungjeon Hall and Ordination Platform of Tongdosa Temple, Yangsan

梁山 通度寺 大雄殿 및 金剛戒壇

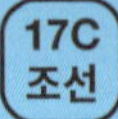

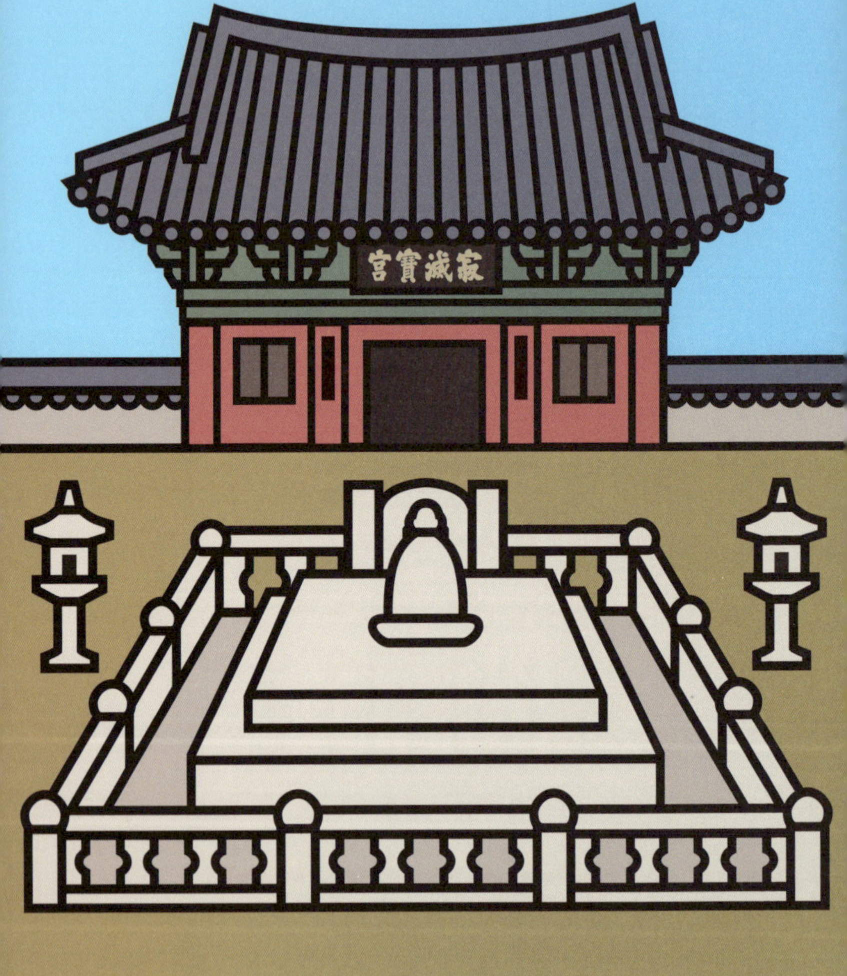

통도사의 대웅전에는 불상을 따로 모시지 않고 건물 뒷면에
금강계단 金剛戒壇 을 설치하여 부처님의 진신사리를 모시고 있다.

경남 양산시 통도사

용감수경 권3~4 1997

Yonggam sugyeong (The Handy Mirror in the Dragon Shrine), Volumes 3 and 4

龍龕手鏡 卷三~四

龍龕手鏡

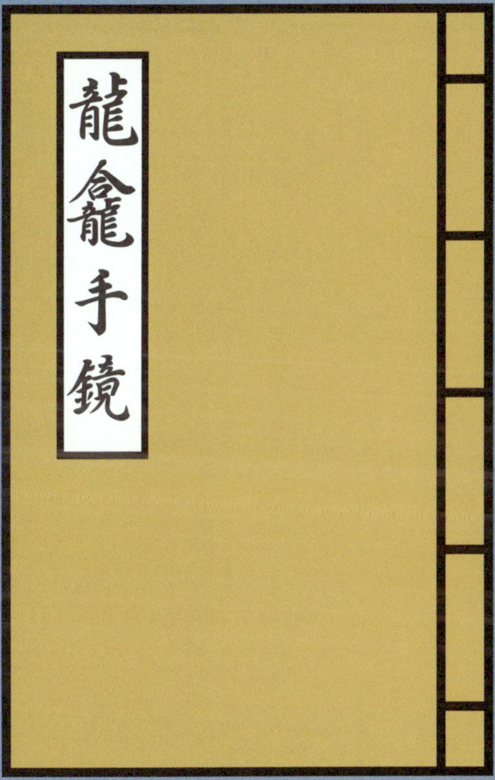

중국 요나라 성종 15년 997 에 행균스님이 편찬한 한자의 자전이다.

서울 성북구 고려대학교 중앙도서관

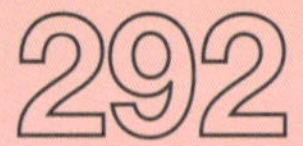

292 평창 상원사 중창권선문 1997

Documents of Sangwonsa Temple, Pyeongchang

平昌 上院寺 重創勸善文

15C
조선

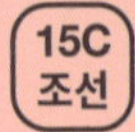

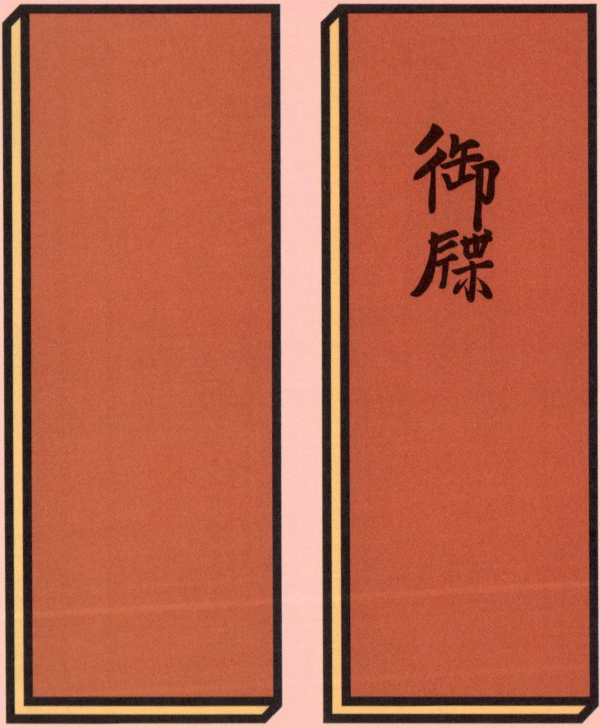

세조 10년 1464 세조의 왕사인 혜각존자 신미 등이 학열, 학조 등과 함께 임금의 만수무강을 빌고자 상원사를 새롭게 단장하면서 지은 글로, 이 사실을 전해들은 세조가 쌀, 무명, 베와 철 등을 보내면서 쓴 글과 함께 월정사에 소장되어 전한다.

강원 평창군 월정사 성보박물관

부여 규암리 금동관음보살입상 1997

Gilt-bronze Standing Avalokitesvara Bodhisattva from Gyuam-ri, Buyeo

扶餘 窺岩里 金銅觀音菩薩立像

1970년 충남 부여 규암의 절터에 묻혀 있던
무쇠 솥에서 다른 관음보살입상과 함께 발견된 보살상이다.

충남 부여군 국립부여박물관

H 21.1cm

294 백자 청화철채동채초충문 병 1997

18C
조선

White Porcelain Bottle with Grass and Insect Design in Underglaze Iron, Copper, and Cobalt Blue

白磁 青畵鐵彩銅彩草蟲文 甁

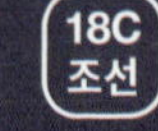

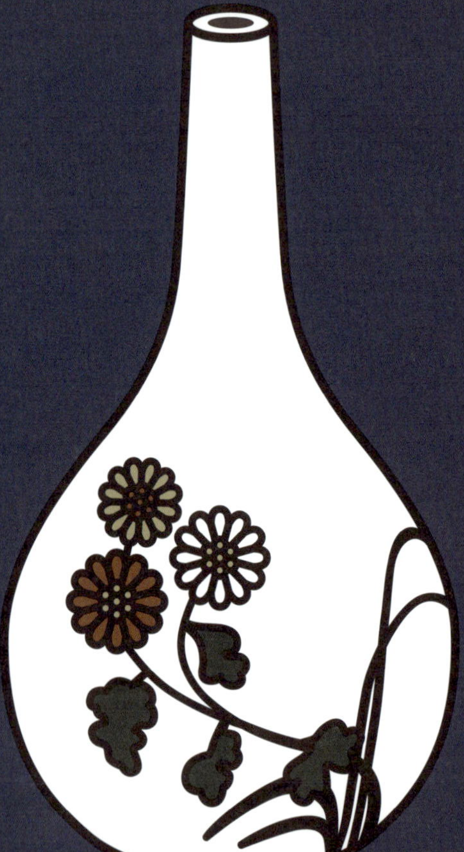

붉은색 안료인 진사, 검은색 안료인 철사,
푸른색 안료인 청화를 함께 장식한 병이다.

서울 성북구 간송미술관

H 42.3cm

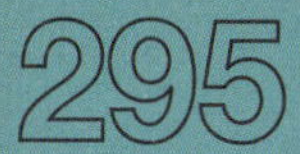

295 **나주 신촌리 금동관** 1997

Gilt-bronze Crown from Sinchon-ri, Naju

羅州 新村里 金銅冠

5-6C
백제

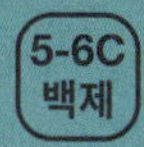

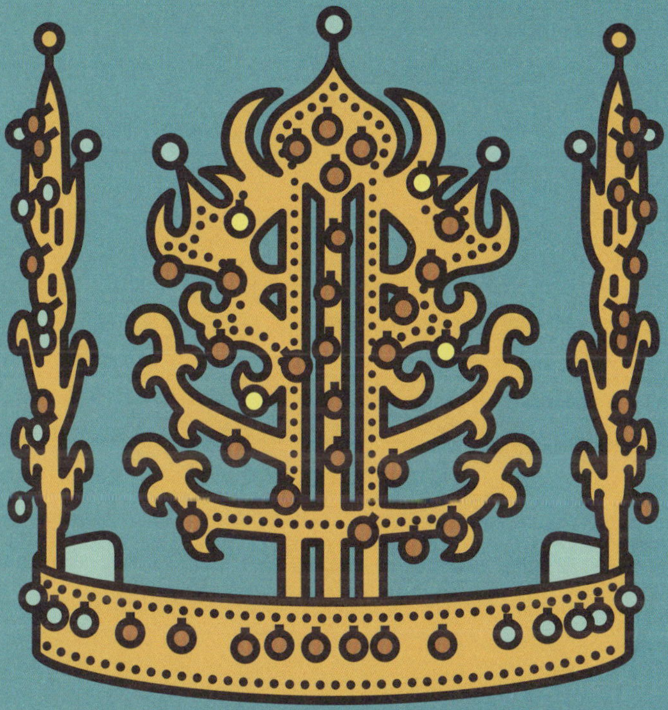

전남 나주 반남 신촌리 9호 무덤에서 발견된
금동관으로, 삼국시대에 제작되었다.

전남 나주시 국립나주박물관

H 19.6cm

296 칠장사 오불회 괘불탱 1997

17C 조선

Hanging Painting of Chiljangsa Temple (Five Buddhas)

七長寺 五佛會 掛佛幀

조선 인조 6년 1628 에 법형이 그린

괘불 절에서 법당 앞뜰에 걸어놓고 예배를 드리는 대형 불교그림 이다.

경기 안성시 칠장사

W 404cm / H 656cm

297 안심사 영산회 괘불탱 1997

Hanging Painting of Ansimsa Temple (The Vulture Peak Assembly)

安心寺 靈山會 掛佛幀

17C
조선

조선 효종 2년 1652 에 석가불이 영취산에서 설법하는
장면을 묘사한 영산회상을 그린 괘불이다.

충북 청원군 안심사

W 472cm / H 726cm

갑사 삼신불 괘불탱 1997

Hanging Painting of Gapsa Temple (Buddha Triad)

甲寺 三身佛 掛佛幀

17C
조선

조선 효종 원년 1650 비로자나불을 중심으로
석가와 노사나불 등 삼신불을 그린 괘불이다.

충남 공주시 갑사

W 948cm / H 1247cm

299
신원사 노사나불 괘불탱 1997
Hanging Painting of Sinwonsa Temple (Rocana Buddha)
新元寺 盧舍那佛 掛佛幀
17C
조선
조선 인조 22년 1644 노사나불이 영취산에서
설법하는 장면인 영산회상을 그린 괘불이다.
충남 공주시 신원사
W 688cm / H 1118cm

300 장곡사 미륵불 괘불탱 1997

Hanging Painting of Janggoksa Temple (Maitreya Buddha)

長谷寺 彌勒佛 掛佛幀

17C 조선

조선 현종 14년 1673 철학 哲學 을 비롯한 5명의 승려화가가 그린 괘불이다.

충남 청양군 장곡사

W 599cm / H 869cm

301 화엄사 영산회 괘불탱 1997

Hanging Painting of Hwaeomsa Temple (The Vulture Peak Assembly)

華嚴寺 靈山會 掛佛幀

17C
조선

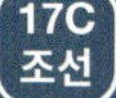

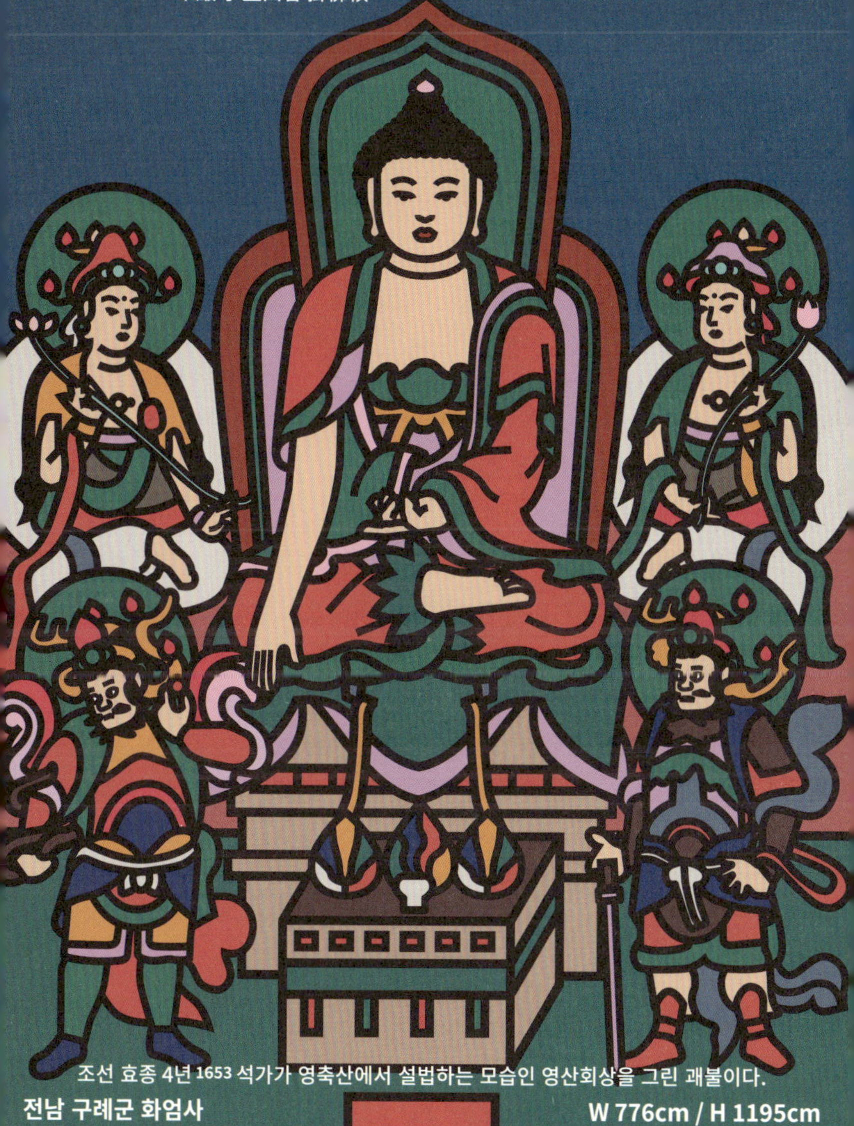

조선 효종 4년 1653 석가가 영축산에서 설법하는 모습인 영산회상을 그린 괘불이다.

전남 구례군 화엄사

W 776cm / H 1195cm

302 청곡사 영산회 괘불탱 1997

Hanging Painting of Cheonggoksa Temple (The Vulture Peak Assembly)

青谷寺 靈山會 掛佛幀

18C 조선

조선 경종 2년 1722 승려화가인 의겸 義謙 등이 석가가 설법하는 장면인 영산회상도를 그린 괘불이다.

경남 진주시 청곡사문화박물관

W 640cm / H 1040cm

303 승정원일기 1999

Seungjeongwon ilgi (Diaries of the Royal Secretariat)

承政院日記

17-20C
조선

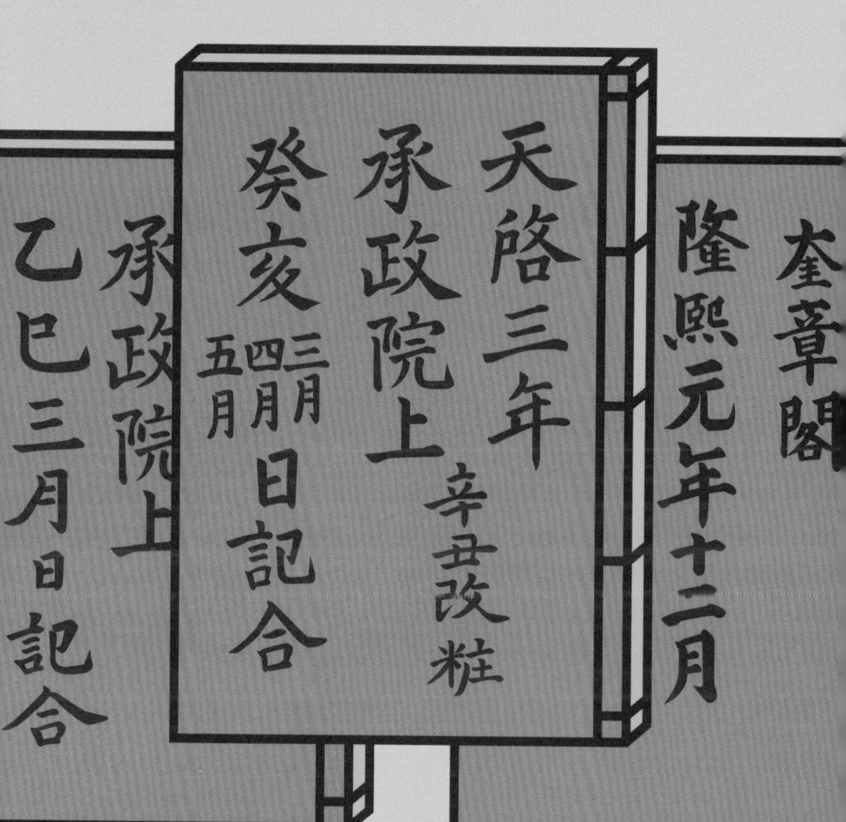

조선시대 국왕의 비서 기관인 승정원 承政院 에서 왕명의 출납, 각종 행정 사무와 의례 儀禮 등에 관해 기록한 일기이다.

서울 관악구 서울대학교 규장각 한국학연구원

304 여수 진남관 2001

Jinnamgwan Hall, Yeosu

麗水 鎭南館

18C
조선

선조 31년 1598 에 전라좌수영 객사로 건립한 건물로,
현존하는 지방관아 건물로서는 최대 규모이다.

전남 여수시 군자동

305 통영 세병관 2002

Sebyeonggwan Hall, Tongyeong

統營 洗兵館

17C
조선

창건 후 약 290년 동안 3도 경상·전라·충청도 수군을 총 지휘했던 곳으로, 경회루, 여수 진남관과 더불어 우리나라에서 가장 규모가 큰 건물이다.

경남 통영시 문화동

306 삼국유사 권3~5 2003 / 삼국유사 2003 삼국유사 권1~2 2018 / 삼국유사 권4~5 2020

306,4 14C
-2,3 16C

Samguk yusa (Memorabilia of the Three Kingdoms)

三國遺事

삼국유사는 고려 후기 고승 일연 一然, 1206-1289 이
충렬왕 7년 1281 에 편찬한 역사서이다.

306 서울 종로구 개인소장
306-2 서울 관악구 서울대학교 규장각한국학연구원
306-3 서울 서대문구 연세대학교박물관
306-4 부산 금정구 범어사

307 태안 동문리 마애삼존불입상 2004

Rock-carved Standing Buddha Triad in Dongmun-ri, Taean

泰安 東門里 磨崖三尊佛立像

6-7C
백제

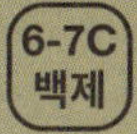

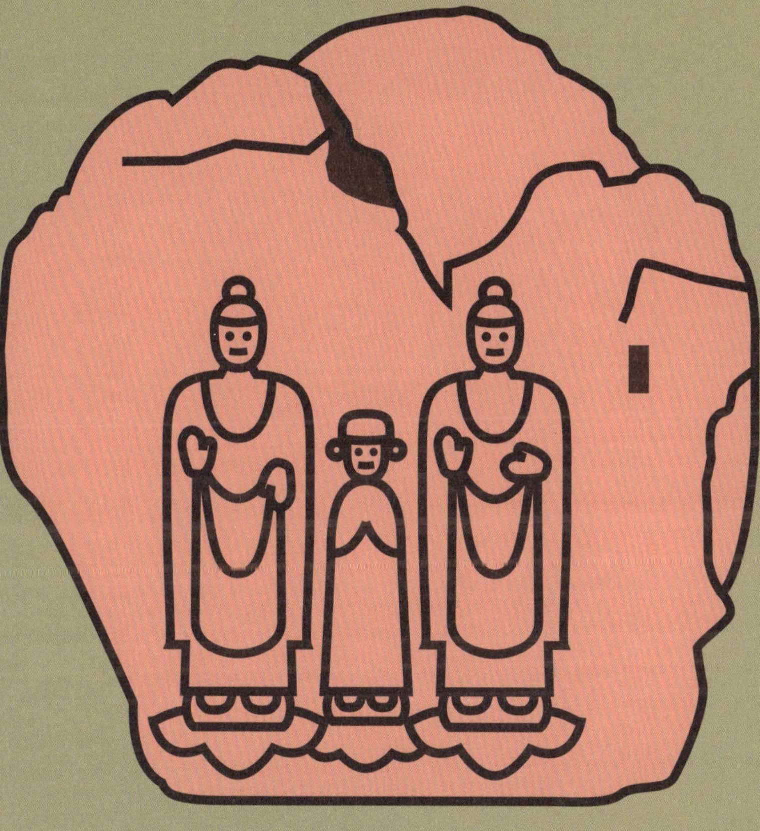

가운데의 보살상과 그 양옆에 불상이 배치한 백제 최고最古 마애불로
6세기 중국 불상과의 관계를 확인하는데 중요한 유물이다.

충남 태안군 태안읍

H 3.06m

308 해남 대흥사 북미륵암 마애여래좌상 2005

10C
고려

Rock-carved Seated Buddha at Bungmireugam Hermitage of Daeheungsa Temple, Haenam

海南 大興寺 北彌勒庵 磨崖如來坐像

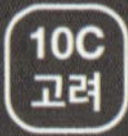

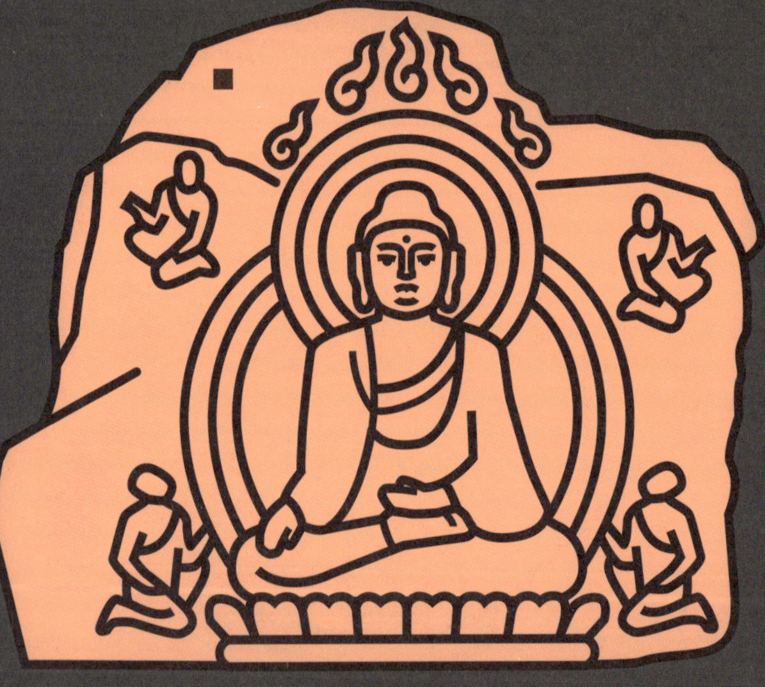

공양천인상이 바위면에 함께 고부조 高浮彫:형상이 매우 두껍게 불거져 나오는 부조
되어 있는 독특한 도상의 상이다.

전남 해남군 대흥사

H 4.2m

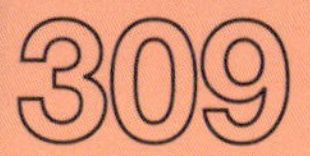

309 백자 달항아리 2007-1

White Porcelain Moon Jar

白磁 壺

18C
조선

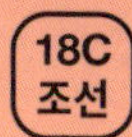

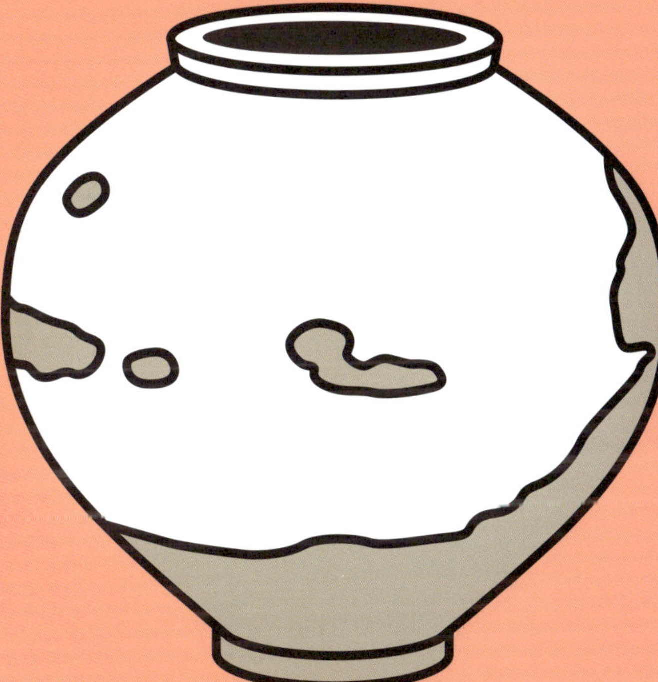

순백의 미와 균형감이 뛰어난 백자로 둥근 달이 연상된다 하여 달항아리라 불린다.
큰 크기로 인해 상하부분을 따로 만들어 접합하여 완성하였다.

서울 용산구 리움미술관

H 44cm

310 백자 달항아리 2007-2

White Porcelain Moon Jar

白磁 壺

18C
조선

국보 309호와 함께 조선 유일의 관요 官窯 인 사옹원 司饔院 의 분원 백자제작소 경기도 광주 에서 만들어진 것으로, 완전한 좌우대칭은 아니지만 변화와 생동감이 느껴진다.

서울 종로구 국립고궁박물관

H 43.8cm

311 안동 봉정사 대웅전 2009

Daeungjeon Hall of Bongjeongsa Temple, Andong

安東 鳳停寺 大雄殿

15C
조선

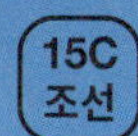

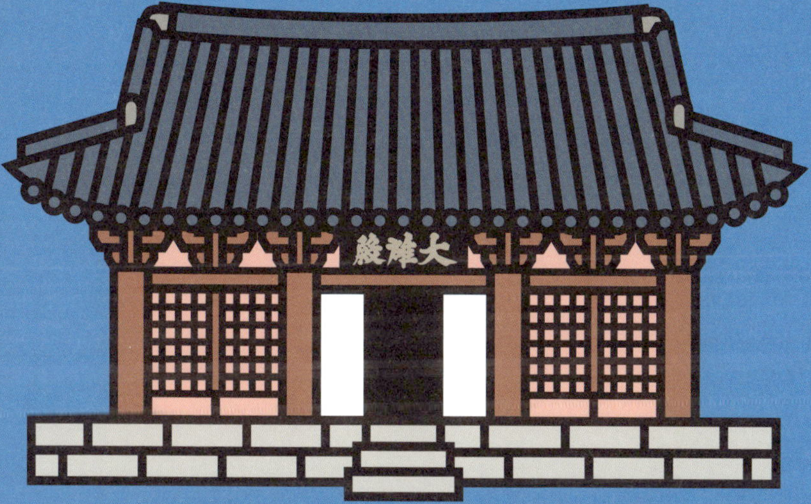

신라시대 의상대사가 세웠다고 전해지는 봉정사의 중심 법당인 대웅전은
다포양식의 팔작지붕 건물로 조선 전기 건축양식을 잘 보여주고 있다.

경북 안동시 봉정사

312 경주 남산 칠불암 마애불상군 2009

8C 통일신라

Rock-carved Buddhas at Chilburam Hermitage in Namsan Mountain, Gyeongju

慶州 南山 七佛庵 磨崖佛像群

돌축대를 쌓아 불단을 만들고 이 위에 사방불 四方佛 을 뒤쪽의 병풍바위에는 삼존불을 새겼다.

경북 경주시 남산동

H 4.26m

313 강진 무위사 극락전 아미타여래삼존벽화 2009

15C 조선

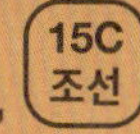

Mural Painting in Geungnakjeon Hall of Muwisa Temple, Gangjin (Amitabha Buddha Triad)

康津 無爲寺 極樂殿 阿彌陀如來三尊壁畵

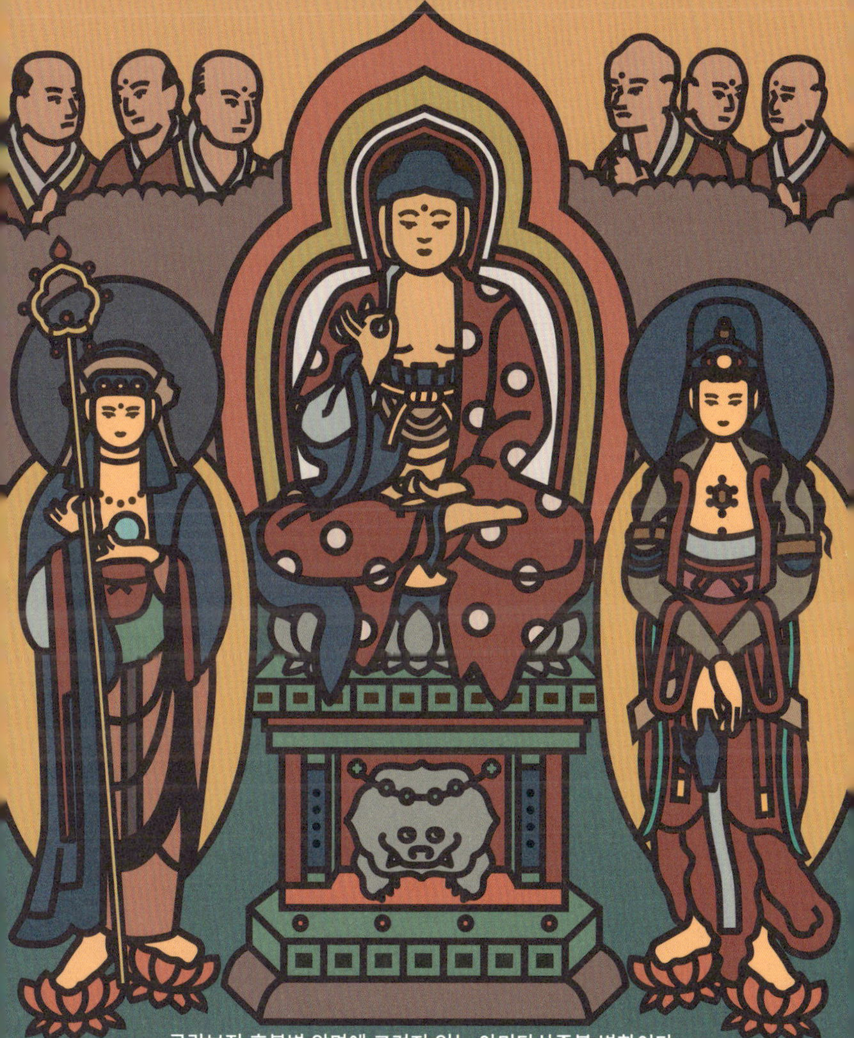

극락보전 후불벽 앞면에 그려져 있는 아미타삼존불 벽화이다.

전남 강진군 무위사

W 210cm / H 270cm

314 순천 송광사 화엄경변상도 2009

18C 조선

Buddhist Painting of Songgwangsa Temple, Suncheon (Illustration of the Avatamsaka Sutra)

順天 松廣寺 華嚴經變相圖

화엄경의 7처9회 七處九會 의 설법내용을 그린 변상도 불교에 관한 내용을 시각적으로 형상화한 그림 이다.

전남 순천시 송광사

W 255cm / H 281cm

315 문경 봉암사 지증대사탑비 2010

10C 통일신라

Stele for Buddhist Monk Jijeung at Bongamsa Temple, Mungyeong

聞慶 鳳巖寺 智證大師塔碑

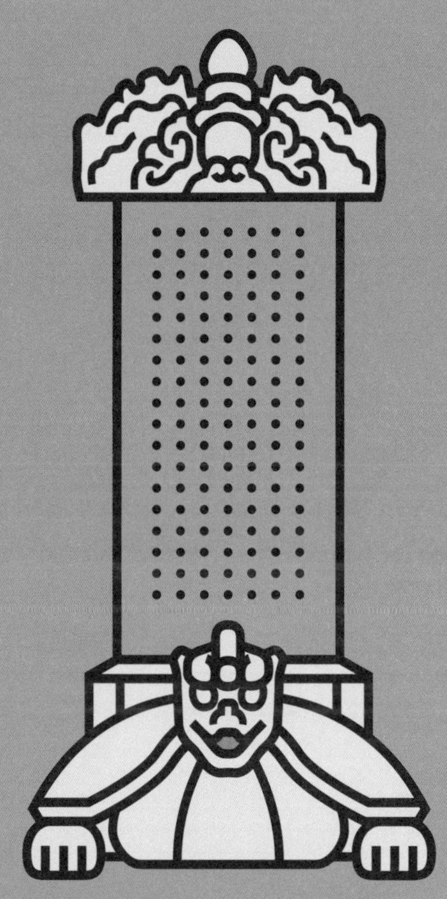

지증대사 智證大師 의 탑비로 최치원 崔致遠 이 비문을 짓고 혜강 慧江 이 새겼다.
비문에는 신라 하대의 인명, 지명, 관명, 사찰명, 제도, 풍속 등 많은 정보를 담고 있다.

경북 문경시 봉암사

H 273cm

316 완주 화암사 극락전 2011

Geungnakjeon Hall of Hwaamsa Temple, Wanju

完州 花巖寺 極樂殿

17C
조선

화암사 극락전은 조선 선조 38년 1605 에 세운 것으로 국내 유일한
하앙식 바깥에 처마를 받치는 부재를 하나 더 설치하여 처마를 더 길게 내밀 수 있게 한 방식 구조이다.

전북 완주군 화암사

317 조선태조어진 2012
Portrait of King Taejo of Joseon
朝鮮太祖御眞

19C
조선

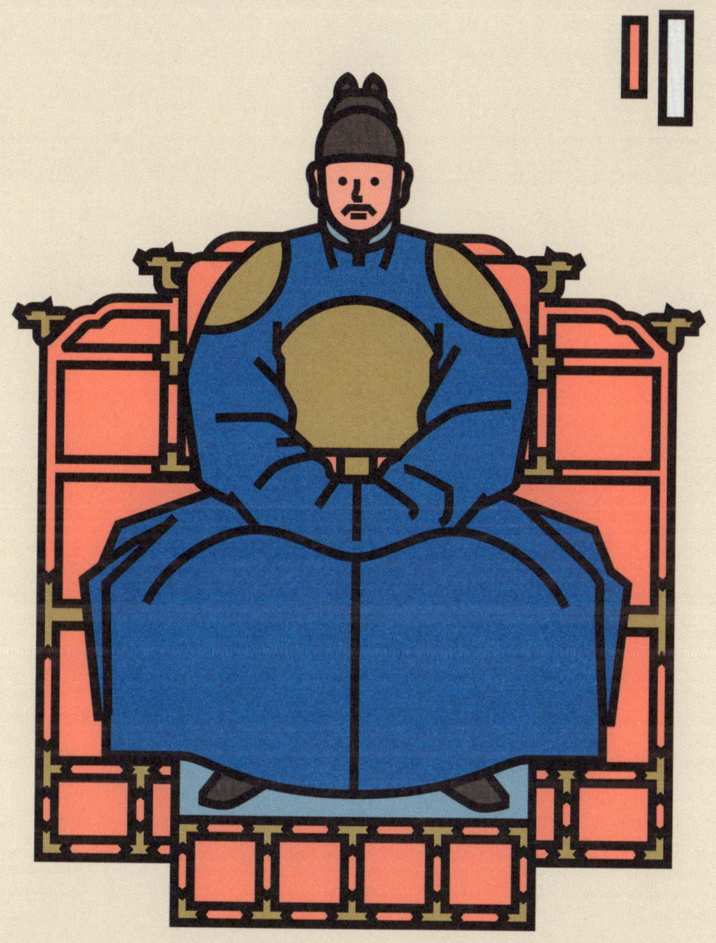

조선을 건국한 태조 이성계의 초상화로, 총 26점이 있었으나 현재는 1점만이 남아있다.
고종 9년 1872 에 낡은 원본을 그대로 새로 옮겨 그린 것이다.

전북 전주시 어진박물관

W 150cm / H 218cm

318 포항 중성리 신라비 2015

Sillabi Monument in Jungseong-ri, Pohang

浦項 中城里 新羅碑

6C
신라

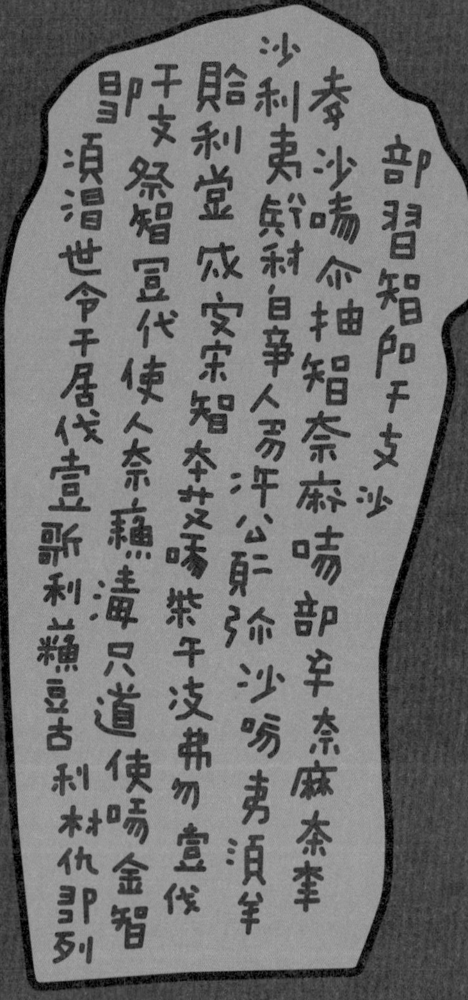

포항 중성리 신라비는 현존 최고 最古 의 신라비로 상태가 양호하여
신라의 정치적·경제적·문화적 상황을 알려 주고 있다.

경북 경주시 국립경주문화재연구소

H 204cm

319 동의보감 2015
Dongui bogam (Principles and Practice of Eastern Medicine)
東醫寶鑑

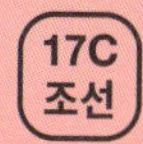

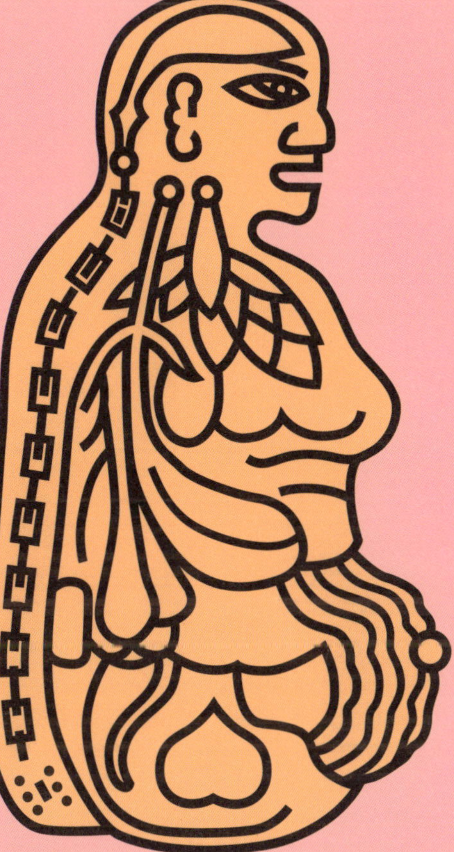

동의보감은 허준 許浚, 1539-1615 이 1610년 광해군 2 에 조선과 중국에 유통되던 의서와 임상의학적 체험을 통한 치료법을 엮어놓은 우리나라 최고의 한의서이다.

319-1 서울 서초구 국립중앙도서관
319-2 경기 성남시 한국학중앙연구원
319-3 서울 관악구 서울대학교 규장각 한국학연구원

15C 조선

ᅌᅯᇙ月 ·ᅙᅵᆫ印 쳔千 강江 지之 ·콕曲

끠其 ·ᅙᅵᇙ一

ᅌᅬ巍 ᅌᅬ巍 ·셕釋 가迦 ·ᄈᆕᇙ佛 무無

無 변邊 공功 ·득德 ·을 ·겁劫 ·겁劫

:다 ᄉᆞᆯ·ᄫᆞ·리

끠其 ᅀᅵ二

월인천강지곡은 한글을 창제한 세종이 그의 아내인 소헌왕후의 공덕을 빌기 위하여 직접 지은 찬불가이다.

경기 성남시 한국학중앙연구원

321 문경 대승사 목각아미타여래설법상 2017

17C
조선

Wooden Amitabha Buddha Altarpiece of Daeseungsa Temple, Mungyeong

聞慶 大乘寺 木刻阿彌陀如來說法像

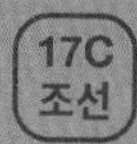

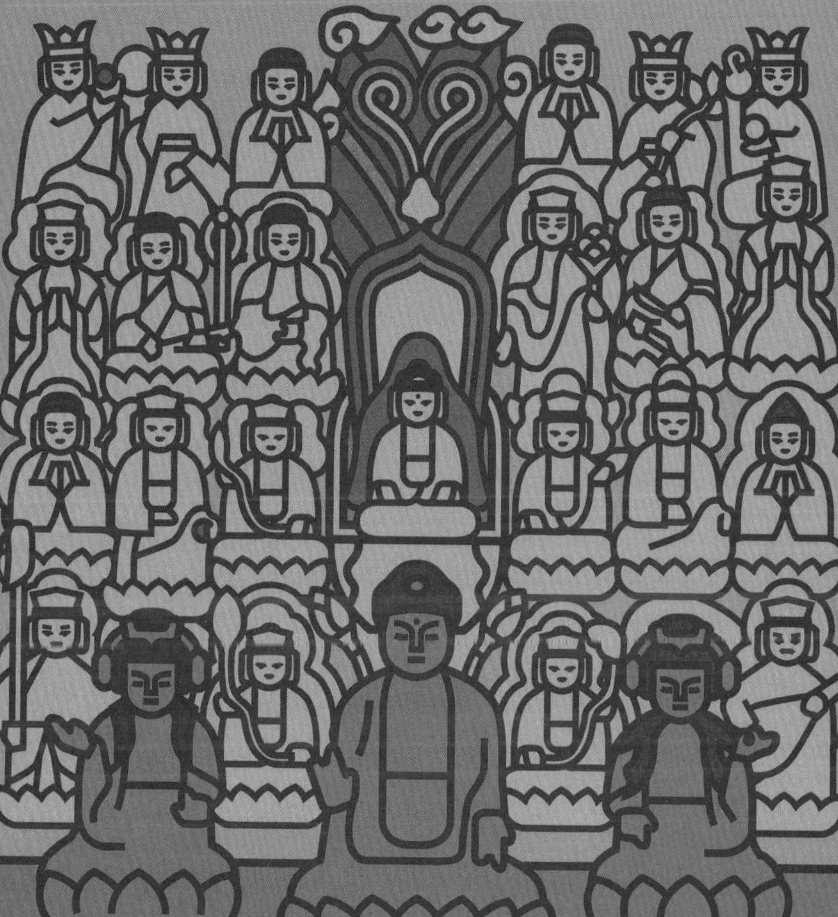

원래 부석사에 모셔져 있던 것을 대승사로 옮겨 놓은 것으로,
후불탱화를 나무로 깎아 돋을새김, 또는 뚫을새김으로 표현한 것이다.

경북 문경시 대승사

W 279cm / H 347cm

322 삼국사기 2018
Samguk sagi
三國史記

16C
조선

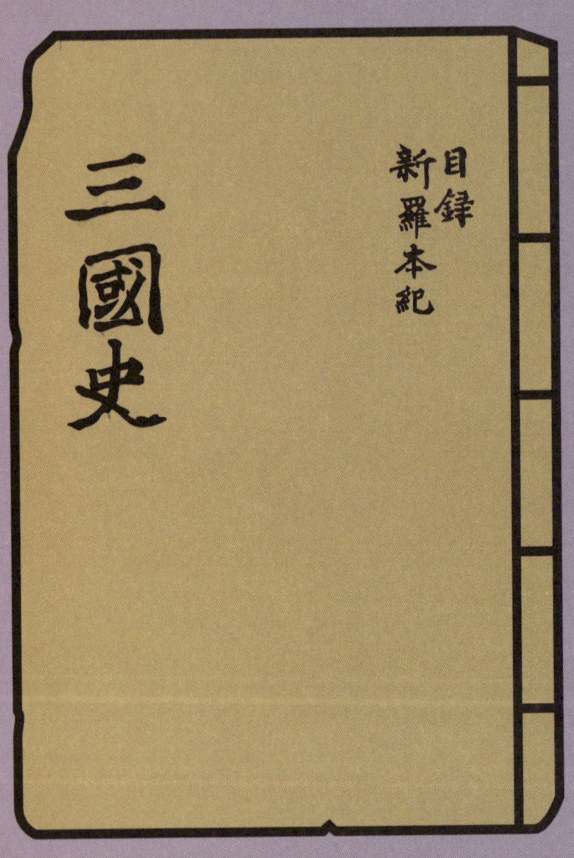

김부식 金富軾 이 1145년 고려 인종 23년 에 삼국시대의 역사를 기전체 紀傳體 로 편찬한 책이다.
고려시대에 처음 생긴 원판과 조선 태조 때에 개각 改刻 한 판, 중종 때 다시 개각한 것이 섞여 있다.
삼국유사 三國遺事 와 함께 삼국시대 연구의 기본사료로 인식되고 있다.

322-1 경북 경주시 개인소장
322-2 서울 중구 개인소장

논산 관촉사 석조미륵보살입상 2018

Stone Standing Maitreya Bodhisattva of Gwanchoksa Temple, Nonsan

論山 灌燭寺 石造彌勒菩薩立像

10C
고려

968년 고려 승려 조각장 혜명 慧明 이 제작한 우리나라 최대 규모의 석불로 통일신라 조각과는 다르게 파격적이고 대범한 미적 감각을 담고 있다.

충남 논산시 관촉사

H 18.12m

324 이제 개국공신교서 2018

Royal Certificate of Meritorious Subject Issued to Yi Je

李濟 開國功臣敎書

14C 조선

敎
純心佐命開國功臣興安君
親軍衛節制使知一、筵事李濟
王若曰自古王者之革命應乎
人而已時必有偉人閒生爲
湯武作於上伊呂應於下整
翊[illegible]月[illegible]國[illegible]

태조 이성계가 이제 ?-1398 에게 내린 공신교서이다. 교서는 조선 건국 공신에게 내리는 문서로 녹권보다 위상이 높다. 현재 전해지는 유일한 교서이다.

경남 진주시 국립진주박물관

W 112cm / H 37cm

325 기사계첩 2019

Gisa gyecheop (Album of Paintings of the Gathering of Elders)

己亥《耆社契帖》

18C 조선

奉盃歸社圖

1719년 숙종 45 59세가 된 숙종이 기로소 耆老所:노년의 문관들을 우대하던 기관 에 들어간 것을 기념해 관료들이 만든 계첩 契帖 이다.

서울 용산구 국립중앙박물관

W 36cm / H 52cm

326 청자 '순화4년'명 항아리 2019

Celadon jar 'the 4th Chunhwa year'

青磁 '淳化四年'銘 壺

10C
고려

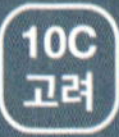

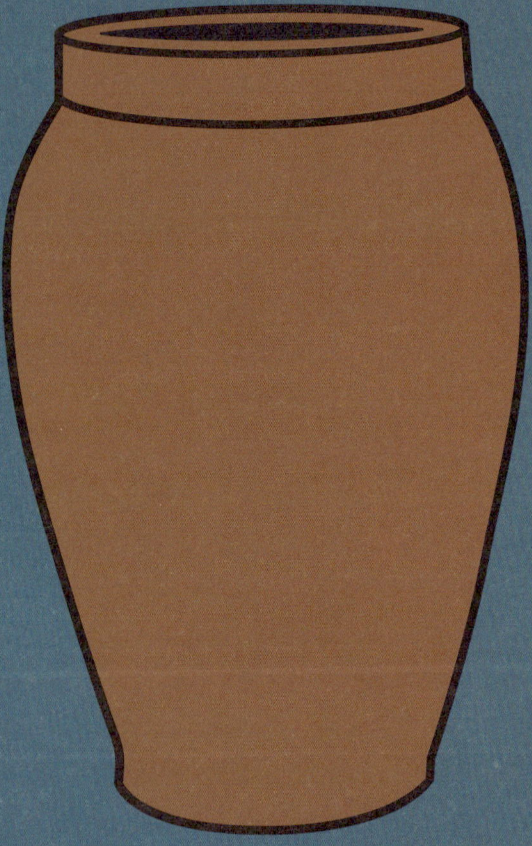

고려 태조의 태묘 太廟:역대 왕의 위패를 모시는 사당 제1실의 향을 피우던 항아리로
최길회가 순화 4년 993 에 만들었다.

서울 서대문구 이화여자대학교

H 35.2㎝

327 부여 왕흥사지 출토 사리기 2019

Reliquary from Wangheungsa Temple Site, Buyeo

扶餘 王興寺址 出土 舍利器

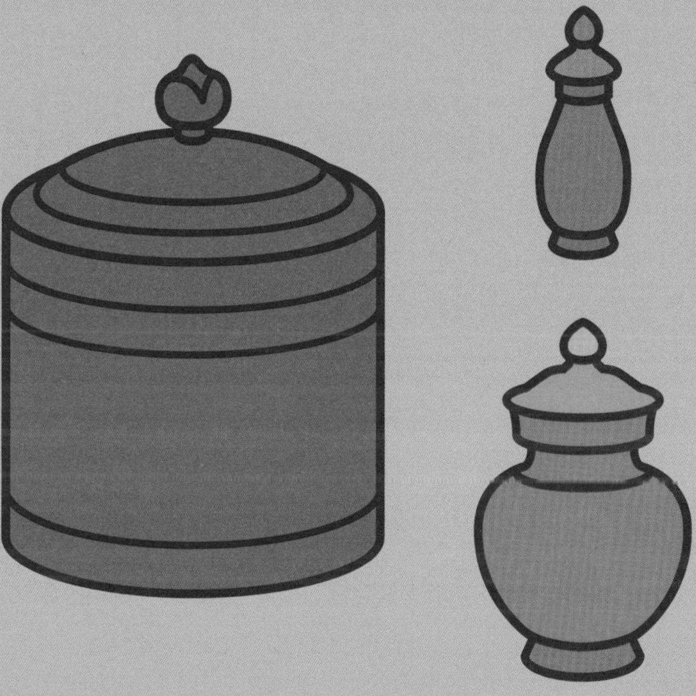

백제 위덕왕에 의해 577년 제작된 것으로 부여 왕흥사지에서 출토되었다.
현재까지 우리나라에서 알려진 가장 오래된 사리기이다.

충남 부여군 국립부여문화재연구소

사리합 H 10.3cm

328 예천 용문사 대장전과 윤장대 2019

Daejangjeon Hall and Rotating Sutra Case of Yongmunsa Temple, Yecheon

醴泉 龍門寺 大藏殿과 輪藏臺

윤장대 12C 고려
대장전 17C 조선

용문사 대장전은 윤장대를 보관하고 있는 국내 유일의 경장건축 경전을 보관하는 건축물 이다.
윤장대는 불교 경전을 보관하는 회전식 경장이다.

경북 예천군 용문사

윤장대 H 4.2m

공주 충청감영 측우기 2020

Rain Gauge of Chungcheong Provincial Office, Gongju

公州 忠淸監營 測雨器

헌종 3년 1837 공주감영에 설치된 것으로, 측우대는 없고 측우기만 전해오고 있다.
세종 24년 1442 세계 최초로 제작된 측우기와 측우대 제도를 그대로 따른 것으로,
조선 후기에 와서도 비를 과학적으로 측정하던 전통이 그대로 이어져 내려왔음을 증명해준다.

서울 종로구 국립기상박물관

H 32.1cm

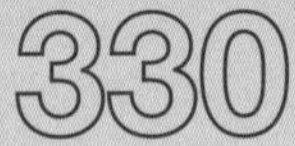

330 대구 경상감영 측우대 2020

Rain Gauge Pedestal of Gyeongsang Provincial Office, Daegu

大邱 慶尙監營 測雨臺

18C
조선

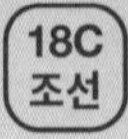

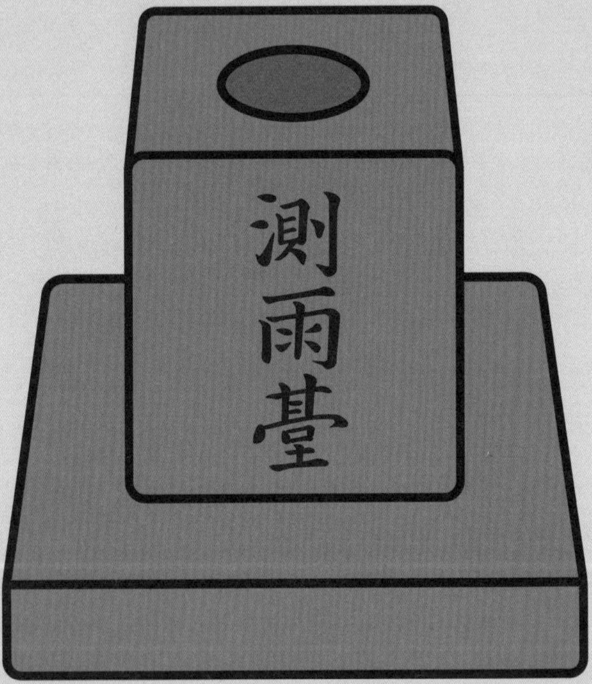

영조 46년 1770 제작된 측우대로, 대구감영에 설치되어 있었다.
영조대에 다시 실행된 측우제도를 증명해주는 유물이다.

서울 종로구 국립기상박물관

H 46cm

331 창덕궁 이문원 측우대 2020

Rain Gauge Pedestal of Imunwon hall

昌德宮 摛文院 測雨臺

18C
조선

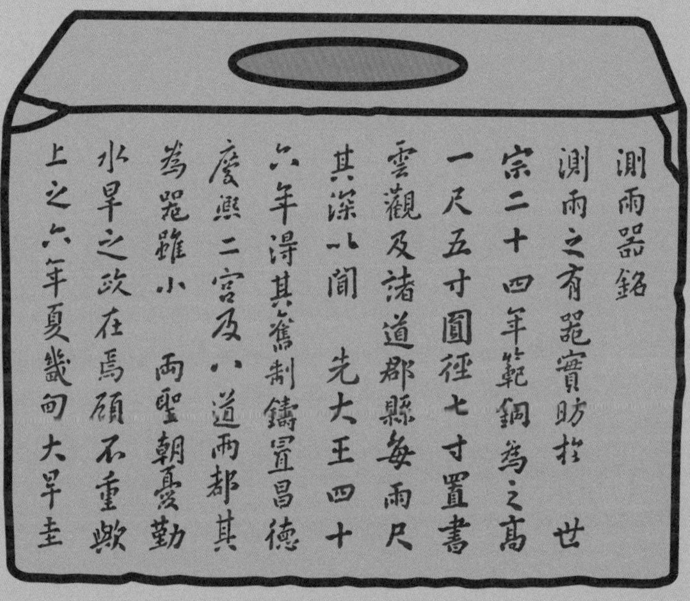

정조 6년 1782년 창덕궁 규장각의 부속 건물인 이문원 앞에 설치된 측우대이다.
동궐도 국보 에서도 모습을 확인할 수 있다.

서울 종로구 국립고궁박물관

H 30.3cm

332 정선 정암사 수마노탑 2020

Sumanotap Pagoda of Jeongamsa Temple, Jeongseon

旌善 淨岩寺 水瑪瑙塔

정암사 수마노탑은 신라 자장율사가 당나라에서 가져왔다는 진신사리 석가모니불의 사리 봉안탑으로, 완전한 모습을 갖춘 모전석탑 석재를 벽돌형태로 가공 후 축조한 석탑 이다. 수마노탑을 바라보는 자리에는 적멸보궁이 자리 잡고 있다.

강원 정선군 정암사

H 9m

333 **합천 해인사 건칠희랑대사좌상** 2020

Dry-lacquered Seated Statue of Buddhist Monk Huirang at Haeinsa Temple, Hapcheon

陜川 海印寺 乾漆希朗大師坐像

10C
고려

신라 말-고려 초에 활동한 승려인 희랑대사 希朗大師 의 모습을 조각한 것이다.
현존하는 우리나라의 유일한 초상조각이다.

경남 합천군 해인사

H 82cm

334 기사계첩 및 함 2020

18C
조선

Gisa gyecheop (Album of Paintings of the Gatherings of Elders) and Case

耆社契帖및 函

1719년 숙종 45 59세가 된 숙종이 기로소 耆老所 : 노년의 문관들을 우대하던 기관에 들어간 것을 기념해 관료들이 만든 계첩 契帖 이다.

충남 아산시 배방읍

W 53cm / H 37.5cm

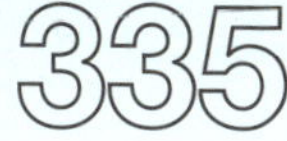

335 이십공신회맹축-보사공신녹훈후 2021

17C
조선

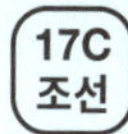

Isip gongsin hoemaengchuk (Scroll of Oath-taking Rites by 20 Meritorious Subjects)

二十功臣會盟軸-保社功臣錄勳後

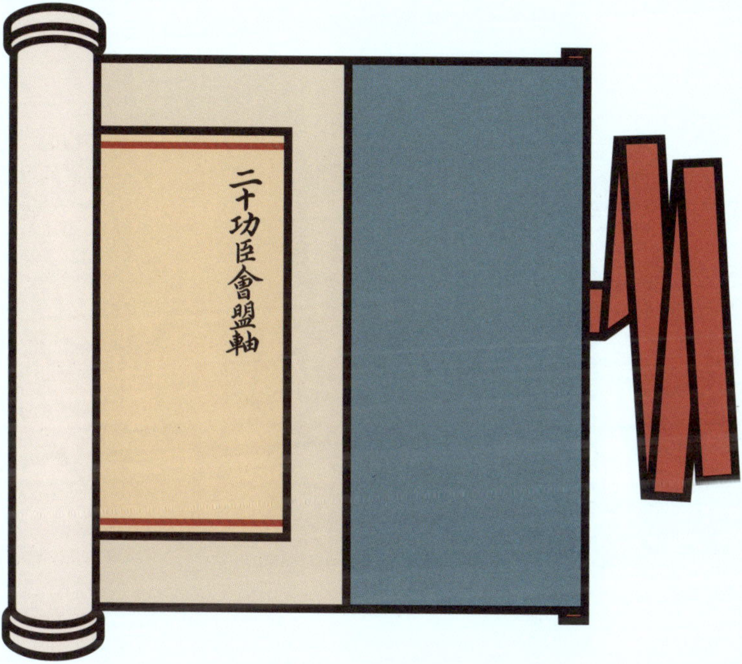

1680년 숙종 6 8월 30일에 개국공신 이래 보사공신 保社功臣 까지의 공신과 그 자손들을 모아 회맹제 會盟祭 : 임금과 공신들이 하늘에 제사지내고 단결을 맹세하던 의식 를 거행한 후 작성한 회맹축이다.

경기 성남시 한국학중앙연구원

W 2414cm / H 88.8cm

336 구례 화엄사 목조비로자나삼신불좌상 2021

Wooden Seated Vairocana Buddha Triad of Hwaeomsa Temple, Gurye

求禮 華嚴寺 木造毘盧遮那三身佛坐像

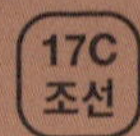

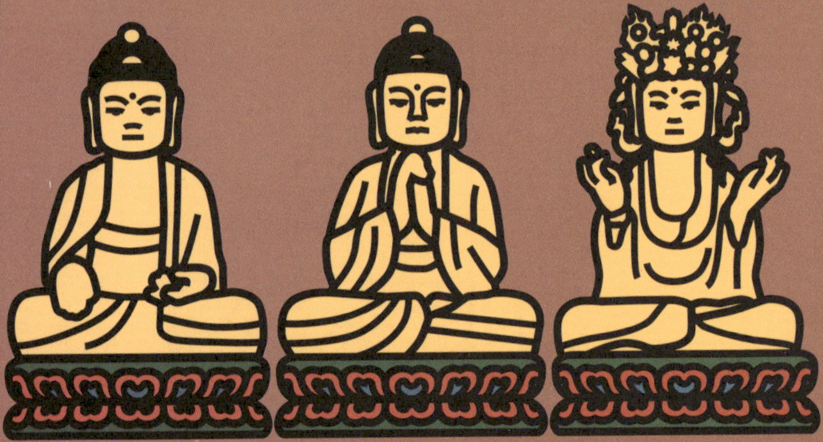

1635년 인조 13 조선 후기 유명 조각승인 청헌과 응원, 인균을 비롯해 이들의 제자들이 협업해 완성한 17세기를 대표하는 불교조각이다.

전남 구례군 화엄사

H 245~280cm

337 청양 장곡사 금동약사여래좌상 및 복장유물 2022

14C 고려

Gilt-bronze Seated Bhaisajyaguru Buddha and Excavated Relics of Janggoksa Temple, Cheongyang

靑陽 長谷寺 金銅藥師如來坐像 및 腹藏遺物

고려 후기의 유일한 금동약사불상으로 뛰어난 조형성과 수준 높은 주조기법으로 제작되었다.
발원문에는 정확한 제작시기 1346년 고려 충목왕 2 가 적혀있어 고려 후기 불상 연구에 중요한 역할을 한다.

충남 청양군 장곡사

불상 H 88cm

338 합천 해인사 법보전 목조비로자나불좌상 및 복장유물 2022

9C 통일신라

Wooden Seated Vairocana Buddha and Excavated Relics in Beopbojeon Hall of HaeinsaTemple, Hapcheon

陜川 海印寺 法寶殿 木造毘盧遮那佛坐像 및 腹藏遺物

현존하는 가장 오래된 목조불상으로, 해인사 창건 802년 의 대비로전 大毗盧殿 에 봉안된 불상과 그 복장유물이다.

경남 합천군 해인사

H 125cm

339 합천 해인사 대적광전 목조비로자나불좌상 및 복장유물 2022

Wooden Seated Vairocana Buddha and Excavated Relics in Daejeokgwangjeon Hall of HaeinsaTemple, Hapcheon

陜川 海印寺 大寂光殿 木造毘盧遮那佛坐像 및 腹藏遺物

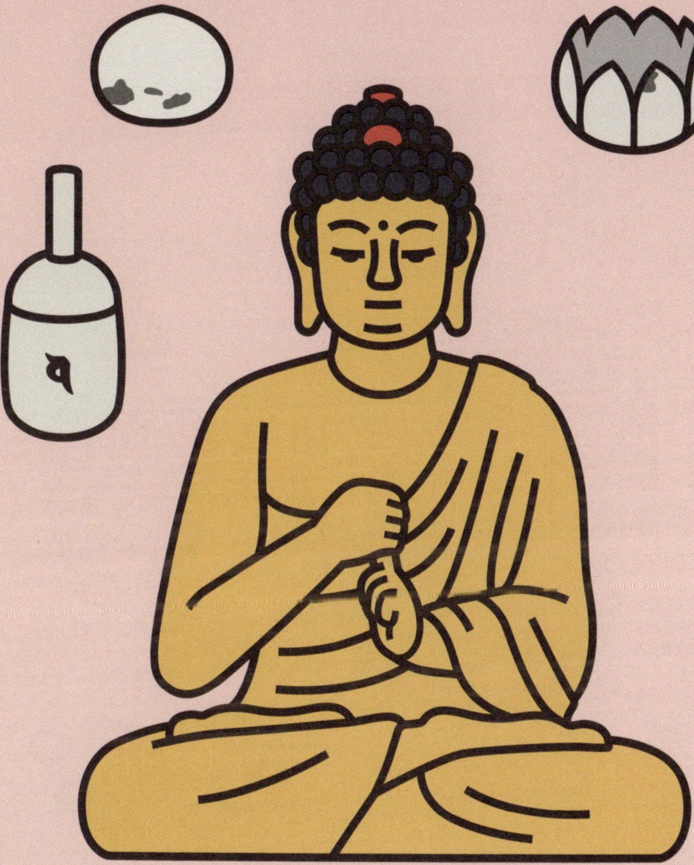

현존하는 가장 오래된 목조불상으로, 해인사 창건 802년 의 대비로전 大毗盧殿 에 봉안된 불상과 그 복장유물이다.

경남 합천군 해인사

H 125cm

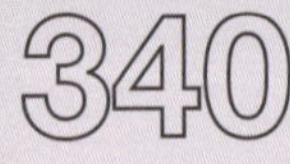

340 익산 미륵사지 서탑 출토 사리장엄구 2022

7C
백제

The Sarira Reliquaries of the West Pagoda at the Mireuksa Temple Site, Iksan

益山 彌勒寺址 西塔 出土 舍利莊嚴具

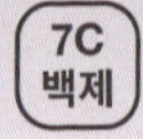

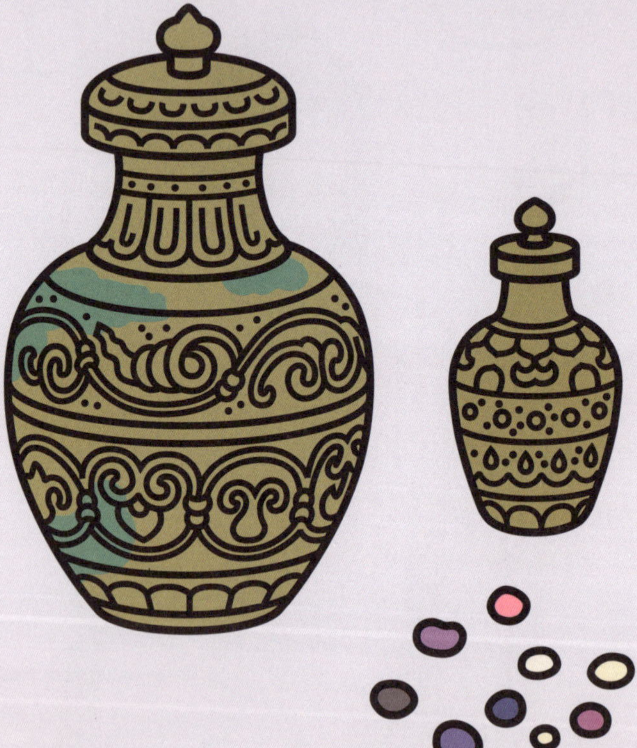

2009년 익산 미륵사지 서탑에서 출토된 유물로서, 639년 무왕 40 절대연대가 기록된 금제 사리봉영기 金製 舍利奉迎記 와 함께 금동사리외호 金銅舍利外壺, 금제 사리내호 金製 舍利內壺 를 비롯해 각종 구슬 및 공양품을 담은 청동합 6점이다.

전북 익산시 국립익산박물관

H 13cm

341 이순신 장검 2023

Swords of Yi Sun-sin

李舜臣 長劍

16C
조선

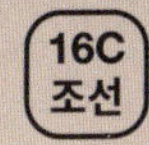

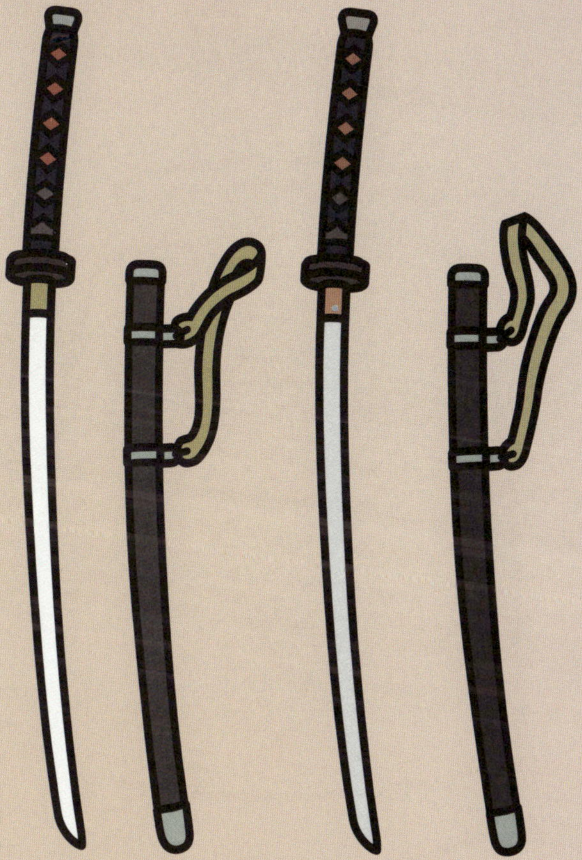

충무공 이순신의 역사성을 상징하는 유물로서, 길이가 약 2m에 달하는 칼 한 쌍이다.
칼날 위쪽 부분에는 이순신이 직접 지은 시구 三尺誓天山河動色, 揮掃蕩血染山河 가 새겨져 있다.

충남 아산시 충무공이순신기념관

H 2m

부안 내소사 동종 2023

Bronze Bell of Naesosa Temple in Buan

扶安 來蘇寺 銅鍾

13C
고려

1222년에 장인 한중서가 제작한 고려 후기의 대표 범종으로, 고려 후기 동종 중 제일 크고 장식성이 뛰어나 이후 동종의 본보기가 된 작품이다.

전북 부안군 내소사

H 103cm / Ø 67cm

343 **밀양 영남루** 2023

Yeongnamnu Pavilion, Miryang

密陽 嶺南樓

19C
조선

통일신라 시대 금벽루로 지어져 고려와 조선을 거치며 여러 차례 중창과 중수를 거듭한 건축미가 뛰어난 누각으로, 빼어난 자연경관과 조화를 이룬다.

경남 밀양시 내일동

344 삼척 죽서루 2023

Jukseoru Pavilion, Samcheok

三陟 竹西樓

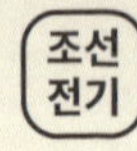

고려시대에 창건되어 조선 초기와 중기에 걸쳐 증축·보수된 누각으로,
수많은 명사들의 시문과 그림이 전해진다.

강원 삼척시 성내동

345 순천 송광사 영산회상도 및 팔상도 2024

Buddhist Paintings of Songgwangsa Temple Yeongsan Hoesangdo and Palsangdo

順天 松廣寺 靈山會上圖 및 八相圖

18C
조선

의겸 등이 1725년에 제작한 불화로, 영산회상도 1폭과
팔상도 석가모니의 생애에서 역사적인 사건을 8개의 주제로 표현한 불화 8폭으로 구성되어 있다.

전남 순천시 송광사

영산회상도 W 196cm / H 258cm
팔상도 약 W126cm / H 147cm 8폭

346 **김천 직지사 석가여래삼불회도** 2024

18C 조선

Buddhist Painting in Daeungjeon Hall of Jikjisa Temple

金泉 直指寺 釋迦如來三佛會圖

중앙의 영산회상도와 양 옆의 약사여래설법도, 아미타여래설법도 세 폭으로 구성된 대형 불화이다. 1744년 세관 등 여러 화승들이 완성하였다.

영산회상도 W 298cm / H 644cm
아미타여래설법도, 약사여래설법도 W 238cm / H 644cm

경북 김천시 직지사 성보박물관

347 합천 해인사 영산회상도 2024

Buddhist Painting of Haeinsa Temple (The Vulture Peak Assembly)

陜川 海印寺 靈山會上圖

18C 조선

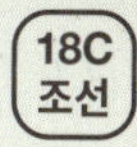

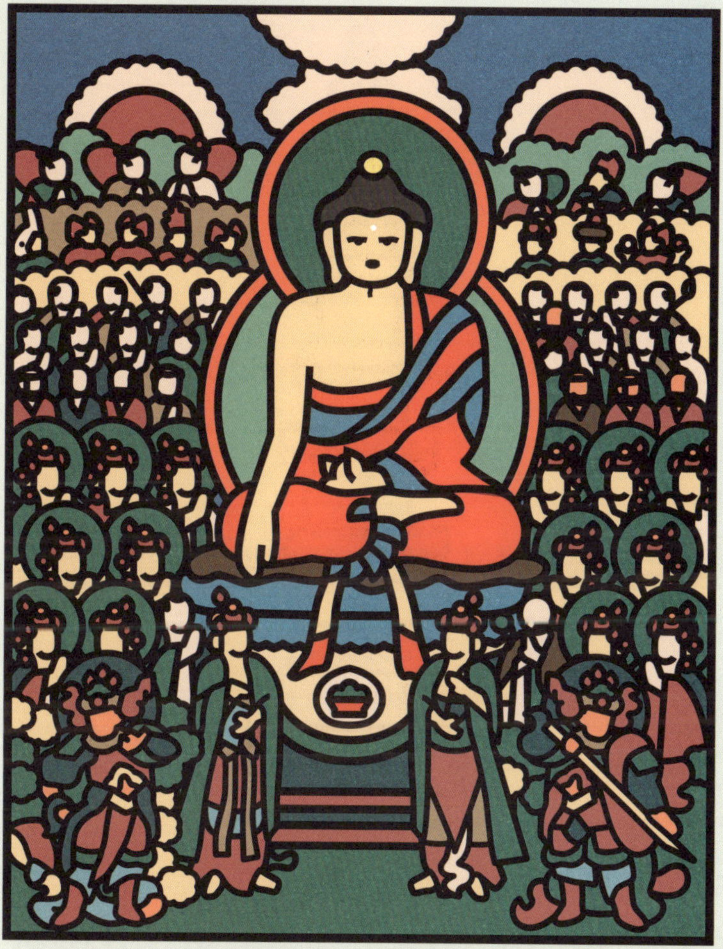

1729년에 의겸 등 여러 화승들이 제작한 불화로,
석가여래의 설법 장면을 섬세하고 화려하게 표현한 작품이다.

경남 합천군 해인사

H 3m

공주 마곡사 오층석탑 2025

Five-story Stone Pagoda of Magoksa Temple, Gongju

公州 麻谷寺 五層石塔

14C
고려

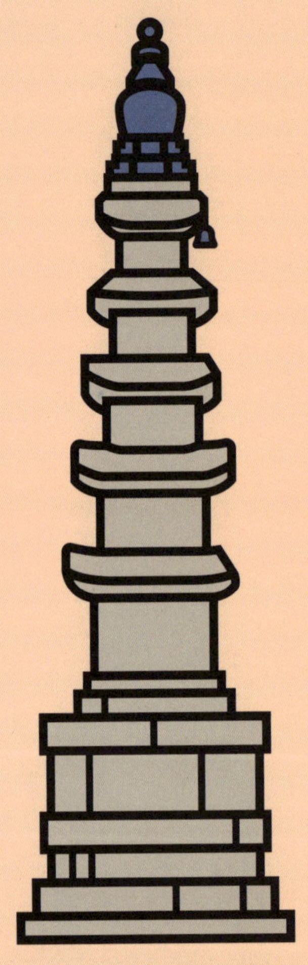

고려 후기에 세워진 백제계 석탑 양식의 전형이며 특히 옥개석 위의 금동보탑 풍마동 은 우리나라 석탑 중 유일한 “탑 위의 탑”으로, 국제적 불교 문화 교류와 뛰어난 예술성을 보여준다.

충남 공주시 사곡면 마곡사

H 8.4m

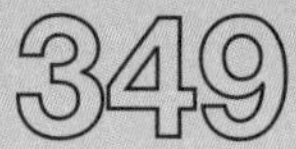

349 곡성 태안사 적인선사탑 2025

9C
통일신라

Stupa of Master Jeokin at Taeansa Temple, Gokseong

谷城 泰安寺 寂忍禪師塔

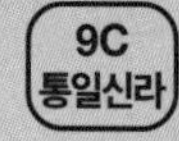

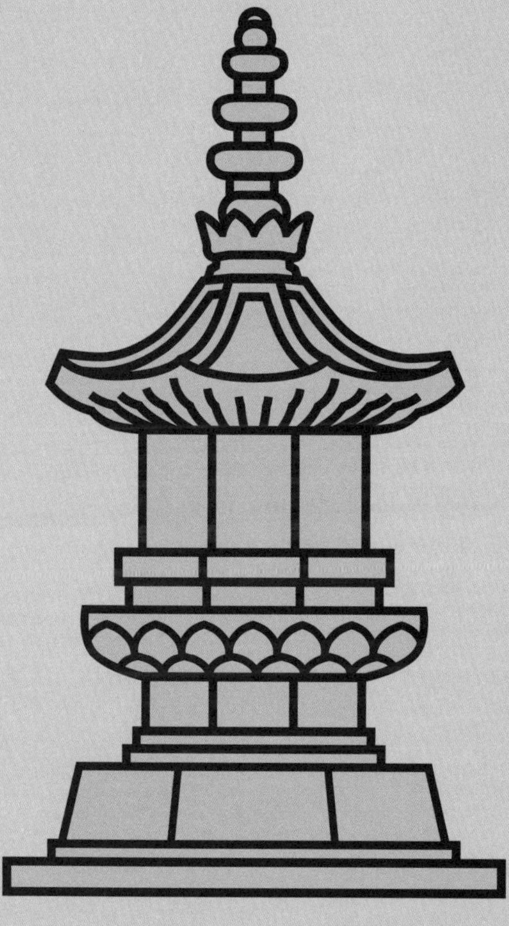

통일신라시대 동리산문 불교 선종 파 '구산선문' 가운데 하나 을 연
혜철 선사의 부도탑으로, 팔각원당형 승탑이다.

전남 곡성군 태안사

H 3.1m

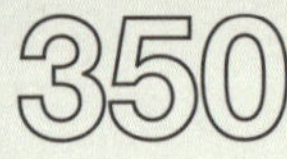

350 부여 무량사 미륵불 괘불도 2025

Hanging Painting of Muryangsa Temple (Maitreya Buddha)

扶餘 無量寺 彌勒佛 掛佛圖

17C 조선

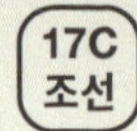

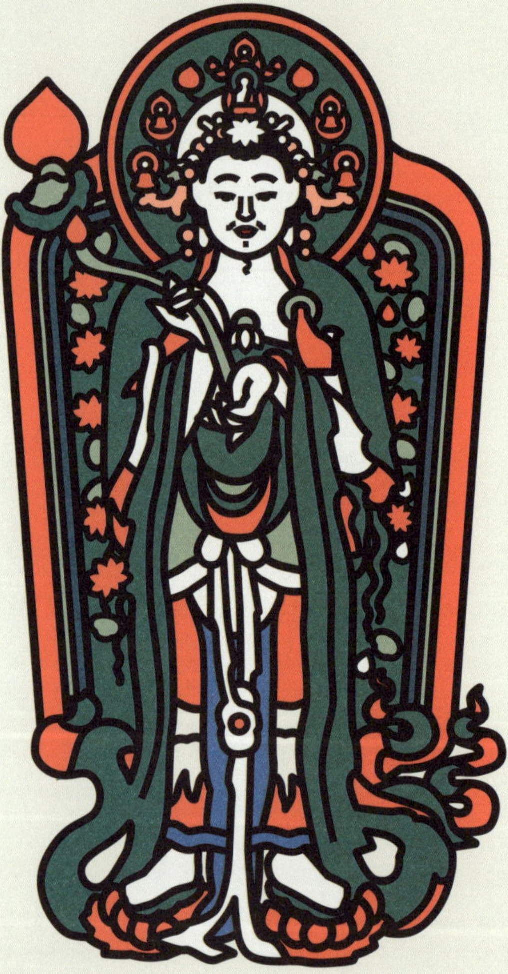

1627년에 화승 법경, 혜윤, 인학, 희상 등이 제작한 괘불이다.
화려하게 장식한 입상 형식의 ‘장엄신 괘불’의 시작점을 보여주는 작품이다.

충남 부여군 무량사

W 7.5m / H 14m

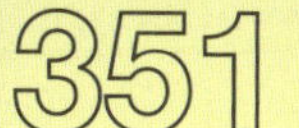

351 영천 청제비 2025

Cheongjebi Monument, Yeongcheon

永川 菁堤碑

9C
통일신라

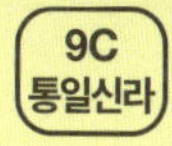

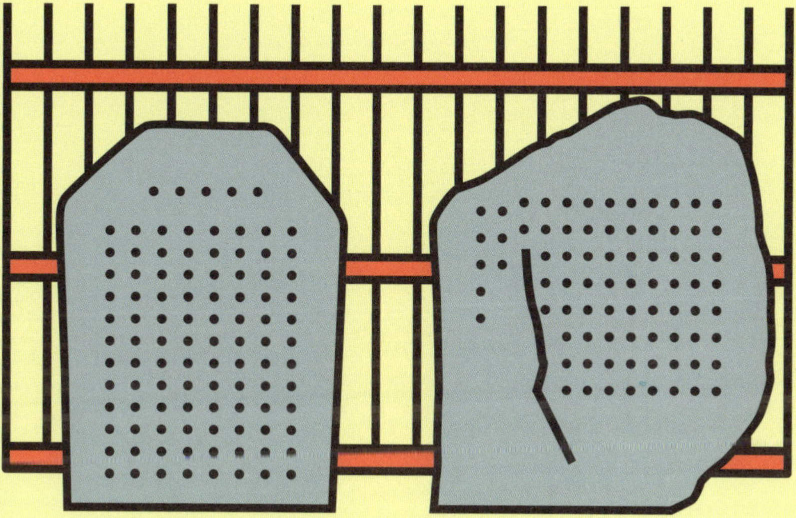

신라 때 처음 세워진 청제비와 청제 중립비 2기의 비석으로,
청제 '청못'이라고도 불리는 저수지 의 축조와 수리 과정이 기록되어있다.

경북 영천시 도남동

청제비 W 93.5cm / H 130cm
청제 중립비 W 77cm / H 107cm

1 서울 숭례문
2 서울 원각사지 십층석탑
3 서울 북한산 신라 진흥왕 순수비
4 여주 고달사지 승탑
5 보은 법주사 쌍사자 석등
6 충주 탑평리 칠층석탑
7 천안 봉선홍경사 갈기비
8 보령 성주사지 대낭혜화상탑비
9 부여 정림사지 오층석탑
10 남원 실상사 백장암 삼층석탑
11 익산 미륵사지 석탑
12 구례 화엄사 각황전 앞 석등
13 강진 무위사 극락보전
14 영천 거조사 영산전
15 안동 봉정사 극락전
16 안동 법흥사지 칠층전탑
17 영주 부석사 무량수전 앞 석등
18 영주 부석사 무량수전
19 영주 부석사 조사당
20 경주 불국사 다보탑
21 경주 불국사 삼층석탑
22 경주 불국사 연화교 및 칠보교
23 경주 불국사 청운교 및 백운교
24 경주 석굴암 석굴
25 경주 태종무열왕릉비
26 경주 불국사 금동비로자나불좌상
27 경주 불국사 금동아미타여래좌상
28 경주 백률사 금동약사여래입상
29 성덕대왕신종
30 경주 분황사 모전석탑
31 경주 첨성대
32 합천 해인사 대장경판
33 창녕 신라 진흥왕 척경비
34 창녕 술정리 동 삼층석탑
35 구례 화엄사 사사자 삼층석탑
36 상원사 동종
37 경주 황복사지 삼층석탑
38 경주 고선사지 삼층석탑
39 경주 나원리 오층석탑
40 경주 정혜사지 십삼층석탑
41 청주 용두사지 철당간
42 순천 송광사 목조삼존불감
43 혜심 고신제서
44 장흥 보림사 남·북 삼층석탑 및 석등
45 영주 부석사 소조여래좌상
46 부석사조사당벽화
47 하동 쌍계사 진감선사탑비
48-1 평창 월정사 팔각 구층석탑
48-2 평창 월정사 석조보살좌상
49 예산 수덕사 대웅전
50 영암 도갑사 해탈문
51 강릉 임영관 삼문
52 합천 해인사 장경판전
53 구례 연곡사 동 승탑
54 구례 연곡사 북 승탑
55 보은 법주사 팔상전
56 순천 송광사 국사전
57 화순 쌍봉사 철감선사탑
58 청양 장곡사 철조약사여래좌상 및 석조대좌
59 원주 법천사지 지광국사탑비
60 청자 사자형뚜껑 향로
61 청자 어룡형 주전자
62 김제 금산사 미륵전
63 철원 도피안사 철조비로자나불좌상
64 보은 법주사 석련지
65 청자 기린형뚜껑 향로
66 청자 상감연지원앙문 정병
67 구례 화엄사 각황전
68 청자 상감운학문 매병
69 심지백 개국원종공신녹권
70 훈민정음
71 동국정운 권1, 6
72 금동계미명삼존불입상
73 금동삼존불감
74 청자 오리모양 연적
75 표충사 청동 은입사 향완
76 이순신 난중일기 및 서간첩 임진장초
77 의성 탑리리 오층석탑
78 금동미륵보살반가사유상
79 경주 구황동 금제여래좌상
80 경주 구황동 금제여래입상
81 경주 감산사 석조미륵보살입상
82 경주 감산사 석조아미타여래입상
83 금동미륵보살반가사유상
84 서산 용현리 마애여래삼존상
85 금동신묘명삼존불입상
86 개성 경천사지 십층석탑
87 금관총 금관 및 금제 관식
88 금관총 금제 허리띠
89 평양 석암리 금제 띠고리
90 경주 부부총 금귀걸이
91 도기 기마인물형 명기
92 청동 은입사 포류수금문 정병
93 백자 철화포도원숭이문 항아리
94 청자 참외모양 병
95 청자 투각칠보문뚜껑 향로
96 청자 구룡형 주전자
97 청자 음각연화당초문 매병
98 청자 상감모란문 항아리
99 김천 갈항사지 동 · 서 삼층석탑
100 개성 남계원지 칠층석탑
101 원주 법천사지 지광국사탑
102 충주 정토사지 홍법국사탑
103 광양 중흥산성 쌍사자 석등
104 (전)원주 흥법사지 염거화상탑
105 산청 범학리 삼층석탑

106 계유명전씨아미타불비상
107 백자 철화포도문 항아리
108 계유명삼존천불비상
109 군위 아미타여래삼존 석굴
110 이제현 초상
111 안향 초상
112 경주 감은사지 동 · 서 삼층석탑
113 청자 철화양류문 통형 병
114 청자 상감모란국화문 참외모양 병
115 청자 상감당초문 완
116 청자 상감모란문 표주박모양 주전자
117 장흥 보림사 철조비로자나불좌상
118 금동미륵보살반가사유상
119 금동연가7년명여래입상
120 용주사 동종
121 안동 하회탈 및 병산탈
122 양양 진전사지 삼층석탑
123 익산 왕궁리 오층석탑 사리장엄구
124 강릉 한송사지 석조보살좌상
125 녹유골호(부석제외함)
126 불국사 삼층석탑 사리장엄구
127 서울 삼양동 금동관음보살입상
128 금동관음보살입상
129 금동보살입상
130 구미 죽장리 오층석탑
131 고려말 화령부 호적관련고문서
132 징비록
133 청자 동화연화문 표주박모양 주전자
134 금동보살삼존입상
135 신윤복필 풍속도 화첩
136 금동 용두보당
137-1 대구 비산동 청동기 일괄- 검 및 칼집 부속
137-2 대구 비산동 청동기 일괄- 투겁창 및 꺾창
138 전 고령 금관 및 장신구 일괄
139 김홍도필 군선도 병풍
140 나전 화문 동경
141 정문경
142 동국정운
143 화순 대곡리 청동기 일괄
144 영암 월출산 마애여래좌상
145 귀면 청동로
146 전 논산 청동방울 일괄
147 울주 천전리 각석
148-1 십칠사찬고금통요 권16
148-2 십칠사찬고금통요 권17
149-1 동래선생교정북사상절 권4, 5
149-2 동래선생교정북사상절 권6
150 송조표전총류 권7
151-1 조선왕조실록 정족산사고본
151-2 태백산사고본, 151-3 오대산사고본
151-4 적상산사고본, 151-5 봉모당본
151-6 낙질 및 산엽본
152 비변사등록
153 일성록
154 무령왕 금제관식
155 무령왕비 금제관식
156 무령왕 금귀걸이
157 무령왕비 금귀걸이
158 무령왕비 금목걸이
159 무령왕 금제 뒤꽂이
160 무령왕비 은팔찌
161 무령왕릉 청동거울 일괄
162 무령왕릉 석수
163 무령왕릉 지석
164 무령왕비 베개
165 무령왕 발받침
166 백자 철화매죽문 항아리
167 청자 인물형 주전자
169 청자 양각죽절문 병
170 백자 청화매조죽문 유개항아리
171 청동 은입사 봉황문 합
172 진양군 영인정씨묘 출토 유물
173 청자 퇴화점문 나한좌상
174 금동 수정 장식 촛대
175 백자 상감연화당초문 대접
176 백자 청화'홍치2년'명 송죽문 항아리
177 분청사기 인화국화문 태항아리
178 분청사기 음각어문 편병
179 분청사기 박지연화어문 편병
180 김정희 필 세한도
181 장양수 홍패
182 구미 선산읍 금동여래입상
183 구미 선산읍 금동보살입상
184 구미 선산읍 금동보살입상
185 상지은니 묘법연화경
186 양평 신화리 금동여래입상
187 영양 산해리 오층모전석탑
188 천마총 금관
189 천마총 관모
190 천마총 금제 허리띠
191 황남대총 북분 금관
192 황남대총 북분 금제 허리띠
193 경주 98호 남분 유리병 및 잔
194 황남대총 남분 금목걸이
195 토우장식 장경호
196 신라백지묵서대방광불화엄경 주본 권1-10, 44-50
197 충주 청룡사지 보각국사탑
198 단양 신라 적성비
199 경주 단석산 신선사 마애불상군
200 금동보살입상
201 봉화 북지리 마애여래좌상
202 대방광불화엄경 진본 권37
203 대방광불화엄경 주본 권6
204 대방광불화엄경 주본 권36
205 충주 고구려비
206 합천 해인사 고려목판

207 경주 천마총 장니 천마도
208 도리사 세존사리탑 금동 사리기
209 보협인석탑
210 감지은니불공견삭신변진언경 권13
211 백지묵서 묘법연화경
212 대불정여래밀인수증요의제보살만행수능엄경(언해)
213 금동탑
214 흥왕사명 청동 은입사 향완
215 감지은니대방광불화엄경 정원본 권31
216 정선 필 인왕제색도
217 정선 필 금강전도
218 아미타삼존도
219 백자 청화매죽문 항아리
220 청자 상감용봉모란문 합 및 탁
221 평창 상원사 목조문수동자좌상
222 백자 청화매죽문 유개항아리
223 경복궁 근정전
224 경복궁 경회루
225 창덕궁 인정전
226 창경궁 명정전
227 종묘 정전
228 천상열차분야지도 각석
229 창경궁 자격루 누기
230 혼천의 및 혼천시계
231 전 영암 거푸집 일괄
232 이화 개국공신녹권
233-1 산청 석남암사지 석조비로자나불좌상
233-2 산청 석남암사지 석조비로자나불좌상 납석사리호
234 감지은니 묘법연화경
235 감지금니 대방광불화엄경보현행원품
236 경주 장항리 서 오층석탑
237 고산구곡시화도 병풍
238 소원화개첩
239 송시열 초상
240 윤두서 자화상
241 초조본 대반야바라밀다경 권249
242 울진 봉평리 신라비
243 초조본 현양성교론 권11
244 초조본 유가사지론 권17
245 초조본 신찬일체경원품차록 권20
246 초조본 대보적경 권59
247 공주 의당 금동보살입상
248 조선방역지도
249-1,2 동궐도
250 이원길 개국원종공신녹권
251 초조본 대승아비달마잡집론 권14
252 청자 음각'효문'명 연화문 매병
253 청자 양각연화당초상감모란문 은테 발
254 청자 음각연화문 유개매병
255 전 덕산 청동방울 일괄
256 초조본 대방광불화엄경 주본 권1
257 초조본 대방광불화엄경 주본 권29
258 백자 청화죽문 각병
259 분청사기 상감운룡문 항아리
260 분청사기 박지철채모란문 자라병
261 백자 유개항아리
262 백자 달항아리
263 백자 청화산수화조문 항아리
264 포항 냉수리 신라비
265 초조본 대방광불화엄경 주본 권13
266 초조본 대방광불화엄경 주본 권2, 75
267 초조본 아비달마식신족론 권12
268 초조본 아비담비파사론 권11, 17
269 초조본 불설최상근본대락금강불공삼매대교왕경 권6
270 청자 모자원숭이모양 연적
271 초조본 현양성교론 권12
272 초조본 유가사지론 권32
273 초조본 유가사지론 권15
275 도기 기마인물형 뿔잔
276 초조본 유가사지론 권53
277 초조본 대방광불화엄경 주본 권36
279 초조본 대방광불화엄경 주본 권74
280 성거산 천흥사명 동종
281 백자 병형 주전자
282 영주 흑석사 목조아미타여래좌상 및 복장유물
283 통감속편
284 초조본 대반야바라밀다경 권162, 170, 463
285 울주 대곡리 반구대 암각화
286 백자 '천' '지' '현' '황'명 발
287 백제 금동대향로
288 부여 능산리사지 석조사리감
289 익산 왕궁리 오층석탑
290 양산 통도사 대웅전 및 금강계단
291 용감수경 권3 - 4
292 평창 상원사 중창권선문
293 부여 규암리 금동관음보살입상
294 백자 청화철채동채초충문 병
295 나주 신촌리 금동관
296 칠장사 오불회 괘불탱
297 안심사 영산회 괘불탱
298 갑사 삼신불 괘불탱
299 신원사 노사나불 괘불탱
300 장곡사 미륵불 괘불탱
301 화엄사 영산회 괘불탱
302 청곡사 영산회 괘불탱
303 승정원일기
304 여수 진남관
305 통영 세병관
306-1·4 삼국유사 권3-5, 삼국유사, 권1-2, 권4-5
307 태안 동문리 마애삼존불입상
308 해남 대흥사 북미륵암 마애여래좌상
309 백자 달항아리
310 백자 달항아리
311 안동 봉정사 대웅전
312 경주 남산 칠불암 마애불상군
313 강진 무위사 극락전 아미타여래삼존벽화

314 순천 송광사 화엄경변상도
315 문경 봉암사 지증대사탑비
316 완주 화암사 극락전
317 조선태조어진
318 포항 중성리 신라비
319 동의보감
320 월인천강지곡 권상
321 문경 대승사 목각아미타여래설법상
322 삼국사기
323 논산 관촉사 석조미륵보살입상
324 이제 개국공신교서
325 기사계첩
326 청자 '순화4년'명 항아리
327 부여 왕흥사지 출토 사리기
328 예천 용문사 대장전과 윤장대
329 공주 충청감영 측우기
330 대구 경상감영 측우대
331 창덕궁 이문원 측우대
332 정선 정암사 수마노탑
333 합천 해인사 건칠희랑대사좌상
334 기사계첩 및 함
335 이십공신회맹축-보사공신녹훈후
336 구례 화엄사 목조비로자나삼신불좌상
337 청양 장곡사 금동약사여래좌상 및 복장유물
338 합천 해인사 법보전 목조비로자나불좌상 및 복장유물
339 합천 해인사 대적광전 목조비로자나불좌상 및 복장유물
340 익산 미륵사지 서탑 출토 사리장엄구
341 이순신 장검
342 부안 내소사 동종
343 밀양 영남루
344 삼척 죽서루
345 순천 송광사 영산회상도 및 팔상도
346 김천 직지사 석가여래삼불회도
347 합천 해인사 영산회상도
348 공주 마곡사 오층석탑
349 곡성 태안사 적인선사탑
350 부여 무량사 미륵불 괘불도
351 영천 청제비